NACKT

Aus dem Ballett *Nudo* von
Giorgio Madia, Volksoper Wien, 2004.

MANFRED SCHEUCH

NACKT

KULTURGESCHICHTE EINES TABUS IM 20. JAHRHUNDERT

Mit 210 Abbildungen

Christian Brandstätter Verlag · Wien

Meiner Frau
und Sonnengefährtin
Christine

Die Deutsche Bibliothek –
CIP-Einheitsaufnahme
Ein Titelsatz für diese Publikation ist bei
Der Deutschen Bibliothek erhältlich.

1. Auflage 2004
Graphische Gestaltung und technische Betreuung: Franz Hanns
Bildredaktion: Manfred Scheuch und Helmut Maurer
Lektorat: Andreas Deppe
Reprographie: Pixelstorm Kostal & Schindler OEG, Wien
Druck und Bindung: Finidr, s.r.o., Český Těšín

ISBN 3-85498-289-5

Christian Brandstätter
Verlagsgesellschaft m.b.H.
A-1015 Wien, Schwarzenbergstraße 5
Telephon (+43-1) 512 15 43-0
Telefax (+43-1) 512 15 43-231
E-Mail: cbv@oebv.co.at
www.brandstaetter-verlag.at

Inhalt

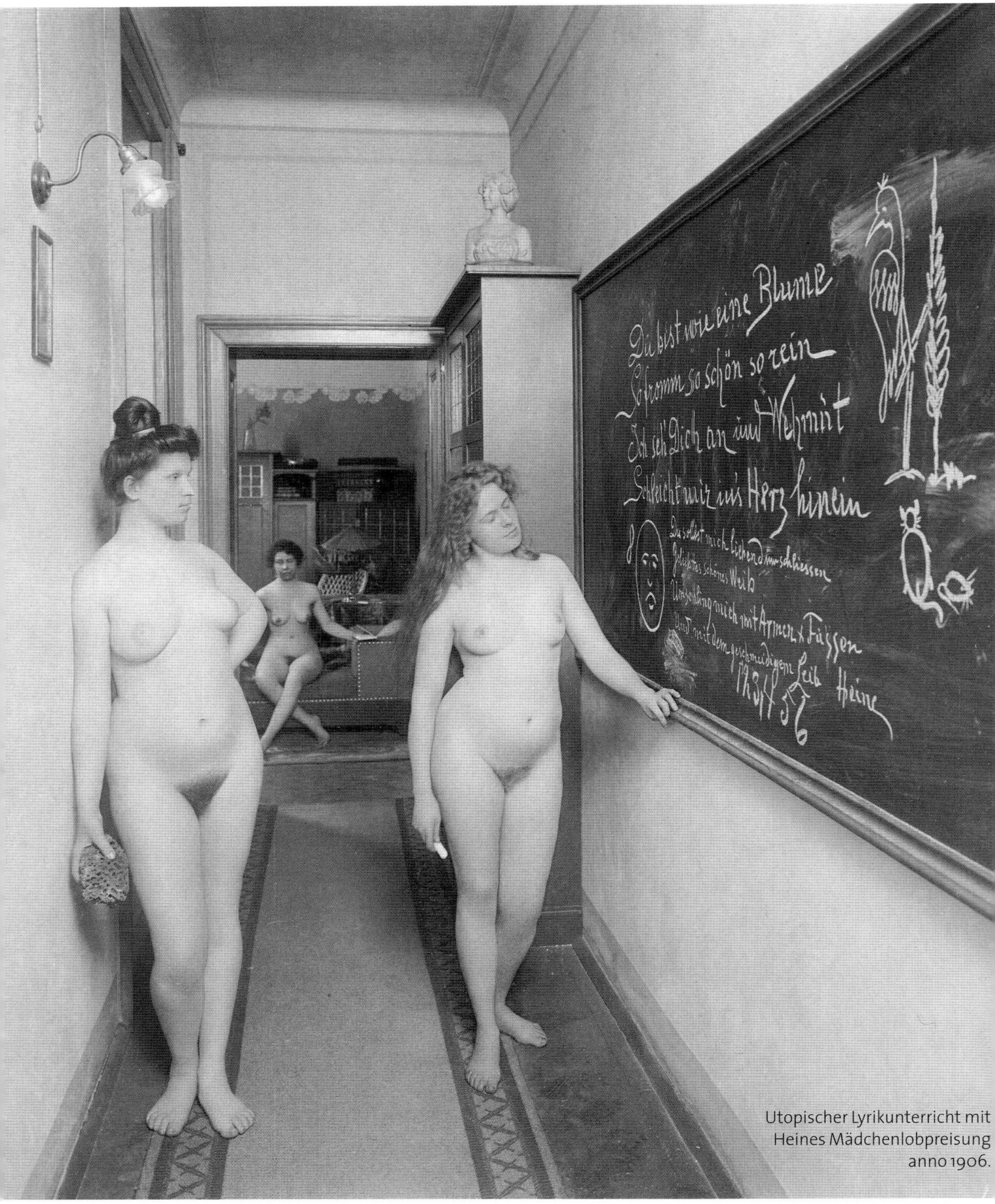

Utopischer Lyrikunterricht mit
Heines Mädchenlobpreisung
anno 1906.

Vorwort

Das 19. Jahrhundert war das wohl prüdeste der abendländischen Geschichte, und gerade als Reaktion darauf dürfte sich das 20. Jahrhundert in seinem Verlauf zum nacktesten, um nicht in der Sprache seiner Kritiker zu sagen: schamlosesten, entwickelt haben. Allerdings hat es mit der Nacktscham – anders als mit anderem, dessen wir uns, auch vor uns selbst, schämen mögen – eine besondere Bewandtnis. In den Zeiten strengster Kleidervorschriften dürfte sich wohl selten ein Mensch seines nackten Körpers geschämt haben, wenn er allein war. Nacktheit bedarf vielmehr des Anderen, insbesondere des anderen Geschlechts, um Schamgefühl zu wecken. „Wenn wir es recht überdenken, so stecken wir doch alle nackt unter unseren Kleidern", sinnierte Heinrich Heine auf Norderney. Ein Überdenken, das in letzter Konsequenz vieles als naturwidrig und unsinnig erscheinen lässt.

Zum Problem wurde dies freilich, als die Gesellschaft Nacktheit mit Sexualität, und nur mit dieser, gleichsetzte. Das machte die körperliche Entblößung schlechthin wie deren Darstellung in den Augen der Sittenwächter zu Obszönität und Pornographie. Leider trug die Kirche, deren frühe Missionare die Heidenfürsten noch nackt ins Tauffass setzten und in den Flüssen Massentaufen am nackten Volk vornahmen, in zunehmender Rigorosität viel zu diesem Missverständnis bei. Erst ein neues, auf Gesundheit, Hygiene und Sport ausgerichtetes Körperbewusstsein zeigte, wie falsch und verallgemeinernd, auch historisch, die Identifikation von Nacktheit und Sex ist. Die Entkoppelung der zwei Bereiche führte schließlich zum Bruch mit den Tabus und zu einer neuen Freiheit für beide.

Wie diese Entwicklung vor sich ging, will dieses Buch darstellen. Der Autor hat sie im Auf und Ab eines halben Jahrhunderts mit wachsendem Interesse registriert. Den Ausgang nahm dies für ihn mit der Begegnung mit nackt badenden Männern und Frauen in der damals noch nicht durch ein Hochwassergerinne gezähmten „wilden" Lobau im Nahbereich der Wiener Donau. Die erlebte Wirklichkeit vom Kleiderzwang befreiter Körper und die unvergleichliche Berührung der integralen Haut durch Sonne und Wasser führten mit einem Schlag zum persönlichen Bekenntnis – das Nackt-Tabu erschien unnatürlich und lebensfeindlich. Umso positiver fällt für den Autor das Urteil über eine Entwicklung aus, die ihm nicht als Zurück zur kleiderlosen Einfachheit von „Naturvölkern", sondern als Kulturtat erscheinen will.

Als ein Beitrag zur Kultur- und Sittengeschichte wurde das Buch zwar mehr oder weniger chronologisch konzipiert, die Gliederung der einzelnen Bereiche, in denen sich der Wandel der Gesellschaft im Verhältnis zur Nacktheit vollzog, verlangte aber immer wieder zeitliche Überschneidungen. Im Wesentlichen lassen sich zwei Perioden festhalten, in denen die Schübe erfolgten, die den Freiraum für die Nacktheit im gesellschaftlichen wie privaten Verhältnis erweiterten. Der erste war der Bruch mit der viktorianisch-wilhelminischen Prüderie im Gefolge des Ersten Weltkriegs, wobei dies im vordem von Liberalität noch weit entfernten deutschsprachigen Raum besonders auffällig in Erscheinung trat und auch heftige Kulturkämpfe zwischen Konfessionsgebundenen und National-Konservativen auf der einen und der Linken auf der anderen Seite auslöste. Nach dem brutalen Zwischenspiel des Nationalsozialismus, der Nacktheit nicht prinzipiell ablehnte, sondern für rassistische Propaganda missbrauchte, erfolgte der zweite Schub erst im Zuge des Aufbruchs der 68er-Jugend, die die Schranken der überkommenen, wenn auch oft nur Fassade bildenden Sexualmoral niederriss und mit dieser Rebellion der Nacktheit ein bis dahin unbekanntes Terrain eroberte. Die Annahme erscheint berechtigt, dass diese Kulturrevolution im wahrsten Sinn des Wortes für die Zukunft keine Rückkehr zu den althergebrachten Tabus erlauben wird.

Dieses Buch legt sein besonderes Augenmerk auf Fallbeispiele, die die Enttabuisierung der Nacktheit bildhaft belegen. Dass dabei im weiten Bereich der Künste, unter denen sich einzig Malerei und Bildhauerei auch in den Zeiten der Zensoren einen Freiraum bewahren konnten, die darstellende Kunst einen besonderen Platz einnimmt, ist insofern notwendig, als sie zum Unterschied vom Abbild – wie es letztlich noch von Photographie und Film geboten wurde – den Menschen in realer Nacktheit auf die Bühne stellte. Dagegen blieb für den Autor Pornographie als „explizite Darstellung von Geschlechtsteilen und sexuellen Handlungen zur Stimulation von Leser, Betrachter oder Zuschauer" bewusst ausgeklammert. Pornographie hat es, Zeugnis für die Doppelmoral, auch in den Zeiten extremster Bekleidungsvorschriften gegeben, nur wucherte sie damals im Geheimen.

Die Toleranz, mit der man der Nacktheit heute in der westlichen Welt begegnet, wird nicht von rückwärts gewandten Tendenzen getragen. Daher wird diese Toleranz von Versuchen, die Nacktscham anhand von Verhaltensweisen in Stammesgesellschaften oder in der Geschichte als Wesenselement des Menschen auszuweisen,

Studentenprotest gegen die Universitätsgebühren in Berlin anno 2003.

nicht berührt. Sie gibt sich aber nicht der Illusion hin, den „neuen Menschen" zu schaffen. Gerade weil die sich durchsetzende Unbefangenheit gegenüber der Nacktheit ideologisch enthaltsam ist, könnte sie sich als bleibende Erkenntnisstufe in der Lebenskultur erweisen – ein Aufstieg hin zu Aufklärung, individueller Freiheit, Achtung der ganzheitlichen Würde des Leibes und Befreiung von dunklen Ängsten.

Wien, im Januar 2004
Manfred Scheuch

Der blockierte Körper

Als die Unterhosen noch Unaussprechliche waren

> Doppelt stellt die Scham sich dar,
> bald nicht verwerflich,
> bald ein Fluch fürs Haus.
> EURIPIDES

„Wenn Du ein Bad nimmst, so streue etwas Sägemehl auf das Wasser, damit Dir der peinliche Anblick Deiner Scham erspart bleibe", maßregelt ein Mädchenkalender aus dem Jahr 1884 seine Leserinnen. Eine französische Ärztin empfiehlt den Frauen, nach dem Bad zwar die Geschlechtsteile abzutrocknen – aber mit geschlossenen Augen. Die *Berliner Anstandsblätter* raten 1897 jungen Ehefrauen, „das Toben in Deinem Mieder, in Deinem Beinkleid" zu beenden, indem sie sich in eine Schüssel kalten Wassers setzten – eine anständige Frau hat keine sexuellen Gefühle, und wenn, dann soll sie sich vor ihnen ekeln; sie lässt die eheliche Pflicht nur um des zu erwartenden Nachwuchses willen über sich ergehen. Doch selbst dessen Stillen mit der Muttermilch kann zu einem Akt der Schamlosigkeit werden, denn diese „Frauen sollten so besonnen sein, sich zu verbergen, damit sie bei den anderen und vor allem bei der Jugend keinen Anstoß erregen".

In der zweiten Hälfte des 19. Jahrhunderts erreichte die Geschichte der abendländischen Prüderie – untrennbar verbunden mit verbreiteter Heuchelei – ihren einsamen Höhepunkt. Die Französische Revolution hatte der Liederlichkeit des degenerierten Adels die Tugend des Bürgers entgegengesetzt; zugleich grenzte sich dieser gegen die Vulgarität der bäuerlichen und proletarischen Unterschicht ab. „Das individuelle Schamgefühl ist eigentlich ein Kennzeichen des Bürgertums. Der Bürger hat keinen Adelstitel. Er trägt seine Würde in seiner Kleidung, die das äußere Zeichen seines Reichtums ist. Den König nackt zu sehen, tut seiner adeligen Abstammung keinen Abbruch. Für den Bürger hingegen ist es eine Demütigung, wenn man ihn nackt sieht", konstatierte jüngst der französische Historiker Jean-Claude Bologne.

Die von der christlichen Religion verurteilte „Sündhaftigkeit" der Lust wurde vom Bürgertum in krankhafte Verirrung verwandelt. Bezeichnend dafür ist die schon im Zeitalter der Aufklärung beginnende Pathologisierung der Selbstbefriedigung, deren Verhinderung dann im 19. Jahrhundert eine wahre pädagogische Schreckenskammer hervorbrachte. Zu den angedrohten Folgen – Erschlaffung des Nervensystems, Rückgratschmerzen, Sehstörungen bis zu Impotenz und

1906 geht's doch schon ohne Sägemehl in der Badewanne.

Verblödung – gesellten sich drastische, sogar durch Apparaturen verstärkte Mittel, die „Perversion“ auszuschalten.

Die Unterdrückung der Sinnlichkeit entsprang überhaupt dem Zeitgeist des aufsteigenden Kapitalismus. Sexuelle Zurückhaltung erlaubte, alle Energie für die Arbeit aufzuwenden. Die diese Ideologie vertretende Wissenschaft befand, „dass in hochzivilisierten Gesellschaften die Aufrechterhaltung einer hochgradigen geistigen und körperlichen Vitalität unvereinbar ist mit mehr als einer nur sehr gemäßigten geschlechtlichen Befriedigung“, schrieb 1857 der einflussreiche britische Arzt William Acton. Und da Nacktheit in jedem Fall mit Lust gleichgesetzt war, versuchte man krampfhaft vergessen zu machen, dass der Mensch unter seiner Kleidung nackt ist.

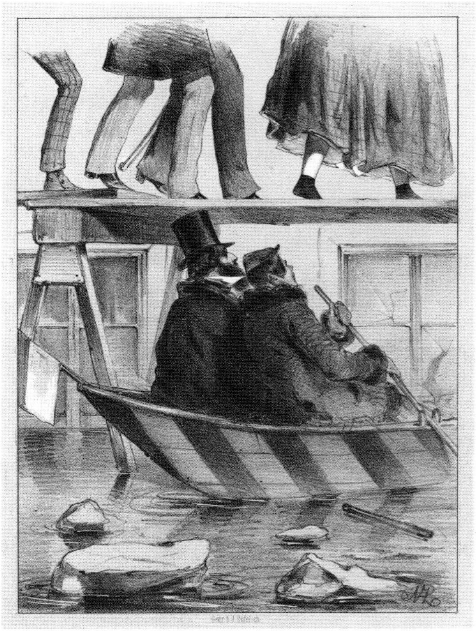

Ungeahnte Ausblicke bei einer Bootsfahrt im Winter 1849/50 in Wien.

So trat schon im frühen 19. Jahrhundert die Unterhose auch bei den Frauen – vorerst bei denen des Bürgertums – ihren Siegeszug an. Ärzte rieten zu ihrer Verwendung, um den Damen Rheumatismus „und andere Unannehmlichkeiten“ zu ersparen. Zu diesen gehörte vor allem die Verletzung der Schamhaftigkeit, sei es bei Stürzen beim Eislaufen oder bei gewagten Tanzsprüngen. In Frankreich war Frauen das Betreten des oberen Abteils der Pferdedroschken lange untersagt; als man es 1890 erlaubte, wurde das Tragen einer Unterhose vorgeschrieben. Anderswo mussten Frauen, die zu viel Bein beim Besteigen des Fuhrwerks zeigten, sogar mit einer Prügelstrafe rechnen. Und als das Fahrrad von der Damenwelt entdeckt wurde, drohten bei Besteigen des Sattels ohne Unterwäsche Gefängnisstrafen.

Selbst in dieser Turnkleidung war für die Mädchen um 1850 ein „Beinspreizverbot“ strenge Vorschrift.

Gleichzeitig wagte man, die Unterhosen nicht einmal beim Namen zu nennen: In England wurden sie die „Unaussprechlichen". In Holland machte sich strafbar, wer Damenunterwäsche im Freien auf die Wäscheleine hängte.

Geradezu Symbolcharakter für die durch Prüderie eingeengte Gesellschaft nahm für deren Kritiker das bei den Frauen der gehobenen Schichten übliche Korsett an. „Es bewirkt im Wesentlichen eine Verstümmelung, und zwar zu dem Zweck, die Vitalität der Betreffenden herabzusetzen und sie dauernd und nach außen sichtbar arbeitsunfähig zu machen", kritisierte es ein Zeitgenosse als Mittel, die Frauen körperlich hilflos und damit dem Manne untertan zu belassen. Die Bemühungen, mit diesem Kleidungsstück breite Hüften zu Wespentaillen zu zwingen, wurden von Medizinern als Vergewaltigung der inneren Organe und sogar als Ursache für schwere Geburten verurteilt. Mit den „Reformkleidern" begann kurz nach 1900 eine Bewegung, sich vom Korsett abzusetzen, die dann mit dem Fallen der Vorkriegsmoden und in der Gymnastikwelle ihre Fortsetzung fand.

Zwangsjacke Korsett: Erst mutige Ärzte erreichten, dass die Frauen, unter Verzicht auf die Wespentaille, zu Reformkleidern griffen.

Die Warnungen der Mediziner und die Strafrechtsbestimmungen, die die Verstöße gegen die öffentliche Sittlichkeit kodifizierten, trugen dazu bei, das Schamgefühl zu verinnerlichen und es unabhängig vom Blick des Anderen, von der Angst vor Bestrafung oder von öffentlicher Missbilligung zu machen. „Das Hemd wechseln, ein Bad nehmen, sich abtrocknen, aufstehen werden zu furchtbaren Prozeduren", so Bologne.

Lediglich in der Kunst wurden gewisse Ausnahmen geduldet. In Europa, insbesondere im sonst so sittenstrengen viktorianischen England, blühte die „Salonmalerei". Einer der uneingestandenen Gründe für ihre Beliebtheit war, dass die Maler zeigen durften, was das Leben im Allgemeinen vom Bürger fern hielt: Nacktheit. Der Bedarf nach ausgestellten Aktgemälden war unstillbar. Freilich galt es, bestimmte Regeln einzuhalten. Nacktheit, die aus dem Leben gegriffen hätte sein können oder gar offene Sexualität einbezog, war verpönt. Die Nackten bedurften gleichsam eines inhaltlichen Feigenblatts – der Sage, der Antike, der Geschichte. Eine nackte Schwimmerin wäre ein Skandal gewesen – so entfachten Edouard Manets *Frühstück im Grünen* und mehr noch seine ebenfalls 1863 entstandene *Olympia* Entrüstungsstürme –, aber eine nackte Nixe durfte jedermann beäugen, ohne verdächtigt zu werden, an anderes als an hehre Kunst zu denken.

Sportliches Schwimmen dürfte den Frauen in diesen Kostümungetümen schwer gefallen sein.

Auch dies gehört zur Doppelmoral des 19. Jahrhunderts – wie die Hunderttausende der Prostituierten, bei denen die braven Bürger Erholung von ihren

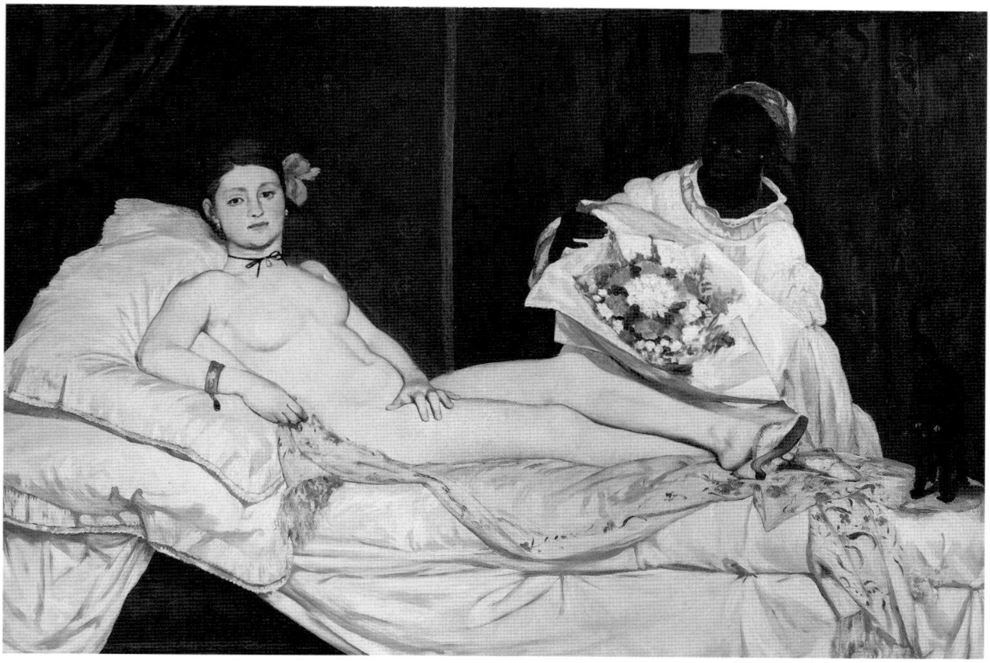

Nackte mythologische Frauen galten als Kunst – der offene Blick von Manets *Olympia* hingegen, 1865 ausgestellt, führte zu einem Skandal.

gegen alle Sinnlichkeit erzogenen, zwangsfrigiden Gattinnen suchten. Die Tabus machten das 19. Jahrhundert auch zu einem Jahrhundert der Schlüssellochperspektive. Erst das Verbotene machte den Reiz. „Nichts gibt es an der europäischen Frau, vom durchbrochenen Strumpf bis zur Reinheit und Unschuld, die sie zur Schau trägt, das nicht auf das raffinierteste darauf berechnet wäre, das Begehren des Mannes zu reizen; jedes Kleidungsstück mehr, das sie anlegt, wirkt als eine Aufforderung mehr, es ihr abzuzwingen“, urteilt der Zeitgenosse Hermann Graf Keyserling über die Mode um 1900. Aus der Verklemmung, aus der Blockierung des nackten Körpers entspringt die knisternde Erotisierung, die im Fin de Siècle spürbar ist und zugleich eine grundlegende Wende ankündigt.

Trotz der rigiden Gesetze, die beispielsweise Oscar Wilde in England wegen seines homosexuellen Verhältnisses ins Zuchthaus brachten, glaubten konservative Geister, den befürchteten Sittenverfall und die Verderbnis der Jugend mit weiteren Verboten aufhalten zu können. Als in Berlin ein Zuhälter wegen Mordes an einer Prostituierten zu 15 Jahren Zuchthaus verurteilt wurde, nahm der auch in anderen Bereichen naive Kaiser Wilhelm II. zum ersten Mal wahr, dass in seiner Hauptstadt – wie damals in allen Großstädten – die Prostitution mehr als florierte. Er verlangte sofort ein Gesetz zur Beseitigung dieser Zustände. Im Reichsrat wusste man, dass dem Übel kaum durch Gesetze beizukommen war. Man wollte den Kaiser vielmehr mit einem Jugendschutzgesetz beruhigen; fortan sollten die jungen Deutschen vor

Badevergnügen um 1900 in einem Freiluftschwimmbecken in Bad Vöslau.

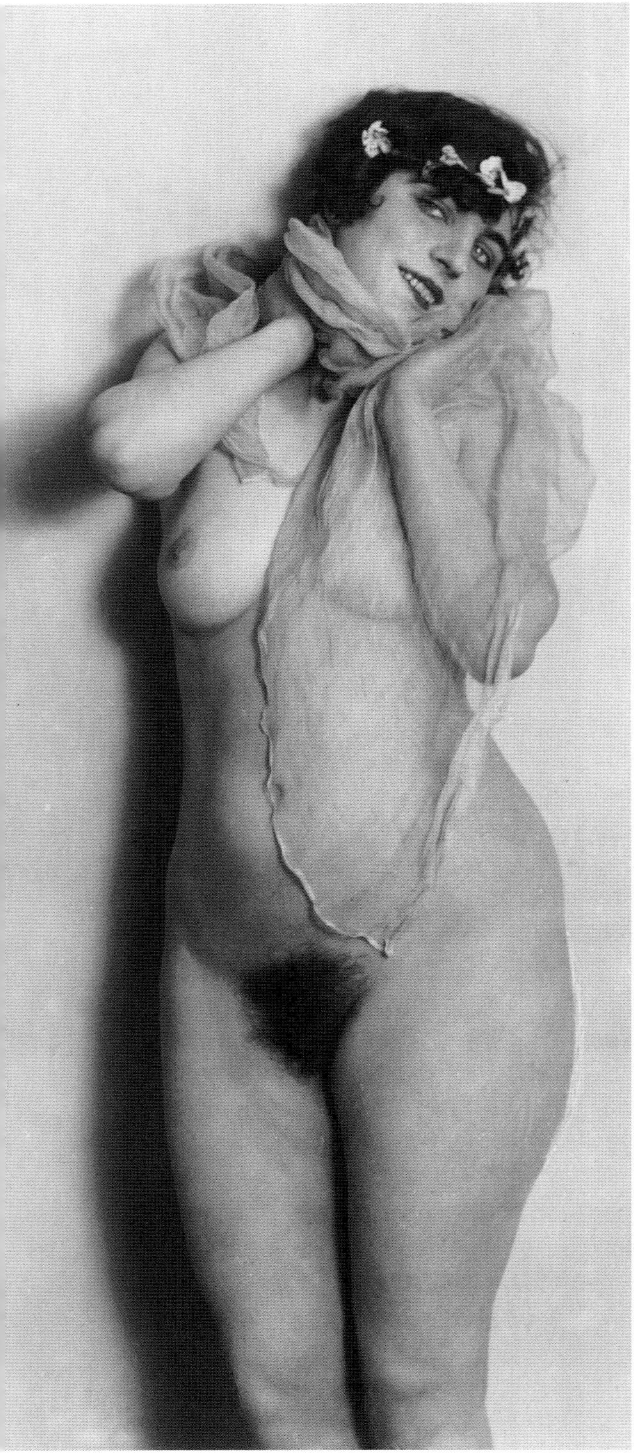

unsittlichen Schriften und schamlosen Bildern geschützt werden. „Wer Schriften, Abbildungen oder Darstellungen, welche, ohne unzüchtig zu sein, das Schamgefühl gröblich verletzen, einer Person unter 18 Jahren“ verkaufte, anbot oder an öffentlichen Orten ausstellte, sollte für sechs Monate ins Gefängnis. Mit den Worten „ohne unzüchtig zu sein“ war Pornographie gemeint, die ohnedies gesetzlich verboten war.

Der Streit um diese *Lex Heinze* – benannt nicht nach einem späteren Justizminister, sondern nach jenem Zuhälter, dessen Mordtat die Sache auslöste – zwischen Konservativen und Liberalen tobte zehn Jahre lang. Die meisten Künstler und Schriftsteller protestierten gegen den Gummiparagraphen, doch wurde das Gesetz im Jahre 1900 in einer milderen Form angenommen. Es zeigte sich jedoch, dass die Gerichte häufig die Auslegungen, die sich Sittenwächter bei ihren Anzeigen wünschten und dafür willige Staatsanwälte fanden, keineswegs teilten. So folgte ein Gericht, das die wegen ihrer Aktphotos angeklagte Zeitschrift *Die Schönheit* verurteilen sollte, nicht dem Antrag des Staatsanwalts, sondern dem geforderten Freispruch des Sachverständigen, der festgestellt hatte: „Es wäre ein äußerstes Unglück für die Menschheit, wenn das Anschauen und das Studium des Nackten verpönt sein sollte. Die Menschheit kann nur gewinnen, wenn sie zur Natur zurückkehrt.“

Eine photographische Ansichtskarte um 1910.

Am Anfang war das (Akt-)Photo

Kunstersatz für den kleinen Mann: Nackte aus dem Leben

> Unzüchtig, geil und aufreizend wirken Bilder,
> wo man die Schamhaare wegretuschiert hat,
> denn so sieht man den nackten Körper wie eine zur
> Geilheit einladende aufgeblasene Gummipuppe.
> Die Natur bedarf keiner Retusche.
> GUSTINUS AMBROSI

Am Anfang war der Akt: Auch so könnte eine Geschichte der Photographie beginnen. Denn kaum war es Louis Daguerre 1838 gelungen, den flüchtigen Augenblick festzuhalten, gehörte bereits der nackte Mensch zum bevorzugten Objekt der Kamera. Der Konsum der neuen Bilderflut, die bald über die Welt hereinbrach, hatte zwei Wurzeln: die von der Gesellschaft offiziell als edel anerkannte der Künstler und die anrüchige der Voyeure. Die Erfindung der Photographie öffnete die Möglichkeit zur naturgetreuen „Enthüllung" des menschlichen Körpers. Männliche Schaulust und patriarchalische Gesellschaft bevorzugten dabei von Anfang an die nackte Frau.

Künstler waren unter den Ersten, die sich der noch kostspieligen Lichtbildnerei annahmen. Nicht nur, dass die Darstellung des nackten Menschen seit der Renaissance zu den Grundlagen der künstlerischen Ausbildung zählte; in der Photo-Heimat Frankreich kam noch hinzu, dass die schönen Künste – unter Verzicht auf die romantisch-biedermeierliche Idylle und in Fortsetzung

Posen der Malerei
in der frühen Aktphotographie:
Etude de nu allonge
von Bruno Braquehais, 1853.

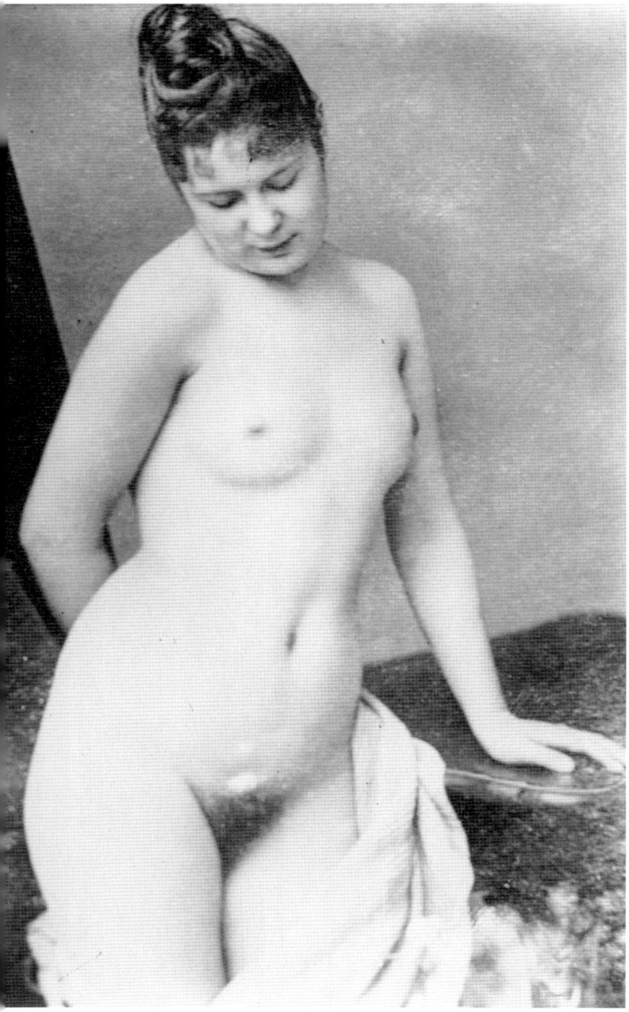

Die unbeschränkten Vervielfältigungsmöglichkeiten machten das Aktphoto trotz Polizeiverboten zur Massenware.

des napoleonischen Klassizismus – allegorischer Nacktheit breiten Raum gaben.

Als der Maler Jean Auguste Dominique Ingres die frühen Aktphotographien sah, sagte er begeistert zu seinen Schülern: „Wer von Ihnen wäre fähig einer solchen Vollkommenheit der Linie, einer derartigen Delikatesse der Modellierung? Aber man darf es nicht laut sagen …“ Das Dilemma, in das die Malerei fortan durch die Photographie geraten war, deutete sich in diesen Worten an.

Schon unter den ersten Daguerrotypien – solche konnten noch nicht vervielfältigt werden – waren Akte. Ihre Figuren, Männer und Frauen, knüpften in ihrer Darstellung an die gängigen Posen von Malerei und Bildnerei an. Zunächst waren die Bilder ja für Künstler bestimmt. Eugène Delacroix, der Maler der berühmten barbusigen *Freiheit* auf den Pariser Barrikaden, arrangierte so genannte Akademien, bei denen die Modelle photographiert und gezeichnet wurden. Viele Künstler bevorzugten aus Kostengründen das Photo als Vorlage für so manches Werk. So brachte die Photographie die Modelle, ohnedies meist arme Teufel, auch noch um einen Teil ihres Einkommens.

Die auf solchen Aufnahmen dargestellten nackten Männer blieben meist nur für die Künstler interessant, hingegen fanden die „Künstlervorlagen“ von Frauen, sobald es gelungen war, die Photos zu vervielfältigen, sehr rasch Hunderttausende von „Künstlern“ und „Kunstfreunden“; noch blieb man bei den von den Malern eingeübten und tradierten Posen – ein Vorwand, der half, die Aktphotos bei der Sittenpolizei passieren zu lassen, um sie mit Gewinn an den Mann zu bringen.

Wien war hinter Paris, das das erste Handelszentrum für Nacktbilder war, nur wenige Jahre im Verzug. Schon am Beginn der zweiten Hälfte des 19. Jahrhunderts machte beispielsweise Rudolf von Bohr mit so

Ein Gruß an den noch unbekannten Kunden: die *Carte de visite* einer Wiener Grabennymphe.

genannten *Visitenbildern der Grabennymphen* – eine freundliche Bezeichnung für die Dirnen auf dem Innenstadt-Boulevard – ein gutes Geschäft; sie dienten ihnen als Reklame für ihr Gewerbe. Solche *Cartes de visite* gab es freilich auch höchst seriös und bekleidet für die Damen der Gesellschaft. Sehr rasch entdeckten die Photographen, nicht nur hüllenlose Mädchen zu konterfeien, sondern erotische Szenen darstellen zu lassen. In dem berüchtigten, dem *Bambi*-Autor Felix Salten zugeschriebenen und 1906 veröffentlichten Roman *Josefine Mutzenbacher* wird unter anderem ein Photoatelier geschildert, in dem solche Bilder hergestellt wurden. Die Mahnung des Lichtbildners an seine Modelle, „Aber nur markieren!", blieb dabei, zumal in der Erzählung, ein frommer Wunsch. Übrigens hat Salten auf die Frage nach seiner Autorschaft nie eine Antwort gegeben: „Sag ich nein, sagen sie: er lügt, sag ich ja, sagen sie: er protzt. Drum sag ich gar nichts", pflegte er seinen Ruf.

Der Bedarf an Nacktphotos war – bedingt durch viktorianische Prüderie, die nur in den Gemäldesalons den Akt als Kunst gelten ließ – ungeheuer. In Zeiten, in denen eine Dame nicht einmal ihren Fußknöchel zeigen durfte, zugleich aber viele Mädchen aus materieller Not in die Prostitution getrieben wurden, war das Aktphoto sehr rasch ein lukratives Geschäft. Und was zunächst noch an Gemälde oder Plastiken erinnern sollte, dann mit Schleiern, billigem Schmuck und mehr oder weniger sinnvollen Requisiten Kunstgeschmack noch andeutete, wurde in letzter Konsequenz mehr oder weniger pornographisch. Die Jagd von Polizei und Gerichten blieb vergebliche Liebesmüh. Je prüder sich die öffentliche Sittlichkeit gab, desto erfolgreicher blühte der Handel mit pikanten Photos im Geheimen.

Wenn man will, könnte man die Aktphotographie auch als Mittel der Demokratisierung der Befriedigung der – vor allem männlichen – Schaulust, eine Verbreitung der Ansichten vom – vor allem weiblichen – Körper bezeichnen. Was vordem in den Werken der bildenden Kunst dem Adel und dem wohlhabenden Bürgertum vorbehalten war, übrigens das schon mit pornographischen Ausritten, stand nun in den Nacktphotos jedermann zur Verfügung. Und noch etwas: Die Vorherrschaft der Photographie auf allen Gebieten bildlicher erotischer Darstellung emanzipierte scheinbar vom Künstler, jedoch nicht von der Kunst: Die „Aufnahmen nach der Natur" stellten die überkommenen Sujets der Gemälde nach. Der Verzicht darauf war oft ein Abstieg in Niederungen, die billig, schlecht und häufig pornographisch waren.

Obwohl die Staatsanwälte auch noch nach der Jahrhundertwende dann und wann zuschlugen, wobei der Tatbestand der Darstellung des Nackten ausschlaggebend war und nicht die Frage, ob es sich um Kunst oder Kommerz handelte, begann sich die Aktphotographie allmählich aus der Außenseiterrolle des Anrüchigen zu lösen. Zu den merkwürdigsten Rückzugsgefechten der Zensoren gehörte lange Zeit die Jagd auf das Schamhaar, wodurch sich die Modelle zu unnatürlichen Verrenkungen gezwungen sahen oder, noch viel häufiger angewendet, die Photographen zu Retuschen, die die Natur um ihre Rechte brachte.

Die Jugendbewegung, die Stärkung des Selbstbewusstseins der Frauen durch eine freizügigere Mode, die erwachende Kulturgesinnung der Arbeiterschaft, überhaupt der Sittenwandel, der – häufig gegen den Protest der Kirche – den Zugang zum Sport und zu den Bädern beiden Geschlechtern in Gemeinsamkeit öffnete und bis zu den Bestrebungen der „Nacktkultur" reichte – kurz: Der Zusammenbruch der alten Mächte und die Emanzipation der Frau nach dem Ersten Weltkrieg befreiten auch die Aktphotographie von vielen Vorurteilen und ermöglichten so erst ihre künstlerische Gestaltung.

Die in zahlreichen Büchern der 20er Jahre publizierten Aktphotos zeigten Menschen vor allem bei der Ausübung von Gymnastik, immer häufiger traten Freilichtaufnahmen neben die weiterhin in den Ateliers produzierten Lichtbilder. Auch der nackte Tanz – zwar eher selten auf der Bühne, weil oft durch Zensurbestimmungen eingeschränkt, aber häufig im Atelier – kam der Ansicht vieler Photographen entgegen, dass gerade die Bewegungsform des Tanzes in ihrem Wesen durch gestellte Posen nur unvollkommen wiederzugeben war. Die freiere Haltung zum Körper ließ die Scheu der Amateure vor dem Aktphoto allmählich schwinden.

In den Goldenen Zwanziger Jahren ließ sich so manche Frau für ein diskretes Photo ablichten.

Wesentlich änderte sich in den mehr als anderthalb Jahrhunderten der Photographie die Wertschätzung des Modells. Zwar war es bei englischen Damen im 19. Jahrhundert eine Zeit lang Mode, sich nackt photographieren zu lassen und diese Bilder im Freundinnen- und vielleicht im Freundeskreis zu zeigen, doch für Nacktphotos trugen vor allem Prostituierte im wörtlichen Sinn ihre Haut zu Markte. Es waren durchwegs arme Mädchen und Frauen – allein in Paris schätzte man die Zahl der Dirnen im Zweiten Kaiserreich auf 120.000 –, die für ein von der männlich dominierten Gesellschaft ebenso verachtetes wie begehrtes Produkt über sich verfügen lassen mussten. Es ist nicht verwunderlich, dass diese anrüchigen Anfänge die Aktphotographie für lange Zeit in Verruf brachten.

Helmut Newton vor einem seiner Aktphotos in der Berliner Nationalgalerie: Er prägte das Frauenideal der letzten Jahrzehnte des 20. Jahrhunderts.

Die glücklichen Wilden

Fleischbeschau aus den Kolonien

Seht, wir Wilden sind doch bess're Menschen!
JOHANN GOTTFRIED SEUME

„Wilde müssen wir vorstellen, Herr, Afrikaner. Ganz närrisch ist es. In Afrika könnten wir so nicht sein. Alle würden lachen. Wie ‚men of the bush', ja, diese. In solchen Hütten wohnt Niemand. Für dogs ist es bei uns ‚gbé'. Quite foolish. Man wünscht es, dass wir Tiere vorstellen ... Der Clark sagt: ‚He, solche wie in Europa gibt es genug. Wozu braucht man Euch? Nackt müsst Ihr sein natürlich ...'"

Der österreichische Schriftsteller Peter Altenberg gibt ein Gespräch mit Aschanti-Frauen aus Ghana wieder, das er auf einer der *Völkerschauen*, die um 1900 als jahrmarktartige Attraktion in Europa gezeigt wurden, gehört hatte. Die Gesprächspartnerin trifft mit der Bemerkung „wir Tiere" den Nagel auf den Kopf. Der Hamburger Tierhändler und Zirkusdirektor Karl Hagenbeck, der Tierfangexpeditionen nach Afrika ausrüstete, hatte sich Mitte der 1870er Jahre, als die Nachfrage von Zoos und Zirkussen nach Elefanten und Löwen nachgelassen hatte, um ein neues lukratives Geschäft umgesehen. Die Sucht der europäischen Mächte, sich das letzte Erdenfleckchen als Kolonie untertan zu machen, hatte auch das wilhelminische Deutsche Reich erfasst. Das durch Photographien geweckte Interesse an den „Wilden" konnte nur noch dadurch gesteigert werden, dass man den Europäern die Exoten leibhaftig vorführte. Und so wurden *Völkerschauen* organisiert, die unter dem Vorwand völkerkundlicher Information der Sensationslust des Publikums neue Nahrung boten: in Wien bezeichnenderweise in einem privaten Tiergarten.

Die Tourneen Hagenbecks waren den Wienern längst bekannt. Man hatte hier schon Sioux-Indianer und „echte" Kannibalen aus Australien präsentiert. Für die Wiener war es „eine Hetz": ein Spaß – nicht gerade schmeichelhaft für den Volkscharakter, dass das Dialektwort auf die im Barock veranstalteten Tierhetzen zurückgeht. Altenberg hat in seinem erstmals 1897 publizierten Buch *Ashantee* auch die Überheblichkeit festgehalten, mit der die Schaulustigen die vor ihren billigen Hütten afrikanisches Leben mimenden Schwarzen bedachte. „Das soll die Schönste sein, eine beauté ihrer Heimat. Nun, für eine Negerin ... Stolz ist sie, wirklich unsympathisch. Was glaubt sie eigentlich, dieses Mohrl?" Altenberg, von seiner Sympathie für die dunkelhäutigen Frauen beflügelt, durchschaute, was für ein mieses Spiel mit ihnen getrieben wurde.

Die für das allgemeine Publikum zugängliche Veranstaltung präsentierte ihre Darsteller freilich nicht mit bloßer Haut; da mussten die bloßen Arme und Beine

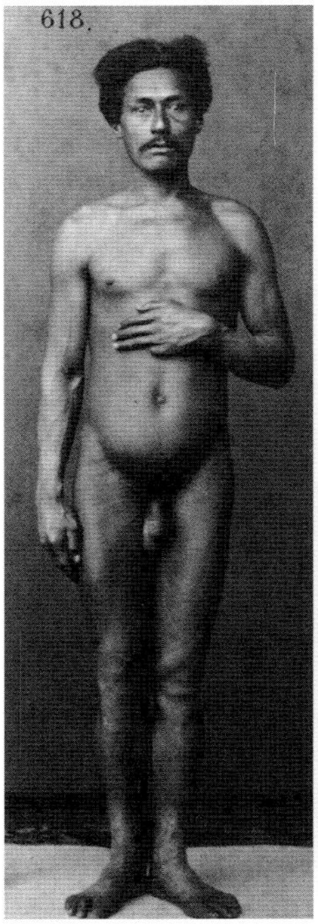

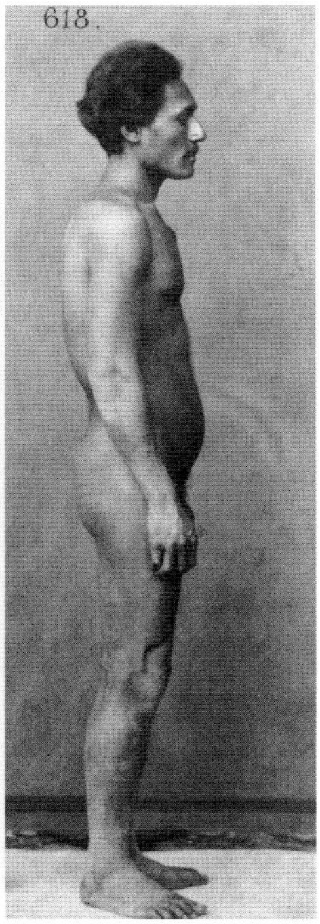

Links: Die europäischen Forscher waren besessen, eingeborene Männer und Frauen nackt zu vermessen – sie fragten nicht, ob diese das entwürdigend fanden.
Unten: Sudanesische Frauen in der Alltagstracht, die erst Mitte des 20. Jahrhunderts verschwand.
Rechte Seite: Hawaiianische Hulatänzerinnen in ihrer Originaltracht, ehe sie dem westlichen BH-Zwang unterworfen wurden.

schon Reiz genug sein. Aber Feinschmecker konnten schon Photos erstehen, in denen etwa die weibliche Leibgarde des Königs von Dahomey fast nackt posierte.

Das war in einer Gesellschaft, in der die Photos nackter weißer Frauen noch immer anrüchig waren und unter dem Ladentisch verkauft wurden, längst akzeptiert: Hüllenlose Wilde durften ohne Skrupel betrachtet werden – es war ja Wissenschaft. Mit den Photographien der Ethnologen und Anthropologen war der Zensur eine Bresche geschlagen worden. Die Auflagen der Zeitschriften, in denen Reportagen mit Abbildungen aus Afrika oder der Südsee erschienen, stiegen sprunghaft an. Selbst Ansichtskarten, die Exoten in „natürlicher Nacktheit" zeigten, blieben von den sittenstrengen Postbestimmungen verschont.

Auch die Wissenschaftler, die damals die Völkerschaften der Kolonien erforschten, waren Kinder ihrer Zeit. Sie waren von „weißem" Überlegenheitsdünkel keineswegs frei. Sie betrachteten die Eingeborenen oft nur als bloße Messobjekte, und die Kolonialverwaltungen gaben ihnen den entsprechenden Schutz. In einem Brief des deutschen Afrika-Forschers Georg Schweinfurth heißt es: „Auch kann ich mit Massen operieren, denn hier sind

Unten und rechte Seite: Ein verlobtes Paar des Zulu-Stammes und Massai-Frauen posieren um 1930 für die Ethnologie.

immer einige 300 bis 500 Sklaven auf Lager … sowie schließlich die in der Nachbarschaft angesiedelten Neger, zusammen mindesten 5000, mit denen ich machen kann, was ich will."

Und die Herren waren auch insofern Kinder ihrer Zeit, als die Begegnung mit Menschen anderer Bekleidungs- und Sexualsitten ihnen manches erlaubten, was sie daheim nie hätten wagen können. „Der anthropologische und als solcher zumeist ‚indiskrete Blick' richtete sich neben dem Schädel mit besonderer Aufmerksamkeit auf die Untersuchung des menschlichen Geschlechtsapparates. Dabei widmeten sich die der heimischen Enge und Prüderie entflohenen Wissenschaftler mit nahe liegender männlicher Vorliebe ‚prallen, ein Kugelsegment darstellenden Brüsten mit sehr erectilen, aber weichen Warzen' und gaben sich dem ‚weichen sanften Gefühl' hin, das die ‚außerordentliche Zartheit der glatten, samtweichen Haut' der fremden Frauen ihnen bot", kommentiert heute der Ethnologe Thomas Theye. Selten waren Männer das bevorzugte Objekt der Forscher – dann wurde aber öfters sogar die Penislänge in erschlafftem und aufgerichtetem Zustand festgehalten.

So eröffneten die Photos der hüllenlosen Eingeborenen dem heimischen Publikum ein weites Feld, wobei die volksbildnerische Vorgabe das „wissenschaftliche" Interesse die Betrachter von schnöder Voyeurslust exkulpierte. Dabei war ein beträchtlicher Teil der Abbildungen fern jeder Lebensechtheit, geschweige denn Schönheit. Die Gelehrten waren Fanatiker des Messens und Zählens. Der fremde Mensch wurde zur anthropologischen Messung nackt aufgestellt und dem nichtwissenschaftlichen Betrachter als Studienmaterial für Rassenunterschiede vorgegeben: „das Phänomen Leben so weit zerstört, dass es zur Metzgerware wird", resümierte Rudolf von Bohr. Das lässt sich an den Eingeborenenbildern von *Meyers Konversationslexikon* der 1880er Jahre bis zu den Photos der vom nazistischen Rassenfanatismus geprägten Völkerkundler leicht nachweisen.

Die abendländische Sichtweise schwankte seit der Bekanntschaft mit den außereuropäischen Völkern, insbesondere den so genannten Naturvölkern, seit jeher zwischen den Polen der verachteten Primitivität und der Sehnsucht nach einem verlorenen Paradies. So hieß es etwa in einer Anthropographie aus dem Jahr 1852: „Völlig nackt geht nur derjenige Mensch, der, auf der allerniedrigsten Stufe der Kultur, als Wilder", als Jäger und Sammler in Urwäldern und Einöden herumirrt, um „sein jammervolles, mehr tierisches als menschliches Dasein zu fristen". Die Konse-

Zur Verteidigung gegen Mussolinis Truppen wurden 1934 in Äthiopien auch weibliche Soldaten rekrutiert.

quenz aus dieser Einstufung zogen die weißen Siedler Australiens, die die Aborigines wie Tiere schlichtweg abknallten – in Tasmanien bis zur völligen Ausrottung. Auf der anderen Seite stehen etwa die Südsee-Berichte des französischen Weltreisenden Louis Antoine de Bougainville, der im 18. Jahrhundert in der freien Erotik und Nacktheit der Polynesier ein „Neues Kythera" entdeckt zu haben glaubte.

Im 19. Jahrhundert, nachdem amerikanische Kriegsschiffe 1854 die Öffnung der ersten japanischen Häfen erzwungen hatten, wandte sich das europäische Interesse dem bis dahin verschlossenen Inselreich zu und verfiel wieder mal ins Schwärmen. Der Japonismus löste Begeisterung nicht nur in Kunsthandwerk und Mode aus, und das im zugeknöpften Europa. Vor allem staunte man auch bei einem Volk, das sicherlich nicht zu den „primitiven Wilden" gezählt werden konnte, über die freie Einstellung gegenüber dem nackten Körper. Für die viktorianische Gesellschaft, in der Nacktheit mit Unsittlichkeit gleichgesetzt wurde, erregte das gemeinsame Baden von Männern und Frauen in den japanischen Badehäusern und warmen Quellen Erstaunen, ja Bewunderung, wobei zugleich vermerkt wurde, dass dabei zudringliche männliche Blicke nicht zu konstatieren waren.

Australische Ureinwohner mit so genannten Segnungen der Zivilisation: Hosen und Photoapparat.

Die ersten Propagandisten der Nacktheit in Deutschland sahen sich bestätigt: Gewohnheit und Sitte erlaubten die Trennung der Nacktheit von grob-sinnlicher Sexualität. Allerdings wurde die Begeisterung europäischer Reisender keineswegs geteilt, andere waren entsetzt: „Eine Szene in einem der öffentlichen Badehäuser, wo sich die Geschlechter, ihrer Nacktheit nicht bewusst, unterschiedslos vermisch-

In Japan waren die „Westler" von der Freizügigkeit der Badekultur teils überrascht, teils abgestoßen.

ten, war nicht dazu angetan, die Amerikaner zu einer vorteilhaften Meinung von den Einwohnern zu bewegen."

Um Japan in der westlichen Welt nicht mit dem Ruf der Sittenlosigkeit zu belasten, aber auch, weil die Schaulust der Ausländer als entwürdigend empfunden wurde, begannen bald die ersten Verbote, vor allem in den Hafenstädten. Von den Behörden wurde erklärt, dass damit nicht gute alte Traditionen verdammt würden, sondern die Japaner davor zu bewahren seien, sich vor den prüden Fremden lächerlich zu machen. Bezeichnend für die Besucher aus dem Westen ist, dass die Photos des späten 19. Jahrhunderts über das japanische Badeleben ausschließlich Frauen zeigen. Mit der amerikanischen Besetzung nach dem Zweiten Weltkrieg wurden die alten Sitten noch weiter zurückgedrängt.

Propheten und Apostel

Menschheitsbeglückung und Rassenhochmut

> Der Mensch ohne Hülle ist eigentlich der Mensch.
> Dem Reinen ist alles rein – warum nicht
> die unmittelbare Absicht Gottes in der Natur?
> JOHANN WOLFGANG VON GOETHE

Jede Kulturrevolution hat ihre Propheten, Apostel und Jünger. Auch die Nacktkultur – geboren aus dem Aufbruch der bürgerlichen Jugend gegen Kleidungszwänge, Anstandsregeln und Doppelmoral, gegen Körperfeindlichkeit und Unnatur der prüden Gesellschaft des deutschen Kaiserreichs – hatte die ihren. Schon das Wort „Nacktkultur" war die Schöpfung des ersten Propheten, der mit der Forderung nach Befreiung des Körpers von einer seiner Meinung nach anerzogenen falschen

Ausgeschlossen – Der Zeichner Fidus widmete viele seiner Graphiken der Propagierung freier Nacktheit.

Richard Ungewitter schrieb seine Kampfschriften für die Nacktkultur in seinem Lieblingskostüm.

Scham an die Öffentlichkeit trat. Er hieß merkwürdigerweise Heinrich Pudor, trug also das lateinische Wort für „Scham“ als Familiennamen.

Seine Vorstellungen schienen für viele Menschen in den grauen, durch die rasche Industrialisierung naturfern gewordenen Städten vernünftig. Sie hörten von Ärzten, wie wichtig für Gesundheit und Wohlbefinden frische Luft, Sonne und Natur seien; sie waren geradezu lufthungrig geworden. Was Pudor predigte, klang vernünftig: „Wer klug ist, benutzt jede Gelegenheit, sich die Kleider vom Leibe zu halten und seinen Körper in die Sonne zu stellen, also nicht nur beim Bade, sondern auch nach dem Bade, beim Waschen, vor dem Schlafengehen, beim Turnen, beim Sport etc. Frische Luft ist das halbe Leben. Das gilt doch wahrlich nicht nur fürs Gesicht, sondern für den ganzen Körper!“

Mit besonderer Beharrlichkeit verfolgte Pudor das Korsett. Paul Schultze-Naumburg, später Leiter der Weimarer Kunstschule, hatte 1902 in *Die Kultur des weiblichen Körpers als Grundlage der Frauenkleidung* anhand zahlreicher Photos nackter Frauen die Schädlichkeit des Korsetts für den weiblichen Körper nachzuweisen versucht. Nacktapostel Pudor sah im Korsett eine „Hurenkleidung“; er forderte eine „Keuschheitsliga“, die Korsettträgerinnen als unanständig verunglimpfen und zum Boykott einschlägiger Geschäfte aufrufen sollte.

Aber deutsche Gründlichkeit verlangte für solche Alltagsratschläge nach einer philosophischen Basis, einer Ideologie. Umso mehr, als die Gegner jedes Gedankens an Nacktheit und die mächtigen Institutionen, die hinter ihnen standen, sich in dessen Ablehnung auf himmlische wie irdische Instanzen berufen konnten. Gesundheitsargumente reichten nicht aus. Die Ratschläge zu freierem Umgang mit dem Körper wurden zur Zivilisationskritik: Nacktkultur wurde zur Lebensreform erweitert, ja, sie sollte eine moralische Erneuerung in die Wege leiten.

Der erfolgreichste Propagandist der Nacktkultur vor 1918 war Richard Ungewitter. Seine Bücher *Die Nacktheit*, *Nackt*, *Nacktheit und Kultur* sowie *Nacktheit und Auf-*

Von der Polizei beargwöhnt, lud *Die Schönheit* zu „lebenden Bildern" von nur mit Marmorweiß bekleideten Modellen ein.

stieg erreichten Massenauflagen. In seinem um die „Veredelung" des Menschen kreisenden Ideen vereinigten sich widersprüchliche Tendenzen. Auf der einen Seite wandte er sich gegen die Diskriminierung unverheirateter Mütter und verlangte rechtliche Gleichstellung unehelicher Kinder, kämpfte gegen die Zensur und den moralischen Zwang durch die Kirchen; auf der anderen Seite wollte er die rassisch bedingte Schönheit durch entsprechende Ehepartner aus Menschenzüchtung erzielen, war gegen Rassenvermischung und sah in der Nacktkulturbewegung eine gegen Degeneration und „Entartung" gerichtete völkische Aufgabe, die das Germanentum als „Neu-Hellas" zum Führungsanspruch in der Welt berechtigen würde. Nach dem Ersten Weltkrieg wandte er sich als Antisemit gegen die auf völlig anderen Grundhaltungen und Zielen aufbauende proletarische Nacktkultur. Ein Idol der jugend- und reformbewegten Kleinbürger war der Maler und Graphiker Hugo Höppener, genannt Fidus, der seinem asketischen „lichtgläubigen" Lebensstil in eigenwillig pathetischen Darstellungen germanischer „Übermenschen" Ausdruck gab – die Nazis wussten es ihm kaum zu danken, er bekam unter Hitler nie Staatsaufträge.

Einen wesentlichen Beitrag im Ringen um die Befreiung des Körpers von einengender Mode und Moral leistete die von Karl Vanselow 1902 gegründete Zeitschrift *Die Schönheit*. Der Herausgeber sah sich einem Schönheitsbegriff verpflichtet, der sich durchaus in jene Tradition der abendländischen Kunst einordnen ließ, die von der Antike über die Renaissance zum Klassizismus und zu dessen späten Nachklängen in Historismus, Salonmalerei und Jugendstil reicht; neue Strömungen der modernen Kunst, wie Impressionismus und Expressionismus, blieben unberücksichtigt. Die meisten zeitgenössischen Künstler, deren Werke in der *Schönheit* Niederschlag fanden – und deren Stil in der Nazikunst fortgesetzt wurde –, sind zu Recht vergessen. Die Zeitschrift hätte also durchaus in die Wilhelminische Epoche gepasst, wenn sie ihr Schwergewicht nicht nur auf Nacktheit in der Kunst, sondern auch im Leben gelegt hätte.

Vanselow legte sein Programm in der ersten Ausgabe folgendermaßen fest: „Für freie und vornehme Frauen und Männer bestimmt, soll die *Schönheit* eine moderne Zeitschrift im Dienste klassischer Ideale sein. Alles wollen wir pflegen, was das Dasein reizvoll, würdig und sonnig macht: Schönheit des Leibes, der Kleidung, der häuslichen und öffentlichen Umgebung, Liebe und Freude, Tanz und Spiel, Kunst und schöne Bildung, Gesundheit und Natürlichkeit, sittliche und gesellschaftliche Verjüngung. Wir wollen das gesunde sinnliche Denken veredeln und verfeinern, wollen die falsche Scham, wo sie gefährlich scheint, ernst und besonnen bekämpfen. Möge jeder, der mit reinen Sinnen nach Schönheit strebt, sich an unseren Aufgaben beteiligen, besonders die Frauen uns ihre Hülfe nicht fehlen lassen."

War in den frühen Ausgaben Nacktheit vor allem durch Plastik, Malerei und Graphik vertreten, so mehrten sich bald Aktbilder als „Photographien nach dem Leben": Frauen und Mädchen in meist tänzerischen Posen, athletische Männer ohne sichtbaren Penis und fröhliche nackte Kinder. Die Photos zeigten sich dem piktoralen Stil verpflichtet, stellten also die in der traditionellen Kunst bevorzugten Positionen nach. Die anfänglich wiedergegebenen Atelieraufnahmen wurden bald von Freilichtakten abgelöst. Viele der in der *Schönheit* reproduzierten Kunstwerke und Photos wirken auf den heutigen Betrachter unfreiwillig kitschig-komisch, durch die Titelgebung oft noch mehr als durch die Darstellung.

Die *Schönheit* versuchte sich auch, mit mäßigem Erfolg, in der Gründung erster „Nacktkolonien"; ihrem Aufruf folgten gelegentlich kleine Gruppen, die aber rasch wieder zerfielen oder an den Behörden scheiterten. Aus staatlichen Verboten und kirchlichen Denunziationen entstand ein Problem, mit dem die Bestrebungen der Nacktapostel und ihrer Jünger ebenso wie die später organisierte bürgerliche Freikörperkultur in der Weimarer Zeit und dann wieder in Adenauers Bundesrepublik bis herauf zum 68er-Umdenken zu kämpfen hatten. Schon in der *Schönheit* wurde dies angesprochen: „Die meisten Menschen sind leider noch immer in dem landläufigen Irrtum befangen, dass Nacktheit und Sinnlichkeit zusammengehören. Der Grund für diese Anschauung liegt wohl darin,

Als „Photographie nach dem Leben" konnten die Leser der *Schönheit* die dem Kitsch der Salonmalerei nachempfundene Nackte bewundern.

dass sie selbst das Nackte nur in Verbindung mit sinnlicher Liebe kennen gelernt haben und nun ganz unlogisch folgern, eines sei untrennbar mit dem andern verbunden."

Abwehrreaktion der Nacktpropagandisten war die permanente Überbetonung der „reinen Nacktheit", in der Sinnlichkeit überhaupt keinen Platz hatte, und die Behauptung, dass die Gewöhnung an das Nacktleben bei Bad, Sport und Spiel Erotik total ausschließe – was, jedenfalls in dieser Verabsolutierung, am Wesen des Menschen vorbeigeht. Dabei wusste es schon Altvater Ungewitter besser, wenn er in der Haut, dem Lieblingskleid seiner Anhänger, nicht nur ein Sinnes- und Atmungsorgan sah, sondern auch „ein Anziehungsmittel auf das andere Geschlecht und zu diesem Zwecke mit verschiedenen Reizen ausgestattet". Ungewitter lobte als solches insbesondere die von ihm der „vornehmen Blässe" entgegengesetzte, dem Sonnenlicht zu verdankende „Bronze" der Haut und ihren sexuell stimulierenden Geruch. Er folgte hier dem viel gelesenen Naturwissenschaftler Wilhelm Bölsche, der die Haut als „ältesten Liebesbereich" und „Wollustorgan" beschrieben und auf das Berührungsverlangen hingewiesen hatte.

Die Nacktapostel der ersten Stunde brauchten, weil die Realisierung ihrer Ideen bestenfalls in abgeschlossenen „Luftbädern" möglich war – wie in der diesbezüglich zu Unrecht skandalisierten Künstlerkolonie des *Monte Verità* im Tessin –, noch nicht die scheinheilige Enterotisierung der FKK in späteren Jahren, mit der deren ebenso heuchlerischen Verhinderer ausgetrickst werden sollten.

Ein überraschendes Urteil in einem Streit um einen in Karlsruhe aufgestellten Brunnen, dessen Hauptfigur eine nackte Frauengestalt zeigte, hat der dortige Stadtrat bereits 1905 gefällt, nachdem eine Unterschriftenaktion von „3468 Frauen und Jungfrauen" deren Beseitigung als „Verderbnis für das Anstands- und Schamgefühl der heranwachsenden Jugend" gefordert hatte. Der Eingabe sei, so lautete die Ohrfeige für die Beschwerdeführerinnen im schönsten Bürokratendeutsch, keine Folge zu leisten, da der Brunnen „nicht dazu vereigenschaftet sei, das Anstandsgefühl zu verletzen, wenn man ihn mit anständiger Gesinnung betrachtet".

Barfuß bis zum Hals

Isadora Duncan verkündet den freien Tanz

Ein Triumph der Kunst, welche die
gemeine Sinnlichkeit in eine höhere verwandelt,
so dass von jener kaum mehr eine Spur zu finden ist.
JOHANN WOLFGANG VON GOETHE

Mit der Unbekümmertheit des jungen Amerika um Traditionen und Stile, aber zugleich gegen die puritanische Prüderie ihrer Heimat, verkündete 1902 die 24-jährige Isadora Duncan nach ihrer Ankunft in Deutschland ihr Evangelium des „Tanzes der Zukunft" – eine Kampfansage an das akademisch erstarrte Ballett. Schon durch ihr Kostüm protestierte die junge Tänzerin gegen die Zwänge der bürgerlichen Gesellschaftsordnung. Sie legte nicht nur das Balletträckchen ab, sondern verschmähte auch die seidenen Trikots: Barfuß und ohne Schnürleib, im kur-

Duncan-Schülerinnen tanzen in durchsichtigen Schleiergewändern am Meeresstrand.

zen griechischen Kittel oder in wallenden, durchsichtigen Schleiern trat sie auf die Bühne.

Sie berief sich in ihrem Streben, dem menschlichen Körper im Tanz seine natürlichen Rechte zurückzugeben, auf die klassische Antike. Darüber hinaus aber ging es ihr um die Befreiung des zu ihrer Zeit durch Korsetts eingeschnürten, von sportlicher Betätigung ausgeschlossenen, verbildeten und früh welkenden weiblichen Körpers. Die Revolutionierung der Tanzkunst sollte die Speerspitze dieser Bewegung sein.

„Nur die Bewegungen des unbekleideten Körpers können natürlich sein", verkündete die Prophetin. „Die Tänzerin der Zukunft wird als das Weib in seiner größten und reinsten Erscheinung tanzen … Sie wird die Mission des weiblichen Körpers und der Heiligkeit all seiner Teile versinnlichen. Sie wird die Freiheit der Frau im Tanz ausdrücken." Die bildende Kunst, so Isadora, habe längst erkannt: „Nacktheit – das ist Wahrheit, das ist Schönheit, das ist Kunst." Und gerade im Tanz sei der menschliche Körper das Kunstmittel; dahin müsse der Tanz der Zukunft finden.

In Deutschland fiel Duncans missionarischer Eifer auf fruchtbaren Boden. Dass eine Tänzerin es wagte, in der Berliner Kroll-Oper mit bloßen Beinen zu tanzen – noch erregte es die Herren jener Zeit, wenn eine Dame beim Aussteigen aus der Kutsche die Knöchel sehen ließ –, machte sie zur „göttlichen Isadora". Studenten spannten allabendlich ihr nach ihrem Auftreten die Pferde aus und zogen die Kutsche im Triumphzug zu ihrem Hotel; Frauenrechtlerin-

Der „Simplicissimus" verspottete die Tugendwächter. Unter der Zeichnung „Gewissenhaft" von Th. Th. Heine stand: „Ein Professor der Ästhetik sollte in einem Prozeß gegen Nackttänzerinnen als Sachverständiger vernommen werden. Um sich ein richtiges Urteil zu bilden, ließ er sich von seiner Gattin Nackttänze vorführen. Er kam zu der Ansicht, daß Nackttänze niemals geeignet sind, die Sinnlichkeit zu erregen."

Die Rufer nach der Zensur wurden von der liberalen Presse – zum Beispiel im *Simplizissimus* – mit Spott überschüttet.

nen priesen ihren Mut, dass sie „die konventionelle Kleidung wegwarf und, nur in durchsichtige Gewänder gehüllt, mit bloßem Körper tanzte", als ihre größte Tat. „Wir Frauen leiden und haben am meisten gelitten unter der Missachtung unseres Leibes."

Was die Duncan noch nicht auf offener Bühne, höchstens im Künstlerkreis um den Bildhauer Rodin wagte, setzte Olga Desmond – später Erfinderin einer Tanzschrift – in Deutschland als Erste in die Tat um. 1909 organisierte die Zeitschrift *Die Schönheit* mit ihr Tanzabende, bei denen sie, den Körper mit Gipsanstrich geweißt, zunächst Statuen nachstellte. Als hehre klassische Kunst verkleidet, wurde das von der Zensur noch hingenommen. Dann aber tanzte die Desmond, nur mit einem Gürtel und einem Diadem bekleidet, zwischen blanken Schwertern. Konservative Abgeordnete wollten diese Auftritte skandalisieren und beschäftigten den deutschen Reichstag damit. Doch ein Lokalaugenschein der Parlamentarier bestätigte, dass es sich um „reine Kunst" handelte – das erstrebte Verbot blieb aus.

Als „Waldnymphe" entzückte Anna Duncan, die Schwester der Tanzreformerin, das Publikum der 20er Jahre.

Aus der Begeisterung der Kunstkritiker geht freilich hervor, dass die Frage nach der Tanzkunst vom Ereignis der Nacktheit der Tänzerin ganz und gar überdeckt war. Desmonds Auftreten wurde vor allem unter dem Gesichtspunkt der Moral und eines neuen Körperbewusstseins gesehen: „Als sie in völliger Nacktheit erschien, schwebte andächtiges Schweigen hernieder und alle Zweifler verstummten. Die Keuschheit dieser Kunst ergriff alle Herzen und drang durch die dicke Kruste aller Vorurteile … Manch einer gelobte sich im Stillen, alles zu tun, damit die Folgen des Stubenhockens und Biervertilgens wieder verschwinden. Und dann ergreift ihre Frauen die Reue, wenn das Mädchen mit ihrem bis zu den Zehen unverbildeten Körper erscheint, und sie verfluchen heimlich Schnürbrust, modische Stiefel und Chaiselongue-Faulenzerei. Es könnten Ströme von Segen von solcher Erkenntnis ausgehen." Auch in Wien erntete sie Zustimmung. Und als die marokkanische Schwerttänzerin Sulamit Rahu auftrat,

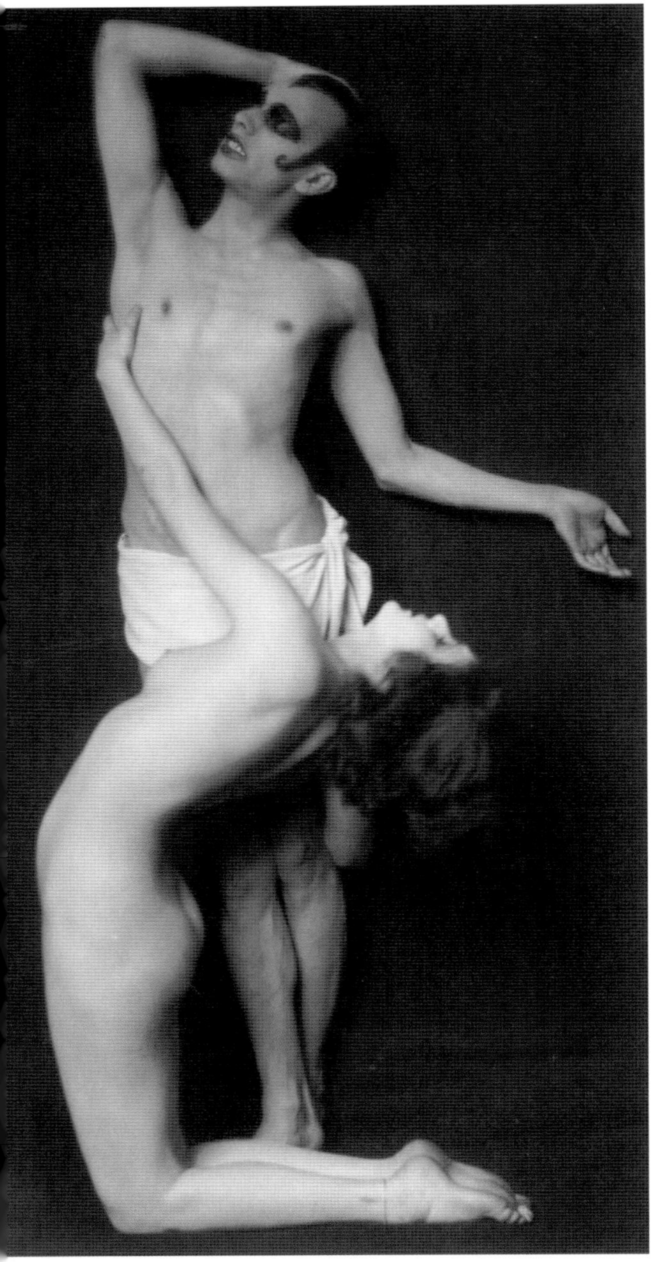

Als Enfant terrible des freien Tanzes sorgte Anita Berber mit ihren Nacktauftritten – hier mit Partner Sebastian Droste – für Skandale und Verbote.

schwärmte der Dichter und Frauenverehrer Peter Altenberg über ihre „orangenfarbene Nacktheit": „Es ist so natürlich, dass man dieses Verbrechen ‚Trikot' nicht mehr begreifen kann."

Die schöne junge Tänzerin Adorée Villany sah im Ideal der Duncan den Weg, einer völlig neuen Auffassung des Tanzes zum Durchbruch zu verhelfen: „Wie das Gesicht, kann auch der ganze Körper ein Instrument des Ausdrucks sein … Wenn ich mein Hemd ablege, so um meine Seele nackt zu zeigen." Der Pariser Polizeipräsident hatte dafür wenig Verständnis. In einem Prozess, der 1913 Aufsehen in Künstlerkreisen weit über Frankreich hinaus erregte, wurde ihr eine Geldstrafe auferlegt und das nackte Tanzen verboten.

Die mit dem Ende des Ersten Weltkriegs eintretenden politischen Veränderungen, der Umbruch der blockierten in eine libertinäre Gesellschaft, eröffnete dem freien Ausdruckstanz speziell im deutschsprachigen Raum einen ungeahnten Aufschwung. Die Tanzwut, die damals eine Unzahl von Frauen auftreten ließ, war ein Ausdruck der Emanzipation von bis dahin bestehenden gesellschaftlichen Zwängen. Dazu kam, dass für viele Frauen im modernen Tanz der vom Gefühl gesteuerte Ausdruck alles galt und sie auf eine gründliche Ausbildung verzichteten, was häufig zur Folge hatte, dass dilettantisches Wollen das Können ersetzte. Der Wille zur Tanzreform wurde auf die „radikalste Kostümreform", wie es ein Spötter nannte, reduziert und zum „Schönheitstanz", wie er nun von denen genannt wurde, denen das Wort „nackt" nicht über die Lippen wollte.

In der Tanzliteratur findet man allerdings große Bereitschaft, Duncans Theorien zu folgen. So schrieb zum Beispiel 1920 der erfolgreiche Roman- und Sachbuchautor Frank Thieß: „So sehr ein Kostüm auf Tanz und Hintergrund abgestimmt sein mag, so souverän es vielleicht die Tänzerin zu tragen weiß, das Spiel der Muskeln unter der Haut, die feinen Nuancen von Schatten und Licht auf dem nackten Körper, die Verbindung aller Gebärden durch die glatte Fläche, die tausendfältig wechselnden, schimmernden, flüchtigen und durch Licht und Scheinwerfer zu unerhörten Wirkungen zu bringenden Wellungen des lebenden Fleisches erschaffen ein Kostüm, das sich in einem Maße dem Tanz und der Tänzerin anpasst wie kein Kleid der Welt."

Die viel bewunderte makellose Nacktheit Claire Bauroffs wurde von den Nazis von der Bühne verbannt.

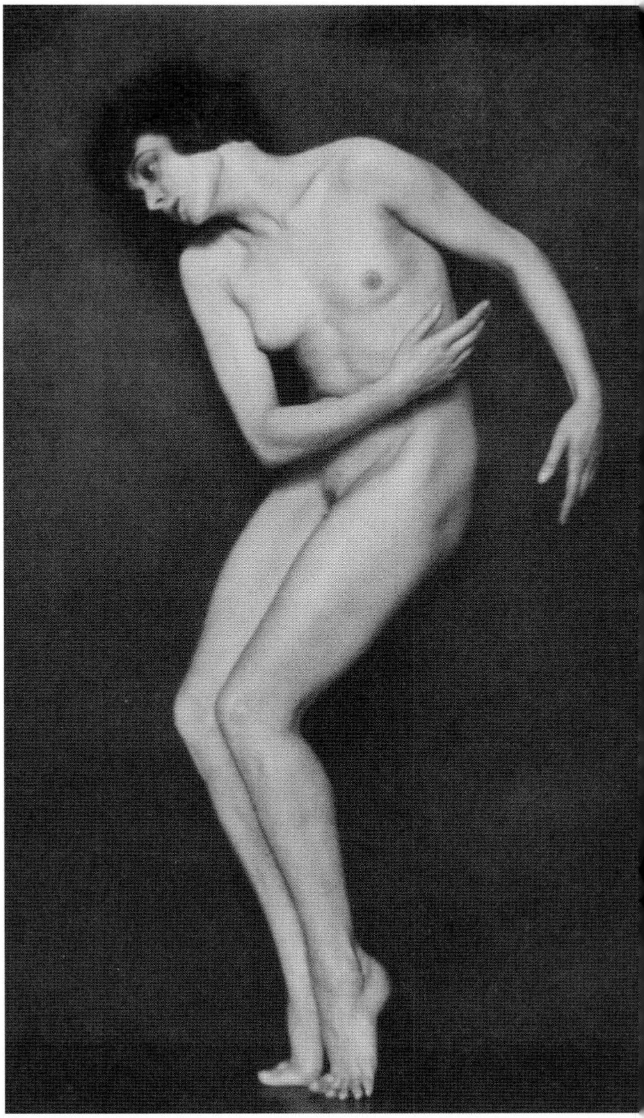

Gegenüber solchen Hohepriestern des Ausdruckstanzes befanden sich die Nackttanzkritiker in der Minderzahl. Am bissigsten formulierte es 1925 Max von Boehn: „Natürlich fand Isadora Duncan da am ersten Nachfolge, wo sie am stärksten geirrt hatte. Miss Duncan glaubte, dass nur die Bewegungen des unbekleideten Körpers natürlich sein könnten, ein Fehlschluss, der sie selbst veranlasste, sich bei ihrem Auftreten immer leichter zu bekleiden. Dies Beispiel war verführerisch, und da so unendlich viele Kunsttänzerinnen, die ihr folgten, ebenfalls nicht zu tanzen verstanden, so konnten sie ihr Vorbild wenigstens darin übertreffen, dass sie noch weniger anzogen. Schließlich glaubten sie den Gipfel der Kunst erstiegen zu haben, als sie sich mit dem Klima als einzigem Kleidungsstück zufrieden gaben. Dann hüpften sie zu den Klängen der *Mondscheinsonate* auf dem Brettl hin und her, und wer sich einfallen ließ, dies Unterfangen als geschmacklos oder gar schamlos zu finden, dem wurde bedeutet, es sei Kunst, hohe, heilige, hehre Kunst."

Die Anspielung auf die *Mondscheinsonate* könnte auf Anita Berber gemünzt

Die Wienerin Hilde Holger wurde von Hitler vertrieben, fand aber Schülerinnen in Indien und England.

sein, die 1922, ebenfalls zu Beethoven-Musik, im Wiener Konzerthaus zusammen mit ihrem Partner Sebastian Droste in *Tänze des Grauens, des Lasters und der Ekstase* auftrat. In *Astarte* war sie nackt bis auf den smaragdenen Kopfschmuck; auch in *Zwei Menschen* ließ sie, der die Kritiker eine außergewöhnliche Hingabe an Rhythmus und expressionistische Aufgelöstheit bescheinigten, die Hüllen fallen: „Ein Tanz der Erotik – reine nackte Sexualität, Sexualität ohne Schuldgefühle", so sah sie ihre Tanzmission. Und sie begann zu toben, wenn männliche Besucher die von ihr geforderte Ergriffenheit vermissen ließen. Das Publikum stürmte die Kassen, die Rezensenten reagierten höchst unterschiedlich.

Als die Theaterzensur für die Tänzerin Bekleidungsvorschriften erließ, wandte sich David Bach in der *Arbeiter-Zeitung*, der in Berbers Künsten vor allem Unverständlichkeit und Langeweile geortet hatte, scharf dagegen: „Weg mit der Theaterzensur!", forderte er und vermerkte, dass die Nacktheit der Tänzerin jedenfalls keuscher sei als die polizeilich angeordneten Stoffreste. Aber die liberale Presse setzte sich gegen die Sittenpolizei nicht durch. Die damals 23-jährige Tänzerin wurde verhaftet und ausgewiesen. Als Stummfilmstar spielte sie bereits 1918 in *Das Tagebuch einer Verlorenen* ihr eigenes Schicksal: Dem Rauschgift verfallen, starb Anita Berber 1928 an Lungentuberkulose.

Wien hatte seinen Nackttanzskandal, aber wie so oft war dieser nur Vorbote baldiger größerer Freizügigkeit. Der Tanzausbildung der damaligen Zeit war die Nacktangst späterer Ballettschulen fremd, Nacktübungen galten als „unbedingt notwendig zur Kontrolle der Lehrenden und der Schüler untereinander". Viele Tänzerinnen, auch solche mit bekannten Namen, wurden zu den bevorzugten Modellen der Wiener Photoateliers der 20er Jahre: d'Ora / Benda, Trude Fleischmann und Manassé haben immer wieder Tanzkünstlerinnen bei nackt ausgeführten Bewegungsstudien abgelichtet. Den überzeugendsten Eindruck, was der Ausdruckstanz an inszenierter

Die Bewegungsstudien von Rudolf Koppitz mit Claudia Issatschenko als zentraler Figur atmen den Geist des Ausdruckstanzes.

Schönheit auf der Bühne hätte bieten können, wenn die Zensur auf der einen und ein Nacktheit mit Sexualität gleichsetzendes Publikum auf der anderen Seite dies nicht verhindert hätten, bieten die mit der russischen Tänzerin Claudia Issatschenko und ihren Begleiterinnen erarbeiteten und photographisch inszenierten Bewegungsstudien von Rudolf Koppitz.

Allerdings brachte die ästhetische Befreiung vom Tabu auch sehr rasch die Markt-Freiheit, wie es die idealistische Duncan und ihre Jüngerinnen sicher nicht gewollt hatten. Da war nicht mehr der Tanz das Wichtige, sondern die Fleischbeschau. Insbesondere die Nacktwelle in den Kabaretts und Nachtlokalen hatte mit Tanzkunst nur noch wenig zu tun.

Im austrofaschistischen, kirchlicher Sexualmoral verpflichteten Ständestaat war Nacktheit von der Bühne ausgeschlossen. Die Nazis gaben dem freien Tanz, sofern er nicht den Vorstellungen der neuen Machthaber entsprach, den Rest. Die „Schönheitstänze" wurden in die Nachtlokale verbannt, wo künstlerischer Anspruch nicht gefragt war. Mit dem Einzug der Amerikaner mussten sie endgültig dem Striptease weichen, der einem Publikum, das lediglich auf Animation aus war, unverhohlen entgegenkam. Durch Jahrzehnte verbot sich in der Tanzkunst die unlauterer, kunstferner Motive verdächtigte und womöglich durch Jugendschutz- und Pornographiegesetze behinderte Nacktheit völlig. Erst im Gefolge der 68er-Bewegung brauchte der freie Tanz auch Isadoras prophetische Sichtweise nicht mehr zu scheuen, ohne sie zum Gesetz zu erheben.

Tausend nackte Frauen

Berlin bejubelt die Revuen der 20er Jahre

Eine Gegenwart, die keine Illusionen hat,
nimmt auch den Frauenkörper ohne Verschleierung
als öffentliches Schaustück an.
Felix Salten

„‚Meine nächste Revue wird ganz raffiniert und originell', verkündete Direktor Haller, ‚ich ziehe allen Weibern was an!'" So witzelten Berliner Kabarettisten über einen jener Theaterdirektoren, die in den 20er Jahren in ihren Ausstattungsrevuen das Publikum vor allem mit Massenauftritten halb- oder fast ganz entkleideter Frauen etliche Spielzeiten hindurch in ihre Etablissements lockten. Denn, so hieß es in einem Chanson über die Revuen, nachdem die Beschränkungen durch die Zensur der Kaiserzeit weitgehend gefallen waren: „Die Nacktheit zieht immer am meisten an, drum gibt man ihr Spielraum, soweit man kann." Und ein Kritiker resümierte über den Inhalt solcher Revuen: „Multipliziert man eine nackte Frau mit fünfzig, so ist die Haupthandlung bereits da."

Zuerst war es Sensation – mit der Zeit waren auch die nacktesten Girls nur noch ein eher unerotisches „plurale tantum".

Revuen als vom strengen Stil des Balletts abweichende Tanzdarbietungen folgten gegen Ende des 19. Jahrhunderts zuerst bei den *Folies Bergères* dem aufregend erotischen Cancan – der in Privatvorstellungen ohne die rüschenbesetzte Unterhose getanzt worden sein soll – und wurden in den Londoner Music Halls vor allem durch die *Tiller Girls* berühmt. Der Typ des einzelnen Girls kam aus Amerika und hatte Europa eine erste Ahnung von einer selbstbewussteren jungen Frau ver-

Die glanzvolle Ausstattung für die Auftritte der barbusigen Tänzerinnen und Stripperinnen ist Markenzeichen der Pariser *Folies Bergères*.

mittelt, als es hier die Gesellschaft noch zuließ. Die Girl-Revue wurde in Amerika sofort begeistert aufgegriffen. Und 1927 konnte Alfred Polgar im Wiener Programmheft für *Alles aus Liebe* definieren: „Girls sind ein so genanntes ‚plurale tantum' … Ein Girl gibt es nicht … Erst wenn sie ein Wesen mit vierundzwanzig Beinen geworden sind, führen sie den Namen zurecht."

Die Revuen fanden vor allem im Rahmen von Varietés statt. Sie erhoben nie den Anspruch hoher Kunst und waren als Unterhaltungstheater gedacht. Von Anfang an waren die Gestalter der Revuen versucht, sukzessive die Röckchen und Schleier ihrer Darstellerinnen, wie die Zensur der Vor-Weltkriegszeit sie verlangt hatte, zu lüften. Bei den *Folies Bergères* riskierte man es 1912 zum ersten Mal, eine unbekleidete Tänzerin auftreten zu lassen. Das Beispiel machte in Paris rasch Schule. In der Operette *Phi-Phi* von Henri Christiné, 1918 in Paris uraufgeführt, ließ eine Nackttänzerin die Kassen klingeln – das Werkchen blieb jahrzehntelang im Theaterrepertoire. In England blieben die Vorschriften strenger, doch die Zensur machte Konzessionen: Bei statuarischer Darstellung nackter Gestalten, denen Bewegung nicht gestattet war und die mit dem nötigen Feigenblatt versehen waren – Scham- und Achselhaare blieben verboten –, drückte sie ein Auge zu. So verfiel man im Varieté auf die Idee der „lebenden Bilder", wobei schließlich auf das Trikot verzichtet werden konnte, auch in Kaiser Wilhelms Reich, wo die geweißten nackten Körper der Tänzerin Olga Desmond und ihrer Partner kalten Marmor vorgeben sollten.

Die *Folies Bergères* lockten mit großen Namen und der einen völlig neuen Tanzstil kreierenden Amerikanerin Loïe Fuller – den Revuen der Nachkriegsjahre genügte die Anpreisung nackten Frauenfleischs.

In Amerika setzte Florenz Ziegfeld die Standards für Revue und Girl-Ballett. Die *Ziegfeld Follies* waren bald ebenso berühmt wie die *Tiller Girls*. Ziegfeld, dessen Truppe mit ihren Auftritten 1907 begann, wurde bald von Mädchen, die mitmachen wollten, regelrecht bestürmt. In seinen besten Jahren bewarben sich an die 15.000 junge Frauen. Er verlangte in Inches: 36 Büste, 26 Taille, 38 Hüfte – in Zentimetern: 91 / 66 / 96. Als die nackte Welle nach Amerika überschwappte, zögerte er; es blieb bei einem Versuch, bei welchem berühmte Gemälde auf der Bühne nachgestellt wurden – zwei davon waren Akte. Als dann weniger anspruchsvolle Kompanien mit entblößten Damen mehr Geschäft zu machen suchten, rügte er sie: „Diese Orgien der Nacktheit sind abstoßend und schlechter, als man sie in den untersten Spelunken Europas finden würde; man muss sich geradezu schämen, jemals etwas mit Revue zu tun gehabt zu haben." Ziegfeld behielt insofern bald recht, als – nicht zuletzt auf Druck der Frauenvereine und der Kirchen – Bühnen- und Filmnacktheit in den USA mit Verboten belegt wurden.

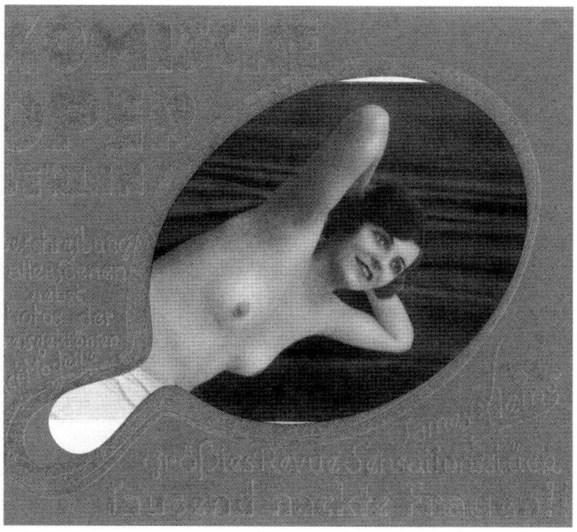

Mit dem Ende des Ersten Weltkriegs brachen auch in Deutschland und Österreich die Dämme des überkommenen Wertesystems. Die Reaktion auf die

Christliche und Nazi-Politiker tobten in Wien gegen die „schwarze Schande" der freizügigen Josephine Baker im Bananenschurz.

Prüderie der wilhelminischen Scheinmoral war eine mitunter geradezu demonstrative Vorführung von Nacktheit. Und das galt in der nach wie vor bestehenden Männergesellschaft in erster Linie für die Frau. Vor allem Berlin wurde nicht nur auf diesem Gebiet zu einem wahren Babel. Da im Film bald und vor allem aus Exportgründen die Zensur wieder eingeführt wurde, fand Nacktheit vor einem Massenpublikum hauptsächlich in den Revuen statt, die meist Teile eines großen Varietéprogramms waren.

Den zweifelhaften Ruf des Erfinders des deutschen Nacktballetts hat James Klein. Nach mehreren fehlgeschlagenen Versuchen als Varietédirektor nutzte er gegen Ende des Ersten Weltkriegs die Gunst der Stunde und erwarb das Berliner *Apollo-Theater* und bald auch die *Komische Oper*. Als Klein bald nach Kriegsende in der ersten Revue fast nackte Girls den *Venusberg* tanzen ließ, hatte er die Sensation, die er brauchte. Die Massen stürmten seine Theater. Die Titel der meisten James-Klein-Revuen sprechen für sich: *Die Welt ohne Schleier, Das hat die Welt noch nicht gesehn, Berlin ohne Hemd, Streng verboten, Zieh dich aus, Tausend nackte Frauen* ... Die Szenen waren banal und kitschig. Klein ließ die *Quadriga* des Brandenburger Tors mit Frauen nachstellen, servierte eine nackte

James Klein ließ die *Quadriga* des Berliner Brandenburger Tors von nackten Frauen nachstellen – ein dankbarer Vorwand für antisemitische Hetze.

Walery Paris

Der Talmiglanz erotischer Bühnenkostüme ...

Tanzgruppe auf einem riesigen Porzellanteller oder ließ nackte Frauen aus einem Blumenbeet wachsen. Er war der umstrittenste Varietédirektor Berlins, auch wenn er bald Konkurrenz bekam, vor allem durch die Revuen Hermann Hallers, der für sie im *Admiralspalast* eine Heimstatt gefunden hatte, und in Erik Charell, der im *Großen Schauspielhaus* etliche Ausstattungsrevuen produzierte.

Wien wollte nicht nachstehen. Hier waren es die Brüder Arthur und Emil Schwarz, die zuerst die Revuebühne Femina führten, dann in das *Lustspieltheater im Prater* und schließlich ins *Ronacher* übersiedelten. Mit *Wien gibt acht* erreichten sie 1923 mit Nacktszenen einen ersten Sensationserfolg. Dem Publikum wurden statuarische Posen busenfreier Stars und Statistinnen sowie „Schönheitstänze" von Solistinnen oder Duos geboten.

Die „Glanzrevuen", auch mit teuerster Ausstattung und mit noch so vielen nackten Frauen, wurden kein finanzieller Dauererfolg. Zuerst ging Klein pleite, andere folgten im Lauf der späten 20er Jahre. Die Nacktwelle verlor ihren Sensationscharakter, außerdem neigten sich die Goldenen Zwanziger wirtschaftlich ihrem Ende zu. Für Völkische und Christliche waren die Nacktrevuen zu einem ständigen Stein des Anstoßes geworden: ein „Beweis" – mit dem Blick auf die Direktoren – der „Verjudung" des Kulturlebens. Aber weniger diese Angriffe als viel eher die Tatsache, dass sich die Spekulation auf Dauer nicht tragfähig erwies, weil Nacktheit eben nicht mehr gesteigert werden kann, führte dazu, dass man die Revuetänzerinnen wieder anzuziehen begann. Der bekannte und später von den Nazis im KZ Dachau ermordete Kabarettist Fritz Grünbaum zog 1927, anlässlich einer Umfrage in der Wiener *Neuen Freien Presse*, die Lehre: „Die Übersättigung des Publikums schreitet rascher als seine Gefährdung. Die Enthüllung ist immer weniger gefährlich als die Verschleierung."

Allerdings hatte Grünbaum nicht vorhergesehen, dass im Jahr darauf die Europatournee der „schwarzen Venus", Josephine Baker, die Wellen sittlicher Entrüstung der Spießer in Deutschland und Österreich noch einmal würde hochgehen lassen. Mit urwüchsigem Talent und ihrem Bananenröckchen auf der dunklen Haut hatte sie bereits Weltruhm erlangt, Jean Cocteau sprach von einem „schönen Idol aus braunem Stahl, Ironie und Gold". In Wien wurde ihr Gastspiel zur Gelegenheit für die Anstoßnehmer, ihren Rassismus mit dem Mäntelchen der Moral zu bekleiden, und das sogar damit befasste Parlament bot ein bezeichnendes Sittenbild dieses „Kulturkampfes".

Der christlichsoziale Abgeordnete Anton Jerzabek, der eine Baker-Debatte im österreichischen Nationalrat auslöste, schilderte die „Halbblutnegerin" zur Erheiterung der Linken so: „Dieselbe trägt als Bekleidung eine Perlenschnur um die Hüften und seitlich dran angeheftet einige Straußenfedern, wohlgemerkt: seitlich angeheftet! Ihre Avers- und Revers-Seite ist fast gänzlich unbedeckt. Das, was sich da vorfindet, kann man höchstens als Briefmarke bezeichnen, eine andere Hülle ist das nicht … Worin besteht die Kunst dieser Dame? Ich habe es allerdings noch nicht gesehen (Rufe: Ah so!), aber ich habe schon davon erzählen gehört. Die ganze Kunst dieser Dame besteht nämlich nur in den absonderlichsten Verrenkungen, Verzerrungen und Drehungen ihres Körpers, wobei besonders darauf Bedacht genommen wird, dass das Hinterteil dem Beschauer möglichst ausgiebig zur Bewunderung präsentiert wird …"

… stand im Kontrast zur Wirklichkeit hinter der Bühne: Schweigeminute in Erinnerung an den Waffenstillstand von 1918.

Zur christlichsozialen Muffigkeit gesellte sich der unverhohlene Rassismus der Hakenkreuzler. Die *Deutschösterreichische Tageszeitung* wetterte gegen die „schwarze Schande" und ihre „unkultivierten Schweinetänze" und forderte: „Schluss mit dem Negerskandal in Wien!" Aber die Demonstrationen hielten sich in Grenzen, der Krawall im *Johann-Strauß-Theater* blieb aus, weil vermutlich die Karten zu teuer waren. „Als die Baker auftrat", berichtete die sozialdemokratische *Arbeiter-Zeitung*, „rieselte erregtes Flüstern durch die Reihen. Sie war gut gewachsen, sie war auch nicht allzu sehr bekleidet; ein Lendenschurz – ausgerechnet Bananen –, etwas Schmuck und sonst nichts. Doch

Die nackten Brüste des Pfeifen-Girls: eine Attraktion der 1928 aufgeführten Revue *Wien lacht wieder*.

ihr kindlicher Übermut, ihre lausbubenhafte Frische, ihre durchaus unerotische Lustigkeit ließen alles Lasterhafte, alles Aufpeitschende vermissen, dass mancher im Stillen den Jerzabek verwünschte, dem er da hineingefallen war."

Überraschenderweise wurde in der Nazizeit versucht, die Revue nicht nur in Filmen, sondern auch im Berliner *Friedrichstadtpalast* wieder zu beleben. Während Textdichter, Komponisten und Manager der Revuen der Weimarer Zeit aus dem Reich vertrieben worden waren oder in den Konzentrationslagern leiden und sterben mussten, wollten die „Arisierer" mit den *Hiller Girls* eine „deutsche Antwort" auf die *Tillers* geben. Dabei gab es mitunter eine Nackte als Schlussapotheose. Aber als 1944 die Tänzerin Marika Rökk im Film *Die Frau meiner Träume* ein bis zum Nabel dekolletiertes Kleid mit Netzeinsatz trug, musste die Szene geschnitten und neu gedreht werden. „Das ist frivol – so tanzt eine deutsche Frau nicht", befand der allgewaltige Propagandaminister Joseph Goebbels.

Gymnastik wörtlich genommen

Körperbildung ohne Gewand und Maschinerien

> Wir lassen unsere Jugend nackt üben,
> damit sie sich ihrer Körper nicht zu schämen brauchen.
> SOLON

„Die Marianne hat doch nichts gelernt in puncto Berufsleben. Das Einzige, wofür sie Interesse hat, ist die rhythmische Gymnastik", sagt der Alfred in Ödön von Horváths *Geschichten aus dem Wiener Wald*, als ihm sein Freund rät, doch seine Frau in das Berufsleben zu schicken. Und da hat der Hierlinger Ferdinand mit seinen Beziehungen zur Halbwelt auch gleich einen Tipp parat: „Rhythmische Gymnastik ist immer gut … ist zu guter Letzt nur eine Abart der Tanzerei … und da winkt uns vielleicht ein guter Stern": Die Baronin, die Tanzgruppen für zwielichtige Bars zusammenstellt, lässt die Arbeitsuchende ihr Gymnastikinteresse „praktisch

In vielen Gymnastikschulen – so auch bei Alice Bloch – hatte Nacktheit ihren Platz im Übungsprogramm.

verwerten". Die Nacktszene, für die Marianne engagiert wird, mündet in einen Skandal, als ihr Vater mit seinen Bekannten das Lokal besucht.

Solche Verwertung war zweifellos nicht das Ziel des gymnastischen Systems, mit dem die amerikanische Ärztin Bess Mensendieck in den Jahren vor dem Ersten Weltkrieg insbesondere in Deutschland Furore machte. Ihre aus Analyse und Synthese der menschlichen Bewegungen gewonnenen Erkenntnisse sollten vor allem dem durch Aussperrung vom Sport, falsche Ernährung, den Körper verbildende Kleidung, Arbeitsmühen und Folgen der Schwangerschaft entstellten Körper der Frau seine natürliche Schönheit geben und erhalten. Mensendiecks auflagenstarke Bücher *Körperkultur der Frau* und *Funktionelles Frauenturnen* – „ausschließlich für die Frau geschrieben", vermerkt die Autorin in ihrem Vorwort – wurden zu Bibeln der weiblichen Gymnastikbewegung, die mit dem Ende des Ersten Weltkriegs sich in die emanzipatorischen Bestrebungen der Frau einordnete.

Die Gymnastikschulen schossen in Deutschland und Österreich aus dem Boden. Es bildeten sich je nach der Methodik, die sie bevorzugten, zwar konkurrierende, aber in ihren Zielsetzungen weitgehend ähnliche Systeme. Mensendieck-Schülerinnen wie Hade Kallmeyer, Dora Menzler oder Hedwig Hagemann wollten mit ihrer „Ausdrucksgymnastik" zu natürlichen und harmonischen Bewegungen zurückführen. Die rhythmisch-musikalische Gymnastik berief sich auf den Schweizer Musikpädagogen Emile Jacques-Dalcroze, der in Dresden-Hellerau Musik und schöpferische Bewegung zu verbinden suchte. Seine Bildungsanstalt übersiedelte 1925 nach Laxenburg bei Wien: Die berühmten Tänzerinnen Mary Wigman und Rosalia Chladek gingen aus der Dalcroze-Schule hervor. Die Duncan-Schule in Salzburg-Kleßheim betonte die erzieherische Wirkung ihrer Körperausbildung. Im Wirken des in Pressburg geborenen eigentlichen Schöpfers des modernen freien Tanzes, Rudolf von Laban, bildeten Gymnastik und Tanz die engste Verbindung. Eine der wichtigsten Laban-Schulen war die von Gertrud Bodenwieser in Wien, die dem expressionistischen Ausdruckstanz bedeutende Impulse gab; aus ihrer Tanzgruppe gingen etliche namhafte Tänzerinnen hervor.

Gymnastik wurde von weiten Kreisen der Bevölkerung für die für Mädchen und Frauen am besten geeignete sportliche Betätigung gehalten. Zum einen, weil für das eben erst im Aufbruch zur Gleichberechtigung begriffene weibliche Geschlecht nicht das Messen von Leistung, sondern Bewegung, die herkömmliche Anforderungen an Gesundheit und Schönheit zu fördern versprach, ausschlaggebendes Motiv war. Immerhin erschlossen die Ausdrucksgymnastik und der auf ihr aufbauende freie Tanz zur Entfaltung der Körpererfahrung auch Möglichkeiten der individuellen Kreativität und Selbstbestimmung.

Zur Nacktheit hatten die meisten dieser Gymnastikschulen ein freimütiges Verhältnis. Man begann, die Wortbedeutung von Gymnastik – griechisch „gymnastike techne": „nackt üben" – ernst zu nehmen. Das war verständlich, weil die Befreiung von den einengenden Bekleidungsvorschriften und Moden, die in der Vorkriegszeit den Körper nicht nur beim Baden, sondern auch in den männlich ausgerichteten

Turnvereinen beschränkten – soweit für Frauen überhaupt Platz war –, als Fortschritt empfunden wurde. Schon die Abbildungen der zahlreichen Übungen in Mensendiecks Büchern zeigen durchweg nackte Turnerinnen und unterstreichen so die Ansicht der Autorin, dass nur bei genauer Betrachtung der unverhüllten Anatomie allfällige Mängel und die Sinnhaftigkeit entsprechender Übungen

Aus Gesundheitsgründen ließ die amerikanische Ärztin Bess Mensendieck prinzipiell nackt turnen.

erkannt werden können. Zugleich aber gelte es, so Mensendieck, „die unbefangene Freude an der Schönheit des Körpers zurückzugewinnen und die Empfänglichkeit für das Ebenmaß der Körperformen zu gewinnen, indem man der trockenen wissenschaftlichen Ästhetik eine praktische, lebendige Ästhetik entgegensetzt".

Wie zu erwarten war, regten sich angesichts des von manchen Gymnastikschulen – obwohl dabei in aller Regel Mädchen und Frauen unter sich waren – geübten Nacktturnens und der Photos davon in manchen Gymnastikbüchern die Bedenken der vor allem klerikalen Moralapostel. In Bayern tobte sogar ein heftiger Kulturkampf, der mit dem Verbot von Gymnastikschulen, zu deren System Nacktturnen gehörte, endete. „Es ist in letzter Zeit viel darüber diskutiert worden, ob nackt oder bekleidet geturnt werden sollte und ob Ersteres eine sittliche Gefahr in sich berge", schreibt Mitte der 20er Jahre Dora Menzler, in deren Leipziger Schule insbesondere die Ausbildung der Lehrerinnen nackte Übungen einschloss. „Aus meiner

Ohne belastendes Textil machen die Luftsprünge in freier Natur doppelt Spaß.

10-jährigen Erfahrungszeit in der Lehrerinnenausbildung halte ich eine sittliche Schädigung für ausgeschlossen. Es ist unbedingt zur Kontrolle der Lehrenden und auch der Schüler untereinander und ebenso für die Erziehung, das Nackte als etwas Selbstverständliches anzusehen, notwendig, öfters nackt turnen zu lassen … Für uns, die wir Vertreterinnen der Körperkultur sind, ist das Nackte nur Mittel zum Zweck. Wir gebrauchen die Nacktheit der Körperkultur wegen, treiben aber Körperkultur nicht der Nacktheit wegen."

Hedwig Hagemann, die eine Gymnastikschule in Hamburg führte, hält 1927 fest: „Die reine Gymnastik fordert Nacktheit. Der heutige Körper mit seinen Degenerationserscheinungen verlangt strengste Kontrolle … Wollen wir diese aber verbessern und beseitigen, müssen wir sie auch sehen und unsere jeweiligen, auf die verschiedenen Körper auch verschieden wirkenden Übungen beobachten können. Dies ist aber nie und nimmer im Trikot möglich, und sei es auch noch so durchsichtig." Es sei geradezu pädagogisch verantwortungslos, Mensendieck-Gymnastik in einem schwarzen Badeanzug betreiben zu lassen. Und über die Wirkung der Nacktgymnastik als Lösung physisch-psychischer Hemmungen bemerkt Hagemann: „Wir Gymnasten können immer wieder beobachten, wie scheu und gehemmt die Schülerinnen zuerst oft sind, weil sie nicht verstehen, sich nackt zu bewegen, und wie nicht nur die Sicherheit ihrer Bewegungen, sondern auch die Unbefangenheit und Freiheit ihres Wesens wächst, wenn sie allmählich lernen, nackt zu sein."

Eine Bildungsstätte besonderer Art war die Loheland-Schule für Gymnastik, Landbau und Handwerk. Ihre Anfänge gehen auf das von Louise Langgaard und Hedwig von Rohden in Kassel gegründete Seminar für klassische Gymnastik zurück. Die beiden Gründerinnen schlossen sich den anthroposophischen Lehren Rudolf Steiners an. Als sie 1919 auf dem Herzberg in der Rhön eine geeignete Stätte für die Ausbildung junger Mädchen fanden, kam zur Bewegungskunst noch die landwirtschaftlich-gärtnerische sowie handwerkliche Betätigung hinzu. In diesem „Gymnastik-Kloster" für Frauen – so nennt

Als Sportlehrer der Reichswehr ließ Hans Surén die Offiziersanwärter häufig nackt üben.

es 1928 der Tanzhistoriker Rudolf Lämmel – wurde in den ersten Jahren auch nackt geturnt und getanzt. Die Gründerinnen fühlten sich einerseits der griechischen Kultur als Weg zur harmonischen Entwicklung des Menschen verbunden, anderseits suchte man im allgemeinen Aufbruch gegen alles Einengende, speziell in der Frauenmode, zum gerade in der Nacktheit erkennbaren „gesunden Muskelkleid" zu gelangen.

Manche deutsche Gymnastikschulen suchten, als die Anfeindungen wegen der Einbeziehung der Nacktheit in ihre Ausbildungssysteme zunahmen – und auch, um nicht mit den Nuditäten der Tingeltangellokale und der Revuen in einem Atemzug genannt zu werden –, gegen Ende der 20er Jahre Zuflucht in Landheimen an der Ostsee. „Dort tanzen am Sommermorgen die Zöglinge nackt vor den Wellen. Das Schreien der Möwen bedeutet keinen Protest. Die Kurgäste, von Flirt und Charleston müde, schlafen noch ... Tanz des nackten Leibes wirkt in der freien Natur am stärksten", berichtet 1927 Werner Suhr. Von diesen Eindrücken zeugen die zahlreichen Aufnahmen von Gerhard Riebicke, die in der Stiftung Preußischer Kulturbesitz aufbewahrt werden.

Die meisten Gymnastikschulen widmeten sich bevorzugt der weiblichen Körperbildung. Ein eigens für Männer entwickeltes Gymnastiksystem wurde nach dem Ersten Weltkrieg von Hans Surén aufgebaut. Als Offizier sah er in einer Neuorientierung der Körperbildung einen Weg aus der Katastrophe des Zusammenbruchs. Er übernahm für die Reichswehr der Weimarer Republik die Reform der Leibeserziehung. Sein System der Atem- und Schwunggymnastik ließ er in den Offiziersausbildungsgruppen ohne Prüderie, also meist nackt, ausführen. Sein 1924 erschienenes populäres Hauptwerk *Der Mensch und die Sonne* erlebte viele Auflagen; nach Hitlers Machtergreifung arbeitete er es im völkisch-rassistischen Geist um, wobei er betonte, einen Trennungsstrich gegenüber der „jüdisch-marxistischen" Nacktkultur der Weimarer Zeit zu ziehen. Trotzdem kam auch er mit den Nazis in Konflikt.

Dürfen Eltern nackt sein?

Nacktheit im pädagogischen Meinungsstreit

Solange Eltern von ihren Kindern
nicht nackt gesehen werden wollen,
müssen die Kinder zwangsläufig das Gefühl haben,
dass da ein Geheimnis ist,
und wenn sie dieses Gefühl haben,
werden sie aufgereizt und unanständig.
BERTRAND RUSSELL

In der Weimarer Republik hatte der sozialdemokratische Pädagoge Adolf Koch einen völlig anderen Zugang zur Nacktgymnastik gefunden als die Gymnastikschulen der bürgerlichen Mittelschicht. Für ihn war die Befreiung des Körpers ein Weg, den Arbeiterkindern des Berliner Ostens aus dem tristen Leben in lichtlosen Zinskasernen, in denen die Proletarierkrankheit Tuberkulose und der Alkoholismus grassierten, zu Gesundung und beschwingter

Im Kinderbewegungschor der Laban-Schülerin Jenny Gertz, Hamburg, galt Nacktheit als pädagogisch und ästhetisch wertvoll.

Lebensfreude zu helfen. Zugleich betrachtete der ausgebildete Lehrer die Nacktheit als Teil eines Erziehungsprogramms, in dem auch die sexuelle Aufklärung der Jugendlichen einen wesentlichen Platz einnahm. Für die Koch-Gymnastik war es von Anfang an selbstverständlich, dass die Geschlechter gemeinsam übten. Um die Individualität des Einzelnen in der Körperausbildung zu fördern, geschah dies in kleinen Gruppen. Das war keineswegs ein Gegensatz zur großen Gemeinschaft, wie sie Koch in seiner Zeitschrift *Wir sind nackt und nennen uns Du* darlegte. In Zusammenarbeit mit Ärzten, die Naturheilmethoden den Vorzug gaben, war für ihn Nacktheit in der Gymnastik sowohl Voraussetzung für eine körpertherapeutische Arbeit als auch ein Bekenntnis zur Wahrheit.

Die politische Rechte machte aus Kochs mit Einwilligung der Eltern durchgeführten Gymnastikstunden einen „Nackttanzskandal in der Schule". Und da seine Kontakte zu dem Arzt und Sexologen Magnus Hirschfeld bekannt wurden, wusste die konservative Presse sofort: „Die Juden sind schuld an dem jungen Kinderschänder." Koch verlor seinen Lehrerposten, aber er gab nicht auf – im Gegenteil: Er gründete einen *Bund freier Menschen*, aus dem sich die *Sozial-pädagogischen Kör-*

Als Kinderverderber verteufelt: Adolf Koch ließ Jung und Alt gemeinsam Gymnastik treiben.

perkulturschulen Adolf Koch entwickelten. Er erläuterte seine Ideen mit Publikationen, in denen er sich gegen Gerätedrill und Rekordkultur wandte, aber auch gegen die bürgerliche Freikörperkultur mit ihrer Beschränkung auf nacktes Baden und Sonnen und ihrem oft rassistischen Gedankengut. Kochs Bekenntnis zum integralen menschlichen Körper und zu bedingungsloser Wahrheit äußerte sich in den Vorführabenden seiner Schülerinnen und Schüler, bei denen die Eltern über Sinn und Erfolge der Nacktgymnastik informiert und später auch, vor allem unter den Eltern, erwachsene Teilnehmer geworben wurden.

Unbeschwerte Jugend um 1960 am Kärntner Hafnersee, als das damalige FKK-Gelände noch nicht touristisch verbaut war.

Kochs Jugendarbeit stieß bei der klerikalen und nationalistischen Rechten auf wütende Ablehnung. In Wahlkämpfen wurde sie als „Sauerei" angeprangert, sogar die Reichsregierung musste sich mit dem Thema befassen. Die SPD und ihre Presse aber nahmen den Kulturkampf auf, sie standen zu Koch. Nach Berlin wurden in 13 weiteren Städten Deutschlands Koch-Institute mit beigeschlossenen Lehrerseminaren gegründet, Abgeordnete von Landtagen und des Reichsrats und sozialdemokratische Stadtverwaltungen bekannten sich zur Adolf-Koch-Bewegung, und diese konnte 1929 sogar eine internationale Tagung im Preußischen Herrenhaus in Berlin abhalten. Kochs Forderung nach obligatorischer Nacktgymnastik an den öffentlichen Schulen blieb Utopie, wurde aber von manchen freien Schulen und in Ferienheimen und Jugendlagern aufgegriffen.

Das Jahr 1933 brachte das Ende dieses rund zehnjährigen Wirkens. Die Koch-Schulen wurden geschlossen, als der Gründer sich weigerte, sich von jüdischen Mitarbeitern zu trennen. Persönliche Verfolgungen blieben ihm erspart; im Krieg setzte man ihn bei der Ausbildung von Lehrkräften für die Krankengymnastik in Lazaretten ein. Im Nachkriegschaos fand sich eine kleine Schar von früheren Mitarbeitern um ihn, um noch einmal von vorne zu beginnen. Unter großen Opfern gelang es, das *Adolf Koch Institut für Körperkultur und Erziehung* in Berlin zu gründen. Der Berliner Senat anerkannte das Institut als „Freie Schule". Mit dem *Dachverband der Freikörperkulturvereine (DFK)* kam es allerdings zum Konflikt, und das Institut wurde vom Verband ausgeschlossen.

Auch in dem 1921 von Alexander S. Neill im englischen Summerhill gegründeten Internat war das Nacktbaden der Mädchen und Burschen in das alternative Erziehungsprogramm eingebaut. Demokratische Selbstverwaltung, Stimmengleichheit für Lehrende und Lernende, Freiwilligkeit als Prinzip: so schuf Neill die Voraussetzungen für eine individuelle Entwicklung – freilich als eine Art Inselparadies für Privilegierte, denn die allgemeine gesellschaftliche Situation blieb ausgespart.

Der Aufbruch nach 1968 brachte auch in der Pädagogik ein neues, zunächst heiß umkämpftes Verhältnis zur Nacktheit. Der Streit entzündete sich beispielsweise in Österreich Anfang der 70er Jahre an der Einführung des schulischen Sexualkundeunterrichts und an einigen dazu erschienenen Lehrbüchern. Vielen Eltern, natürlich unterstützt von der katholischen Kirche, schien es ein unzulässiger Eingriff in ihre Rechte, dass nun sozusagen der Staat in Gestalt der Lehrer die so genannte Aufklärung übernehmen sollte, obwohl die Mütter und Väter, die es selbst nicht anders erfahren hatten, das „schmutzige" Thema der Straße überließen, die es erst „schmutzig" machte. Viele Lehrkräfte, die die Befassung der Kinder mit grundsätzlichen Informationen über die Sexualfunktionen des menschlichen Körpers als peinliche Belastung betrachteten, waren überfordert. Wenn dagegen etwa eine mutige Wiener Lehrerin wagte, beim Turnunterricht die menschliche Anatomie, die die Kinder im Zeichnen falsch dargestellt hatten, am eigenen Körper zu zeigen, wurde ihr Anschauungsunterricht skandalisiert: Prüde Eltern veranstalteten gemeinsam mit Boulevardblättern Hetzjagden; sie endeten mit der Versetzung der Lehrkraft, die sich nicht über den neuen schulischen Auftrag mit Gemeinplätzen hinwegschwindeln wollte.

Heiß diskutiert wurde beispielsweise auch, als in den 70er Jahren ein Verlag eine simple Bildergeschichte, *Tiger und Ricky*, für den Sexualkundeunterricht in den Volksschulklassen herausbrachte. Den Gipfel der Aufregung in dieser Ferienerzählung über zwei befreundete Familien bildete ein Photo, das die beiden Elternpaare gemeinsam in der Sauna zeigte. Dürfen Eltern nackt sein? Das war die Kardinalfrage, die die aufgeregten Diskutanten bewegte. „Wir müssen doch zur Scham erziehen, wie sollen wir das, wenn schon die Eltern nackt in der Sauna sitzen?", zweifelte eine Lehrerin. Und einen Lehrer störte vor allem, dass einer der abgebildeten Väter seinen Penis nicht mit einem Handtuch zugedeckt hatte: „Das Vogerl zeigt man nicht, das hat mir schon meine Mutter gesagt." Die Reporterin, die von diesem Werkstattgespräch des Verlags berichtete, fragte rhetorisch, wie dieser Pädagoge den Sexualkundeunterricht abhalten würde.

Der *Katholische Familienverband* schoss mit schwererem Geschütz auf neue Biologiebücher. Er sprach von „Entschamung", wenn in einem Hauptschulbuch neben der ausführlichen Darstellung von Sexualorganen und Sexualakt „zu allem Überfluss" ein nacktes junges Paar gezeigt wurde. Noch heftiger war die Kritik, als in einigen Schulbüchern die Bilder nackter Erwachsener und Kinder einander gegenübergestellt wurden mit der Aufforderung, die geschlechtlichen Unterschiede aufzuzeigen. Eisige Ablehnung durch ganze Lehrkörper erlitt schließlich ein für den Unterricht zugelassenes Arbeitsbuch, in dem die Schüler in angedeutete Körperumrisse Buben oder Mädchen detailliert einzeichnen sollten. Lehrer befürchteten, die Kinder könnten ja „auf die Idee kommen, nachzuschauen, wie das wirklich aussieht"; und Eltern beklagten sich, man wolle die Kinder zu Pornographen machen. Noch ahnten sie nicht, dass eine weniger zurückhaltende Aufklärung bald die Seiten von Jugendzeitschriften wie *Bravo* füllen sollte.

Inzwischen ist die Gesellschaft gegenüber Nacktheit in unseren Breiten allgemein toleranter geworden. Anderes zeigen Studien, die in den 80er Jahren in den USA gemacht wurden. Sie ergaben zwar, dass zwischen der Konfrontation des Kindes mit elterlicher Nacktheit und dessen sexueller Ausgeglichenheit als Erwachsener – die 210 Befragten waren StudentInnen der ersten Semester – eine positive Beziehung besteht. Eine andere Untersuchung stellte allerdings erhebliche Unterschiede zwischen amerikanischen und schwedischen Kindern fest: Erstere waren davon überzeugt, dass Kleidung in jedem Fall, auch in einem warmen Klima oder beim Schwimmen, unentbehr-

Biologie als Schule des Sehens: Im Sexualkunde-Lehrheft *Sachen suchen* von 1975 durfte der „Unterschied" von den Schülern nachgezeichnet werden.

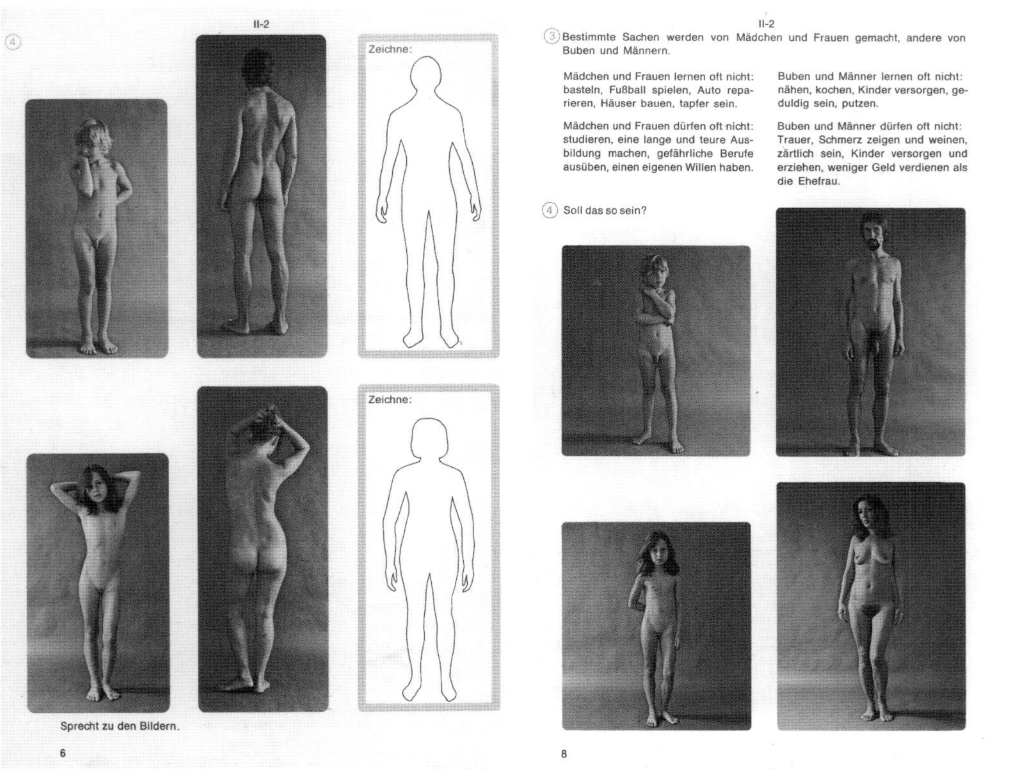

lich sei; über die Gründe der Nacktheit und das Tragen oder Nichttragen von Kleidung dachten sie kaum nach. Die schwedischen Kinder punkteten in diesen Differenzierungen bedeutend höher und schienen viel weniger an Kleidung gebunden zu sein, obwohl sie in einem kälteren Klima als die amerikanischen lebten. Die Verfasser der Studie sahen darin eine Folge der schulischen Sexualerziehung ab dem achten Lebensjahr und der häufig geübten Praxis von Sauna und Nacktbaden.

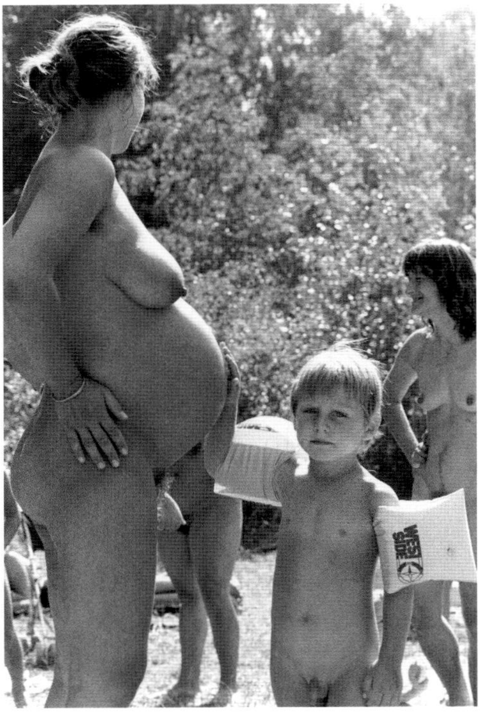

„Die Bestimmung des Menschengeschlechts erschließt sich dem Kind durch die göttliche Nacktheit von Vater und Mutter", sagt der Schweizer Philosoph Hans F. Geyer.

Schließlich liegt eine Untersuchung vor, die die Einstellungen von Kindern aus FKK-Familien denen anderer gegenüberstellte. Die meisten nichtnudistischen Kinder mochten ihre Genitalien nicht, die Nudistenkinder bekundeten eine gegenteilige Einstellung. Überhaupt war die Akzeptanz des eigenen Körpers bei ihnen weitaus größer.

Die daraus zu ziehende und im Internet veröffentlichte Schlussfolgerung von William D. Peckenpaugh von der California State University in Sacramento gibt den pädagogischen Pionieren der 20er Jahre recht: Frühe Begegnung der Kinder mit Nacktheit ist nicht nur unschädlich, sondern begünstigt offenbar eine Entwicklung, die sich positiv in ihrer Beziehung zum eigenen und fremden Körper niederschlägt. Aus diesem Selbstbewusstsein erwächst, unterstützt von entsprechender Aufklärung, auch die Fähigkeit zu einem gesunden Misstrauen gegenüber bedrohlichen kriminellen Verführungen.

Vom Zwickel zum Bikini

Die permanente Reduktion des Badeanzugs

> Unter allen Umständen bade man nackt. Die Kleider vereiteln gar leicht den Erfolg des ganzen Bades.
> BADEANWEISUNG FÜR DAS MEERBAD, 1868

Im Sommer des Jahres 1932, wenige Monate vor der Machtergreifung Adolf Hitlers, machte sich der Innenminister des kurzlebigen Kabinetts Papen, ein Wilhelm Freiherr von Gayl von der Deutschnationalen Volkspartei, ernste Sorgen um die Moral der deutschen Bürger – beim Baden. Bei grundsätzlicher Anerkennung, was Sonne, Luft und Wasser „zur Hebung der Volksgesundheit" beitrage, seien dabei „Entartungserscheinungen" aufgetreten, „die im Interesse der öffentlichen Sittlichkeit nicht gutgeheißen werden können". Und aus diesem Grund erließ er die Polizeiverordnung vom 18. August 1932, die als viel belachter „Zwickelerlass" in die Sitten- und Modegeschichte eingegangen ist:

„§ 1. Das öffentliche Nacktbaden ist untersagt. Frauen dürfen nur dann öffentlich baden, falls sie einen Badeanzug tragen, der Brust und Leib an der Vorderseite des Oberkörpers vollständig bedeckt, unter den Armen fest anliegt sowie mit angeschnittenen Beinen und einem Zwickel versehen ist. Der Rückenausschnitt des Badeanzugs darf nicht über das untere Ende der Schulterblätter hinausgehen. Männer dürfen öffentlich nur Baden, falls sie wenigstens eine Badehose tragen, die mit angeschnittenen Beinen und einem Zwickel versehen ist. In so genannten Familienbädern haben Männer einen Badeanzug zu tragen ..." Die eilfertige Wirkwarenfabrik *Enka* ließ sich ihren Zwickel, der dadurch gekennzeichnet war, „dass er aus zwei oder mehreren Schichten besteht, von denen mindestens eine aus undurchlässigem Stoff hergestellt ist", sogar patentieren.

Peter Altenberg und Karl Kraus, Kämpfer gegen Zensur und Muckertum am Lido von Venedig.

Der Zwickelerlass war das letzte Rückzugsgefecht des behördlichen Kampfes zur Durchsetzung einer tatsächlichen oder vermeintlichen Moralvorstellungen entsprechenden Badekleidung. Dieser Kampf hatte so richtig

Minister Noske und Reichspräsident Ebert in der Badehose – eine Schande für Deutschland, wetterte 1919 die politische Rechte.

erst ein Jahrhundert vorher begonnen und schließlich ein neues Kleidungsstück hervorgebracht: den Badeanzug. Mit dem Beginn der Neuzeit waren die althergebrachten Badestuben verschwunden, in den Kurbädern trug man Badehemden – jedoch im Meer, in Seen oder Flüssen badete man in aller Regel entweder nackt oder gar nicht.

Die Geschichte des Badeanzugs ist die seines ständigen Kleinerwerdens. An ihr lässt sich der Umgang mit der Nacktheit und den damit verbundenen moralischen Auseinandersetzungen ablesen. Es begann damit, dass Ärzte gegen Ende des 18. Jahrhunderts die Hygiene des Sich-Waschens und Badens neu entdeckten. 1810 empfahl ein Wiener Arzt: „Jene, welche hier in der Donau baden, können, wenn sie aus dem Flusse treten, bei reinem warmen Wetter und Sonnenschein, mit nacktem Körper gegen eine Viertelstunde auf und abgehen, dabei sich zu gleicher Zeit frottieren; sie geniessen sozusagen auf diese Art ein zweites Bad, welches noch einiges dazu dient, um mehr Sauerstoff von der Luft einzuhauchen." Gegen solche Vorschläge traten sofort Moralisten auf den Plan und verlangten die Verwendung von „besonderen Schwimm-Kleidern, die spezifisch leichter als das Wasser sind".

Da Verbote bei den Wild-Badern wenig fruchteten, wurden – für Männer – nur noch einige ausgewählte Badeplätze an den Donauarmen zugelassen; wer keine Badehose hatte, musste sich dort eine gegen Entgelt leihen, aber der Obrigkeit war die Gewöhnung auch des ärmsten Vorstadtproletariers an die Badehose so wichtig, dass Bedürftigen das verpflichtende Utensil gratis geborgt wurde. Die erste Schwimmhalle war für Frauen nur von 9–12 Uhr geöffnet, 1831 wurde eine eigene *Schwimmschule für das weibliche Geschlecht* errichtet. Die Badeordnung bestimmte als Punkt 1: „Die Schwimmschule darf durchaus unter keinem Vorwand von Männern besucht werden." Und weiter: „Das Schwimmen wird nur in einer Kleidung gestattet, wodurch der Körper vom Hals bis auf den halben Schenkel gänzlich bedeckt ist."

Dass diese Bekleidung das Erlernen des Schwimmens nicht gerade erleichterte, war abzusehen. Um die Wende vom 19. zum 20. Jahrhundert war man bereits toleranter. Mit den Reformkleidern kam für die Damen die Badekutte, die freilich den

Nachteil hatte, dass sie sich im Wasser aufpluderte, und schließlich das Badetrikot. Letzteres übrigens auch für Herren im Familienbad verpflichtend. Daneben bestanden aber noch bis in die 30er Jahre für die Geschlechter nach Örtlichkeit und – wenn diese, vor allem in der Provinz, nicht gegeben war – nach Tageszeiten getrennte Schwimmbäder.

Wie sehr die konservativen und klerikalen Parteien an solchen Vorschriften festhalten wollten, zeigte sich, als der sozialdemokratische Reichspräsident Friedrich Ebert und der Reichswehrminister Gustav Noske 1919 als Urlauber im Ostseebad Haffkrug, züchtig in Badehosen gekleidet, am Strand photographiert wurden. Die rechte Presse nützte es zu einem unerhörten Kesseltreiben, die beiden Politiker wurden beschuldigt, die Ehre und Würde des Staates beschmutzt zu haben: die Staatsgewalt in der Badehose – das war den frisch aus dem Obrigkeitsstaat entlassenen deutschen Bürgern zu viel. Fortan wurden durch einen Geheimerlass solche Freizeit-Photoreportagen verhindert. Ganz anders der italienische Diktator Mussolini, der seinen Untertanen beweisen wollte, dass er auch als Mann ein herzeigbarer ganzer Kerl war. Er ließ sich beim Schwimmen photographieren und wies der Nation die behaarte nackte Brust. Offenbar wollte er auf diese Weise seinen kleinwüchsigen austrofaschistischen Schützling Engelbert Dollfuß, den seine innenpolitischen Gegner als „Millimetternich" verspotteten, spüren lassen, was er von ihm hielt: Am Strand von Riccione empfing er den

Der faschistische Kraftprotz Mussolini empfing 1933 seinen Satelliten, Österreichs huthaltenden Kanzler Dollfuß, in Riccione in der Badehose.

österreichischen Bundeskanzler in der Badehose. Die Entwicklung ließ sich nicht aufhalten, selbst der Zwickelerlass hatte keine Chance. Im Zeichen des Aufbruchs der Körperkultur waren die Männer bald mit einer Badehose ausreichend bekleidet. Und neben das Badetrikot traten auch schon vorsichtige Versuche der Damen, zwischen korrektem Büstenhalter und der die Schenkel voll bedeckenden Hose einen weiteren schmalen Körperstreif für die Sonne zu gewinnen – was in den rohstoffarmen Kriegszeiten Kombinationen erleichterte.

Am 1. Juli 1946 testeten die Amerikaner auf dem Bikini-Atoll im Pazifik eine Atombombe – nachdem sie deren massenmordende Wirklichkeit schon in Japan mehr als nur erprobt hatten. Aber jetzt war Friede, und der Pariser Modeschöpfer Louis Réard wischte die Erinnerung an die Schreckenszeit am 5. Juli 1946 mit einer Modekreation weg, der er mit sicherem Gespür für Aktualität den Namen der Südseeinsel gab: Bikini. Es war ein Badeanzug, der oben und unten enger saß als die Kriegszweiteiler, und er sollte sich wenn nicht als Bombe, so doch als Zeitbombe für die Bademode erweisen. Réard hatte Startschwierigkeiten, denn er fand kein Mannequin, das sich mit diesen mit Zeitungsnachrichten bedruckten zwei Baumwollfetzchen der Öffentlichkeit präsentieren wollte. So musste er sich dafür eine Stripteuse vom *Casino de Paris* engagieren. Die teils amüsierten, teils genierten Presseleute gaben der Kreation, die in einem zehn Kubikzentimeter großen Würfel Platz hatte und sich durch einen Ehering ziehen ließ, keine 14 Tage Lebensdauer. Noch schien der von den Hollywoodstars bevorzugte Ganzteil-Badeanzug, dessen gesteifte obere Hälfte wuchtig dem Prinzip „Mehr Schein als Sein“ huldigte, das Nonplusultra der Bademode.

Keuschheit mit dem Maßband polizeilich kontrolliert: eine britische Strandszene aus den 30er Jahren.

Zu spät: Der Bikini, von den Moralisten angefeindet, in vielen Ländern zunächst verboten und von der Industrie aus begreiflichen Gründen abgelehnt, war nicht mehr umzubringen. Im Gegenteil: Er trat einen Siegeszug an, wie kaum je ein anderes Kleidungsstück. Allerdings waren noch stramme Sharktex-Hosen gefragt, für die in *Vogue* Ronald Reagan posierte; und die

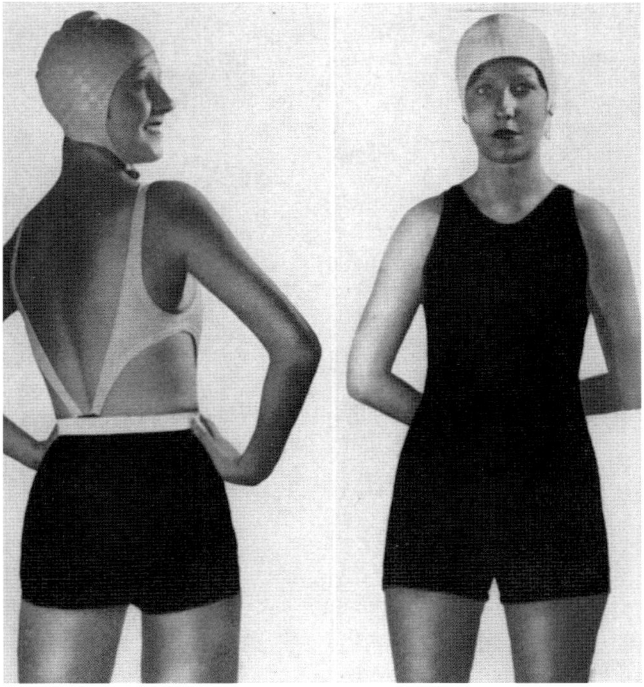

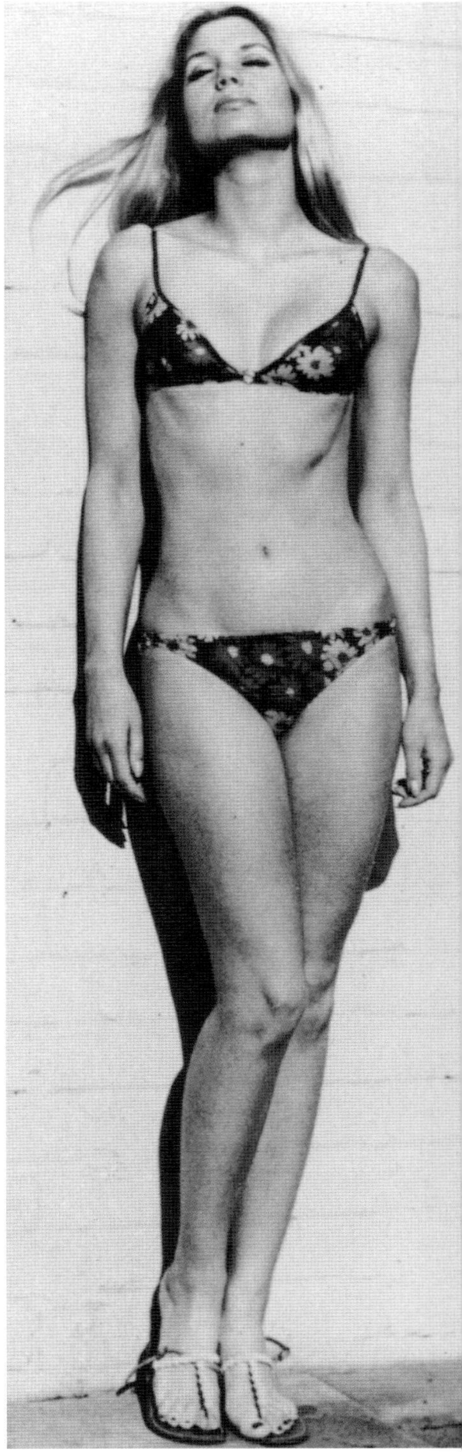

Als ob Weltalter dazwischen lägen: der Zwickel-Badeanzug von 1932 und der seit den 50er Jahren nicht mehr ausrottbare Bikini.

Nachkriegsbadeanzüge waren oft mit einem Röckchen versehen, um das zu verbergen, was sich unter den neuen Terylen- und Nylon-Stoffen allzu deutlich abzeichnete. Doch der Wunsch, möglichst viel Haut bräunen zu lassen, und wohl auch der, mehr von dem zu zeigen, was man hatte, setzte sich über das Weltuntergangsgeschrei der Anstandshüter hinweg. Filmstars wie Brigitte Bardot verhalfen der Miniaturtextilie zunehmend zu Anerkennung. Da nützte es nichts, dass Konservative mahnten: „Es ist wohl hier nicht notwendig, ein Wort über den so genannten Bikini zu verlieren. Ist es doch undenkbar, dass ein Mädchen mit Takt und Anstand je so etwas tragen könnte", entrüstete sich 1957 die Zeitschrift *Das moderne Mädchen*. Das Undenkbare wurde Ereignis: Anfang der 60er Jahre hatte der Bikini die Strände und Bäder der westlichen Welt bereits okkupiert.

Und der Schrumpfungsprozess ging weiter. Hatte das Bikinihöschen noch Nabel und Popo verhüllt und

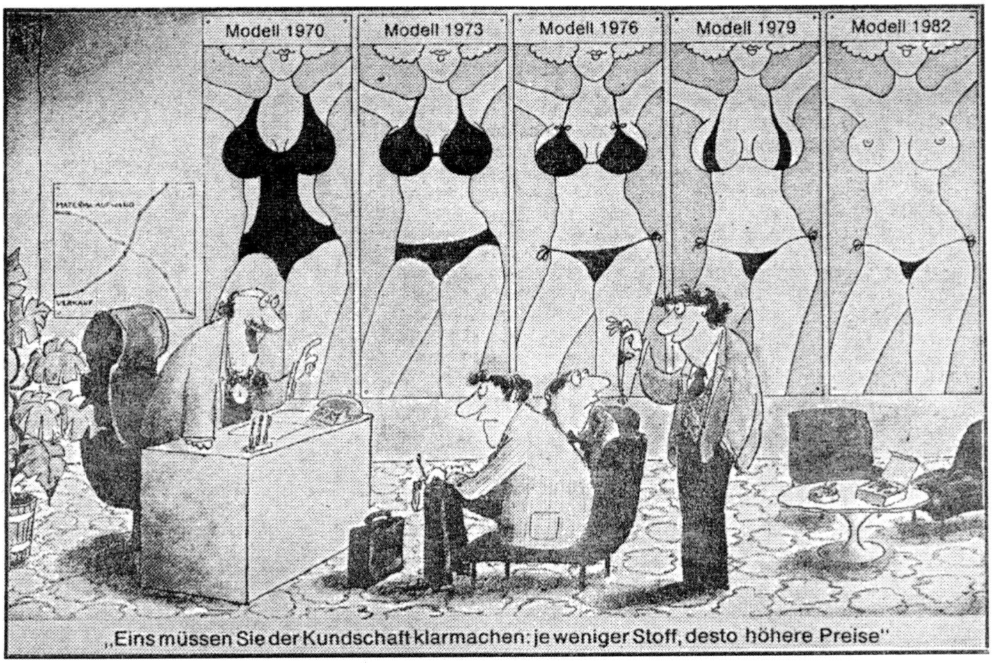

Der Badeanzug schwindet im umgekehrten Verhältnis zu seinem Kaufpreis, witzelte der *Stern*.

oben mit Körbcheneinlagen die knallhart aufragenden Büste behalten, so schrumpfte das Höschen nach und nach auf Slip-Größen ein, und die Brüste wurden nur noch notdürftig durch puren Stoff bedeckt. Zwar schien später Rudi Gernreichs brustfreier Monokini inakzeptabel, aber beim Bikini zeigte sich insbesondere Brasilien keineswegs als Entwicklungsland, sondern als Vorreiter. Die braunhäutigen Schönen am Strand von Rio schnipselten ihren Bikini zum Tanga, der unten an das in Wien „Lobaufleckerl" genannte (Ent-)Kleidungsstück früher Sonnenanbeter erinnerte und oben gerade noch die Brustwarzen bedeckte. Letzter, nicht mehr zu unterbietender Schritt war der String, ein Dreieck an Schnürchen, die die mehr oder weniger knackigen Hinterbacken völlig der Sonne preisgaben. Ein Stückchen Kleidung, dass das Tabu des öffentlichen Zeigens der weiblichen Geschlechtsmerkmale durch seine Einhaltung karikierte. Inzwischen freilich waren die Tangamädchen von der Copacabana schon von jenen Französinnen gleichsam rechts überholt worden, die am Strand von Saint-Tropez überhaupt auf das lästige Oberteil verzichteten – ein Brauch, der sich allmählich bis in mitteleuropäische Familienbäder ausdehnte.

„Das Bikini-Tragen war ein Akt der Emanzipation für viele Frauen", resümierte der Sexualforscher Ernest Borneman, der Bikini wurde „ein Stück Zeitgeschichte für aufgeklärte Frauen". Wie auch immer. Jedenfalls eines ist der Bikini ganz gewiss: das friedlichste und sympathischste aller Abfallprodukte, die die Atombombe hervorgebracht hat.

Alle Menschen werden nackt

Deutschland als Urheimat der Freikörperkultur

> Ich mag das nasse Ding nicht auf dem Leib haben.
> Otto von Bismarck

Deutschland ist die Wiege der modernen Freikörperkultur. Und es war die Jugend im Aufbruch gegen die starre, leibfeindliche Gesellschaft, die voran ging in dem Wagnis, sich zum Körper in seiner Ganzheit zu bekennen. Die Jugendlichen der *Wandervogel*-Bewegung, einer von Steglitzer Studenten 1899 gebildeten Fahrtenvereinigung, realisierten als Erste, was die Nacktheitsapostel in ihren theoretischen Schriften und bestenfalls im von der Öffentlichkeit fernen kleinsten Kreis vorgegeben hatten. Dies lag auch daran, dass die wilhelminischen Behörden Bestrebungen wie jenen von Richard Ungewitters *Treubund für aufsteigendes Leben* keinerlei Verständnis entgegenbrachten.

Bei den kaum kontrollierbaren Ausflügen des *Wandervogel* – in der Frühzeit waren es nur Jungen – wurde schon in den Jahren vor dem Ersten Weltkrieg nackt gebadet. Es gehörte dies zu dem Verlangen nach einem völlig neuen, unbürgerlichen Leben, war aber als Teil der Erneuerungsbewegung, die bequeme Kleidung, Bildungsreform, freie Schulgemeinden, Pflege des Volkslieds und Naturnähe

Die Befreiung vom Kleiderzwang begann an den deutschen Küsten schon in den 20er Jahren.

einschloss, nur ein am geeigneten Ort geübtes gemeinsames Nacktsein – ohne speziell darauf ausgerichtete Ideologie. Auch in den später gebildeten Mädchengruppen badete man gelegentlich nackt, und der Brauch wurde beibehalten, als es auf gemeinsame Exkursionen ging.

Was heute als Freikörperkultur, als FKK in aller Welt bekannt ist, war zunächst als Nacktkultur bezeichnet worden. Von dieser Bezeichnung begann man in den späten 20er Jahren abzurücken, als man sich von den ominösen Nacktrevuen, erotischen Nacktklubs und ähnlichen Erscheinungen distanzieren wollte, die die Männer und Frauen „im Lichtkleid", wie die nackte Haut gern definiert wurde, ablehnten. Dass die erwünschte und berechtigte klare Unterscheidung bis heute nicht restlos gelungen ist, beweist das Internet, wo unter den entsprechenden Stichworten neben den FKK-Vereinen zum Beispiel Swinger-Clubs zu finden sind.

Die Bezeichnung „Nudismus" und „Nudisten", damals in Amerika ohne Abschätzigkeit verwendet, wurde in Europa abgelehnt, hingegen setzte sich nach dem Zweiten Weltkrieg „Naturismus" als Name einer Bewegung durch, die neben Nacktheit in Bad und Sport auch Bekenntnisse zur Schonung der Natur und

Der Nudismus findet auch im Westen Anhänger: George Bernard Shaw ergötzt sich an der neuen Freiheit.

zu einem gesunden, möglichst von Alkohol und Nikotin freien Leben einschloss.

Nach dem Ersten Weltkrieg wurde die Gründung von Vereinen, die sich zur Nacktheit in Sonne und Wasser bekannten, und das offene Auftreten der wenigen zuvor schon gebildeten Bünde möglich. Dabei spielte die Sehnsucht der Großstadtbewohner nach frischer Luft, Licht und Sonne eine wichtige Rolle: Berlin wurde zu einem ersten Zentrum der FKK. Die ersten Vereinigungen, die *Deutsche Luftbadegesellschaft*, der *Freisonnlandbund* und die vor allem aus Jugendlichen gebildeten *Nacktsportscharen*, erwarben Gelände in Neukölln bzw. am Motzensee. Dem in Schwaben gegründeten *Bund der Lichtfreunde* gelang es in kurzer Zeit, Gruppen in einer ganzen Reihe deutscher Groß- und Mittelstädte zu organisieren, ähnlich die *Liga für freie Lebensgestaltung*. Die FKK trat aus dem Dunkel des oft als sittenwidrig betrachteten Sonderlingsstadium in eine toleranter gewordene Öffentlichkeit, wurde diskutabel, ja sogar gesellschaftsfähig, obwohl die Gesetzgebung sie weiterhin argwöhnisch betrachtete und mit Beschränkungen drangsalierte; kirchliche Kreise wurden nicht müde, sie als sündige Entartung zu verurteilen. Die neue Pressefreiheit machte es andererseits möglich, für die FKK zu werben, obwohl das Recht, dafür auch Bildmaterial einzusetzen, immer von neuem erkämpft werden musste. Zu einem Höhepunkt der Akzeptanz des Freikörperkulturgedankens in der breiten Öffentlichkeit wurde der 1925 produzierte Ufa-Film *Wege zu Kraft und Schönheit*.

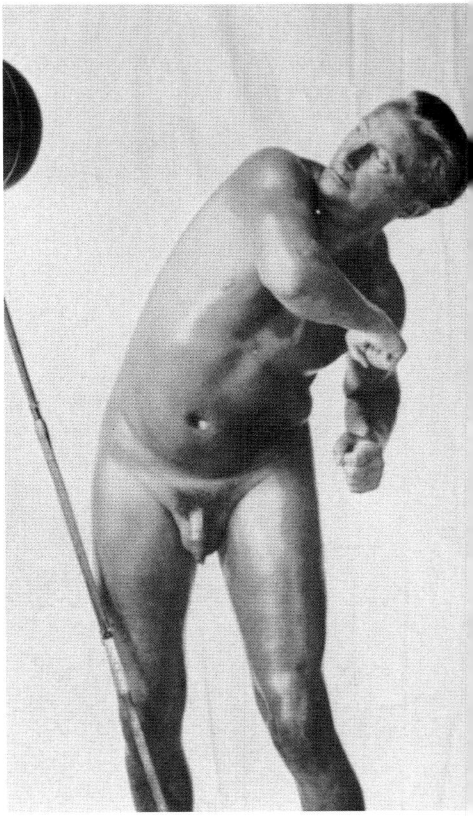

Hans Surén gefiel sich in seinen Sportbüchern als Protagonist der Freikörperkultur.

Waren es am Anfang mittelständische und studentische Kreise gewesen, die die Bewegung trugen, so gelang es nun sehr rasch, auch die in den düsteren Gründerzeitquartieren hausende Arbeiterschaft für das ungebundene Badeleben und den Nacktsport zu interessieren. Ein Teil der FKK-Vereine wurde, entsprechend dem Parteienspektrum der Weimarer Republik, mehr oder weniger politisch ausgerichtet. Den größten Einfluss auf die FKK in der Arbeiterschaft hatte der frühere Lehrer Adolf Koch, der in etlichen Städten Deutschlands Körperkulturschulen einrichtete. Die Arbeiter-FKK war natürlich links organisiert und wurde von Sozialdemokraten und Kommunisten unterstützt. Das gab den christlichen Zentrums-Politikern, insbesondere während der Kanzlerschaft Brünings, doppelten Anlass, sie zu bekämpfen.

Die Anfeindungen, denen die FKK immer wieder ausgesetzt war, führte 1925 zu einer gemeinsamen Interessenvertretung der meisten nichtpolitischen Vereine in

In London wurde 1934 die erste Konferenz der Nacktkulturvereine Englands abgehalten.

Für die auf Clubs angewiesenen nordamerikanischen Nudisten ist Geselligkeit ein Tragpfeiler der Gemeinschaft.

der *Arbeitsgemeinschaft deutscher Lichtkämpfer*, die später zum *Reichsverband für FKK* mutierte. 1932 waren die diesem zugehörigen Bünde in 112 deutschen Städten vertreten. Die Gruppen der links stehenden *Freien Menschen* gab es in 28 Städten. Auch das wilde Nacktbaden breitete sich aus, vor allem an den Stränden von Nord- und Ostsee, allerdings gingen die Behörden dagegen seit etwa 1930 mit harten Strafen vor.

Mit der Machtergreifung Hitlers wurden die links stehenden FKK-Vereine sofort aufgelöst, und es drohte, insbesondere durch Anordnungen des preußischen NS-Innenministers Frick, überhaupt ein allgemeines Verbot. Jedoch zeigte sich bald, dass das Verhältnis der Nazis zur FKK ambivalent war, nicht nur deshalb, weil das Nacktbaden schon in beträchtlichen Kreisen der Bevölkerung Fuß gefasst hatte, sondern auch, weil FKK-Verantwortliche es verstanden, sich mit Betonung der völkisch-rassistischen Elemente in der Nacktbewegung anzupassen. Die 1942 von Himmler erlassene polizeiliche Badewesen-Verordnung war gegenüber dem Nacktbaden bereits so tolerant, dass sie nach dem Krieg in Bayern schnell außer Kraft gesetzt wurde.

Nach dem Krieg und den schweren ersten Monaten im zerstörten und von Flüchtlingen aus den Ostgebieten überfluteten Deutschland begannen da und dort erste Bemühungen, an die Traditionen der FKK-Vereine vor Hitler anzuknüpfen. Die Haltung der Besatzungsmächte war unterschiedlich. Die Briten zeigten sich dabei entgegenkommend. In Hamburg konnte die *Liga für freie Lebensgestaltung* sehr bald neu gegründet werden. In Bayern hingegen lehnte die amerikanische Militärregierung unter dem Einfluss konservativer Kreise, die als Vertreter der Volksmeinung auftraten, es zunächst ab, FKK-Vereinen Lizenzen auszustellen. Die bereits wieder erstandene Liga in Nürnberg wurde aufgelöst, dann unter der Bedingung zugelassen, dass Personen zwischen 6 und 21 Jahren deren von einem hohen Bretterzaun umgebenes Gelände nicht betreten durften. Später wurden die Amerikaner toleranter; als 1947 bekannt wurde, dass Münchens Bürgermeister Scharnagl ein Bad des neuen FKK-Vereins *Osiris* besucht hatte, wurde das von den einheimischen Konservativen skandalisiert. In Karlsruhe gelang nach anfänglicher Ablehnung durch die französische Besatzungsmacht 1948 die Gründung eines FKK-Vereins; 1949 wurde die Herausgabe der Zeitschrift *Unser Dasein* zugelassen. Die aus Stalins prüde gewordenem Sowjetland an die kommunistische Parteischule am Motzensee entsandten Instruktoren waren peinlich berührt, als ihre Schüler beiderlei Geschlechts das Nacktbaden wieder praktizierten.

An Nord- und Ostsee ließen sich die Sonnenfreunde in West und Ost auf Dauer nicht davon abhal-

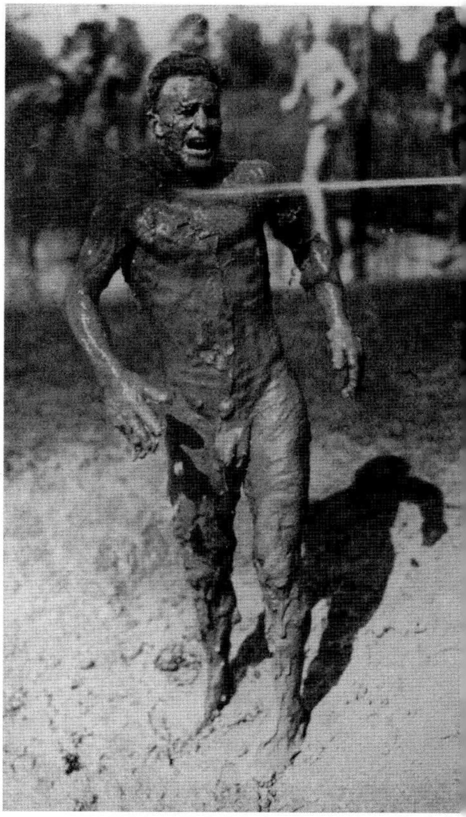

Oben: Ganzkörper-Schlammbad als Gesundbrunnen.
Unten: In den Dünen der deutschen Küsten sind Faust- und Volleyball beliebte Sportarten.

Die Traditionen des *Wandervogel* werden von der FKK-Jugend fortgesetzt.

ten, hüllenlos zu baden. So belebte sich auch der FKK-Strand auf der Nordseeinsel Sylt bald wieder. Er hieß seit 1935 im Volksmund „Abessinien“, weil dort damals ein Schiff gestrandet war, das angeblich Waffen für das im Krieg mit Italien befindliche Land transportiert hatte. In den 50er Jahren protestierte Äthiopiens Herrscher Negus Haile Selassie gegen die Bezeichnung, weil sein Staat ja keineswegs ein Land der Nackten war – jedoch vergeblich, es war ja kein offizieller Name.

Mit der Normalisierung und dem Aufstieg der Bundesrepublik zum Wirtschaftswunderland wurden in vielen Orten FKK-Vereine gegründet, oft im Zusammenhang mit dem sich entwickelnden Saunawesen. Auch eigene Jugendgruppen, „Lichtscharen“, wurden gebildet, deren Jungen und Mädel in *Wandervogel*-Tradition gemeinsam auf Fahrt gingen. In der prüden Adenauer-Ära verlief diese Entwicklung nicht ohne Hemmnisse, so durften FKK-Zeitschriften, wenn sie illiustriert waren, nur unter dem Ladentisch verkauft werden. Um ihre Interessen besser vertreten zu können, bildeten die Vereine den *Deutschen Bund* (später *Verband*) *für Freikörperkultur*. Dessen Vorsitzender Erhard Wächter glaubte dem Wandel in der Gesellschaft durch eine „Entideologisierung“ gerecht zu werden. Das führte zu einem Mitgliederzuwachs, hatte aber auch den Ausschluss des wieder erstandenen *Adolf-Koch-Instituts* zur Folge.

In der DDR wurde die Gründung von FKK-Vereinen abgelehnt, doch das Nacktbaden 1956 gesetzlich „an allen Orten, die von den Räten der Gemeinden dafür freigegeben werden“, toleriert. Vor allem an der Ostseeküste gab es zahlreiche Möglichkeiten für Nacktbader.

Der Durchbruch neuer Ansichten über Nacktheit und Sexualität im Gefolge der 68er-Bewegung veranlasste auch die deutschen FKK-Vereine zu weiteren Aktivitäten, trotz der großen Akzeptanz des Nacktbadens durch acht bis zehn Millionen Deutsche, die dies in Freizeit und im Urlaub praktizierten. Nun wurde vom *DFK* die Anbindung an den Sport durch Integration in die diversen Sportverbände vollzogen. Das ermöglichte den Nacktsportlern außerhalb der Ballungsräume, in

Das Surén-Training mit dem Medizinball bedarf der geballten Kraft der Gruppe.

Der Aufklärer der Nation, Oswald Kolle, mit Frau Marlies 1970 am FKK-Strand.

Meisterschaftsrunden ihre Leistungen zu vergleichen und zu zeigen, dass es in FKK-Vereinen keineswegs nur um nahtlose Bräune und Baden ohne Hose geht. Umgekehrt gelang es, andere Sportler mit der Lebensform des „Naturismus“ bekannt zu machen.

Ein Vereinsgründer der ersten Stunde, Charly Sträßer, hatte schon 1951 seine lebenslangen Bestrebungen so interpretiert: „Das ist der eigentliche Sinn der FKK-Bewegung, strebend sich zu bemühen, sich selbst überflüssig zu machen ... An allen Flüssen, an den Seen, am Meeresstrand tummelt sich ein nacktes Volk, auf den Sportplätzen treten nackte junge Menschen zu Wettkämpfen an ... dann wäre sie erfüllt, die besondere Aufgabe unserer Bewegung.“ Die „nackte Welle“ der letzten Jahrzehnte des 20. Jahrhunderts schienen zumal in Deutschland diese Vision Wirklichkeit werden zu lassen. „Alle Menschen werden nackt“, titelte das US-Magazin *Time* seinen Bericht über diese Entwicklung. Aber die FKK-Vereine brauchen sich noch nicht aufzulösen. Denn gerade angesichts der neuen Freizügigkeit hat das Nacktbaden bei der Jugend den Reiz des Protestes verloren, die Erlebnisurlaube verlangen Events. Die auf ein raffiniertes Minimum reduzierten Badeanzüge wirken erotisch anziehender als bloße Nacktheit.

Die Nazis und die Nackten

Vom Verbot zur Propaganda

Die Aktgemälde bieten weniger den Eindruck von der Schönheit des nackten menschlichen Körpers als den des „Ausgezogenen“, des einseitig Erotischen.
BERICHT DES SICHERHEITSDIENSTES, 1940

„Nur in einem Punkt unterschied sich der Nationalsozialismus von anderen faschistischen Diktaturen: Nackt war zulässig“, schreibt der aus Tirol stammende Schriftsteller Herbert Rosendorfer 1989 in seinem Buch *Die Nacht der Amazonen*, das von einem nächtlichen Festzug handelt, bei dem auf den geschmückten Wagen einige nackte Schönheiten zu sehen waren. Das Zitat bedarf sowohl einer Erweiterung als auch einer Einschränkung. Die Angst vor der Nacktheit war keine Spezialität von faschistischen Diktaturen. In den kommunistischen Dikaturen, speziell in der stalinistischen Sowjetunion, dominierte durch

Der Kunstgeschmack des einstigen Postkartenmalers wurde Diktat: Adolf Hitler 1938 im Münchner Haus der Deutschen Kunst.

Jahrzehnte strenge Prüderie die Kultur und den Alltag. Auf der anderen Seite waren zwar Francos Regime und der Austrofaschismus, eng mit der katholischen Kirche verbunden, von engstirnigem Muckertum gekennzeichnet. Mussolini hingegen ließ nicht nur das seinen Namen tragende neue Sportforum in Rom mit zahlreichen Statuen nackter Athleten schmücken, er scheute nicht, sich selbst in der Badehose zu zeigen. Eine Vorstellung, die sich für die Masse der Deutschen ebenso wie für den extrem unsportlichen Hitler wohl von selbst verbot: Der „Führer" in der Badehose oder gar nackt, eine solche Idee hätte an jene aufmüpfigen Schüler gegrenzt, die sich gegen die Autorität des Lehrers mit der gedanklichen Freiheit zu Wehr setzen, ihn sich in der Unterhose am Katheder vorzustellen.

Vielleicht war es die Verdrängung der eigenen Körperscheu, verbunden mit dem Wissen, wie wichtig massive körperliche Ertüchtigung für den Krieg war, die Hitler schon in seinem Buch *Mein Kampf* für die „Stählung des Leibes" und das „Heranzüchten kerngesunder Körper" als Aufgabe des völkischen Staates verlangte. Eng im Zusammenhang damit stand für den als Katholik aufgewachsenen Hitler die Verdächtigung des Eros: „Die Vernachlässigung der körperlichen Ausbildung fördert in viel zu früher Jugend sexuelle Vorstellungen … Der Junge,

Der Kurzhosen-Paris des Wiener Malers Ivo Saliger darf zwischen drei kühlen Dorfschönheiten gustieren.

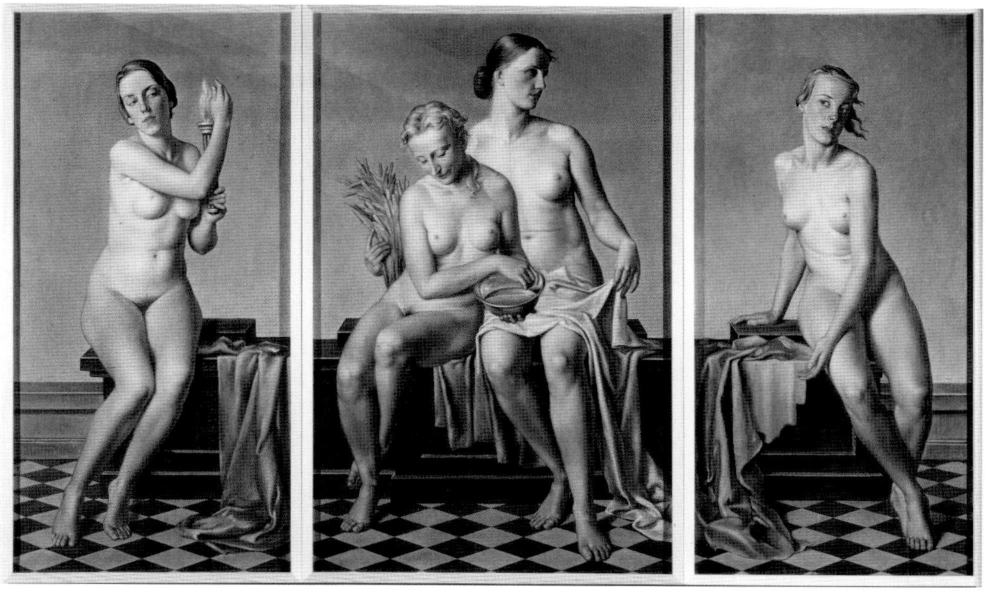

Der Schöpfer dieser *Vier Elemente*, Adolf Ziegler, wurde als „Meister des deutschen Schamhaars" bespöttelt.

der in Sport und Turnen zu eiserner Abhärtung gebracht wird, unterliegt dem Bedürfnis sinnlicher Befriedigungen viel weniger als der Stubenhocker." Das geht wohl an die Wurzel der Prüderie in allen Diktaturen, gleich welcher Richtung: Nacktheit wird mit geschlechtlicher Anarchie gleichgesetzt, von der der Schritt zur politischen Anarchie und damit zum Widerstand nicht weit wäre.

Zum Unterschied vom Stalinismus, der die revolutionären Experimente der Anfangsphase bald als Formalismus verdammte und aus der Kunst des „Sozialistischen Realismus" auch Nacktheit ausschloss, versuchten die Nazis, den Akt politisch zu instrumentalisieren. Das lag zu allererst am Kunstverständnis des „Führers", dessen Geschmack sich an der Salonmalerei und der Makart-Zeit des 19. Jahrhunderts orientierte. Das zeigte sich deutlich bei den Rundgängen im Münchner *Haus der Deutschen Kunst*, bei denen sich Hitler nicht von den viktorianischen Bürgern unterschied, die ihrer Voyeurslust an den weiblichen Akten auf den Gemälden frönten. Die Bilder zeigten detailliert naturalistisch meist Frauen – etwa vom „Meister des deutschen Schamhaars", Adolf Ziegler –, die dem gepriesenen nordischen Ideal huldigten. Sie waren Leitbilder von unerotischer Kühle, auf Postkarten und in Zeitschriften verbreitet: ein Animierersatz in Richtung auf eine bevölkerungspolitisch „gesunde" Sexualität.

Das männliche Ideal kam – zugegeben handwerklich weit perfekter ausgeführt als in der Malkunst – vor allem in der Bildhauerei zum Ausdruck. Auch hier war Nacktheit Gebot. Vor Hitlers neuer Reichskanzlei standen *Partei* und *Wehrmacht* von Arno Breker als muskelbepackte nackte Athleten, wie die Arbeiter, die als eine für die Autobahn bei Salzburg geplante riesige Gruppenplastik einen Felsblock zu wäl-

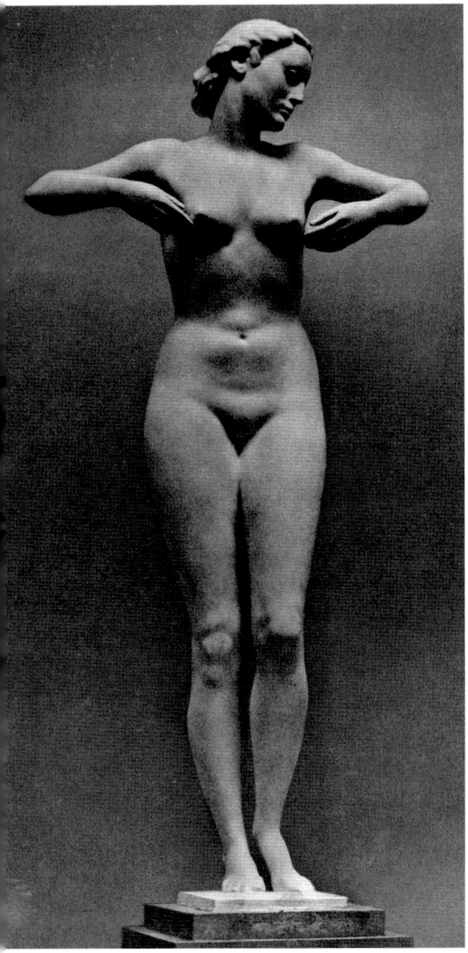

Josef Thoraks *Aphrodite* lockt bei der Schönheitskonkurrenz …

zen hatten. Der Gigantismus und die überbetonten Muskelstrukturen sollten wohl, der feigenblattlosen Nacktheit zum Trotz, den Gegensatz zu der vom Regime mit drakonischen Strafen bedrohten Homosexualität herausstreichen. Die nackten Plastiken zeigten gymnastisch-sportliche, aber keineswegs muskulöse Frauenkörper, meist demonstrativ und nichts verbergend aufgerichtet: „zugleich Siegesgöttin und Sexualobjekt“, konstatiert Otto Penz. Hitlers Lieblingsplastik, die *Liebenden* von Josef Thorak, wurde in der 1943 massenhaft verbreiteten Propagandschrift *Der Untermensch* einem expressionistischen Bildwerk gegenübergestellt.

Abseits der Kunst, in der gelebten Realität der Freikörperkultur, zeigte die Haltung der nationalsozialistischen Führung in den zwölf Jahren ihrer Herrschaft eine bemerkenswerte und über ihr Bestehen hinaus wirkende Entwicklung. Am 3. März 1933 verbot Göring als preußischer Ministerpräsident im größten deutschen Land zunächst einmal alle FKK-Vereine. Innenminister Frick erläuterte seinen Runderlass an die Polizei so: „Eine der größten Gefahren für deutsche Kultur und Sittlichkeit ist die so genannte Nacktkulturbewegung … (Sie) ertötet bei den Frauen das natürliche Schamgefühl, nimmt den Männern die Achtung vor der Frau und zerstört dadurch die Voraussetzungen für jede Kultur. Ich erwartete daher von den politischen Behörden, dass sie in Unterstützung der durch die nationale Bewegung entwickelten geistigen Kräfte alle polizeilichen Maßnahmen ergreifen, um die so genannte Nacktkulturbewegung zu vernichten.“ Im frommen Bayern verlangte der Innenminister sogar: „Gegen das öffentliche Nacktbaden ist unnachsichtig einzuschreiten. Ebenso ist die Nacktkulturbewegung, auch wenn sie in geschlossenen Räumen oder Plätzen stattfindet, rücksichtslos zu unterdrücken.“ FKK-Gelände wurden geschlossen, Pachtverträge und Vereinbarungen der Gemeinden für Nacktbaden in der Halle gelöst, SA und HJ sahen in den Erlässen eine Aufforderung, FKK-Einrichtungen zu zerstören, und die Schriften von Adolf Koch und Magnus Hirschfeld wanderten auf den Scheiterhaufen.

Damit war das Ziel erreicht, die links orientierten FKK-Vereine mit einem Schlag zu vernichten. Die nichtpolitischen, zum Teil völkisch ausgerichteten FKK-Vereine – ohnehin oft einig in der Ablehnung der ihrer betonten Asexualität zuwiderlaufenden Haltung der Linken – sahen in den Verbotsmaßnahmen ein Missverständnis der neuen Herren und begannen mit diesen Verhandlungen, um sie über den Unterschied zu den Marxisten aufzuklären und die rassistischen Züge der Bewegung zu unterstreichen. Aus dem *Reichsverband für Freikörperkultur* wurde der *Kampfring für völkische Freikörperkultur*, später in *Bund für Leibeszucht* umbenannt. Die in ihm aufgenommenen Verbände durften wieder Landesstellen bilden, und schon im Oktober 1933 genehmigte der Reichssportführer Hans von Tschammer und Osten deren Eingliederung in den *Reichsbund für Leibesübungen*. An Stelle der verbotenen FKK-Zeitschriften durfte bereits im Sommer 1933 die *Deutsche Freikörperkultur* (später *Deutsche Leibeszucht*) als „Zeitschrift für Rassenpflege, naturgemäße Lebensweise und Leibesübungen" erscheinen. Andere Publikationen folgten, wobei an erster Stelle Hans Suréns „in arisch-olympischen Geist" 1936 umgearbeitetes Buch *Der Mensch und die Sonne*, von der Parteizeitung *Völkischer Beobachter* und der SS-Zeitschrift *Das Schwarze Korps* gelobt, weite Verbreitung fand. Teils aus Selbsterhaltungstrieb, teils, weil ihr Gedanken von rassischer Auslese und germanischer Schönheit schon seit ihrer Gründungszeit nicht fremd waren, biederte sich die FKK dem Regime und seinem Führer, der als „Lebensreformer" gepriesen wurde, an. In Hermann Wilkes Buch *Dein Ja zum Leibe* schrieb 1939 der Leiter des Rassenpolitischen Amtes der NSDAP, Walter Gross, sogar das Vorwort.

... *Paris* mit Krückstock prüft eher skeptisch als hingerissen.

So entdeckte auch SS-Führer und Polizeichef Heinrich Himmler seine Sympathie für die FKK. In seine Utopien von der Aufzüchtung nordisch-germanischer „Übermenschen" ließen sich die Vorwürfe der Kirchen, Nacktheit als sündhaft zu diffamieren, prächtig einordnen. Im Sommer 1936 gab er der Gestapo die Weisung, die FKK nicht mehr zu behindern. Die in die Staatsorganisation integrierten Vereine konnten viele neue Anhänger gewinnen, vor allem unter jungen Menschen – auch wenn die Staatsjugend von HJ und BDM weiter auf strenger vormilitärischer Geschlechtertrennung beharrte. Die Förderung des Leistungs- wie des Breitensports, der in den Schulen vorrangig mit sechs bis acht Wochenstunden berücksichtigte Gegenstand „Leibeserziehung" und die in SA, SS und HJ laufend stattfindenden Sportwettkämpfe trugen zu einer allgemeinen Aufwertung gesunder Körperlichkeit bei. An den Stränden von Nord- und Ostsee wurde in besonderen Abschnitten Nacktbaden geduldet.

Der scheinhellenische Geist der Nazi-Kunst bei den Olympischen Spielen 1936 sollte die Militarisierung des Landes überdecken.

Am 16. Juli 1942 erließ Himmler eine neue Polizeiverordnung zur Regelung des Badewesens. In der Einführung dazu hieß es: „Die bisherigen bestehenden badepolizeilichen Vorschriften beruhten in mancher Hinsicht auf veralteten Moralanschauungen. Die gegenständliche Polizeiverordnung muss aber zugleich auch die vom heutigen Badewesen nicht mehr zu trennende Frage des öffentlichen gemeinsamen Nacktbadens berücksichtigen, das sich auf Grund einer natürlicheren und gesünderen Einstellung zum nackten menschlichen Körper in verschiedenen Gegenden auch außerhalb eigener Gelände herausgebildet hat." Es gehe um Ermöglichung einer naturgemäßen Entwicklung, wobei aber „Entartungserscheinungen und Auswüchse" zu unterbinden seien. Die Verordnung selbst besagt, dass öffentliches Baden – nämlich in Badeanstalten oder dort, wo jedermann Zutritt hat – nur in Badekleidung erlaubt ist, ausgenommen Kinder unter sechs Jahren. Hingegen wurde das nackte Baden von Einzelnen oder Gruppen überall erlaubt, wo sie „unter den gegebenen Umständen annehmen können, dass sie von unbeteiligten Personen nicht gesehen werden". Damit war zum ersten Mal das „wilde" Baden nicht mehr nur toleriert, sondern gesetzlich erlaubt. Und weiter hieß es: Beschwerden, die „eine offensichtlich lebensfremde oder gegnerische Einstellung" erkennen lassen, seien nicht zu berücksichtigen. Diese Badepolizeiordnung blieb in Deutschland – ausgenommen in Bayern, wo sie aufgehoben wurde – gültig. In Österreich endete sie entsprechend dem 1945 beschlossenen Überleitungsgesetz erst – vorerst ersatzlos – nach zwanzig Jahren.

Arno Brekers Muskelmänner posierten als *Wehrmacht* (Bild) und *Partei* vor dem Eingang zu Hitlers neuer Reichskanzlei.

Trotz dieser für die FKK erfreulichen und für die Diktatur alles andere als typischen Toleranz, die die Herrschenden freilich aus ganz anderen Motiven gewährten, als sie der Masse der Nacktbader eigen waren, darf eines niemals vergessen werden: Da waren die anderen Nackten – und Toten – in Hitlers und Himmlers Reich, die schon in den Baracken der Konzentrations- und Vernichtungslager oft ihrer Kleidung beraubt wurden und denen man eine solche erst recht im Tod nicht vergönnte, sondern ihre bloßen Leichname wie Schutt zu Massengräbern wegkarrte oder verbrannte.

Nackte Staatsfeinde

Österreichs Schmalspurdiktatur jagt Nacktbader

> Es gibt nur eine Unanständigkeit des Nackten – das Nackte unanständig zu finden.
> PETER ALTENBERG

Es ist kein Ruhmesblatt für die Geschichte der Freikörperkultur in Österreich, dass an ihrem Beginn der Name jenes Mannes genannt werden muss, „der Hitler die Ideen gab" – ein gewisser Josef Lanz, der sich selbst unter dem Namen Jörg Lanz von Liebenfels in den Adelsstand erhob. In einem seiner *Ostara*-Hefte, die der sich als Ansichtskartenmaler durchschlagende Männerheim-Bettgeher Adolf Hitler begierig las, sah der extreme Deutschtümler und Rassist Lanz in der Nacktkultur ein Mittel zur Rasseveredelung der „Asinge" im gnadenlosen Kampf gegen die „Mucker- und Tschandalakultur" der „Niedermenschen"; denn da der blonde und blauäugige „wahre Asing schön ist, hat er auch nichts zu verbergen". Ob

In den Donauauen fallen die Nacktbader heute nur noch durch ihre Accecoires auf.

Wo Nacktheit in den Donauauen sich vordem noch verstecken musste ...

die männerbündische Geheimloge *Orden des neuen Tempels* nur Lanz' Theorien diskutierte oder auch Nacktkultur praktizierte, bleibt dahingestellt.

Erst nach dem Untergang der Monarchie, in der jungen Ersten Republik, begann die in Deutschland bereits sich organisierende Nacktkultur in Österreich Boden zu fassen. Vor allem der Altösterreicher Robert Laurer aus dem Sudetenland hatte mit seinen Zeitschriften und dann mit der Gründung seiner *Liga für freie Lebensgestaltung* auf einem frühen FKK-Gelände in Egestorf, Lüneburger Heide, auch jenseits der Grenze Anhänger gewonnen, die sich im Liga-Gau Österreich sammelten.

Der erste österreichische FKK-Verein wurde bereits 1926 in Graz gegründet. Franz Scheucher, der Proponent des Vereins *Gesunde Menschen* (später *Südland*), beschrieb bei der Einreichung der Satzungen die Vereinstätigkeit unter anderem als „Sport, Spiel und Arbeit der Mitglieder unter sich im natürlichen Zustande". Der Trick gelang. „Hätte ich – statt ‚im natürlichen Zustande' – ‚im nackten Zustande' gesetzt, wäre ich bestimmt abgewiesen worden, obwohl die Nacktheit damals genau so schön war wie heute", sagte er Jahre später, denn das Wort „nackt" sei in jener Zeit durch die Nuditäten der Magazine und der Nachtlokale in Verruf geraten. Im gleichen Jahr wurde die sozialdemokratisch ausgerichtete *Körpersportvereinigung Sonnenfreunde* gegründet, der es bald gelang, ein Gelände an der Donau oberhalb Wiens zu pachten. 1927 formierte sich ein Zweigverein des deutschen *Bundes freier Menschen*, der von sozialistischen Lebensreformern beeinflusst war. Da den kommunistischen Mitgliedern die Theorie, durch den „neuen Menschen" zur neuen Gesellschaft zu gelangen, nicht genügte, wurden sie nach heftigen Diskussionen ausgeschlossen.

In den 20er Jahren zeigte sich bald, dass das nicht organisierte Nacktbaden in der Wiener Bevölkerung wachsenden Zuspruch fand, wofür das Augebiet der Lobau und vor allem die nur mit dem Durchwaten einer Furt zu erreichende Hirscheninsel im Überschwemmungsgebiet am linken Donaufer die Möglichkeit bot. Das war der Lieblingsplatz der „Lobaubrüder", Wildbadern, die sich keinem Verein anschlossen, und die an Besucherzahl die der Mitglieder der Vereine weit übertrafen. Mit der Zerschlagung der Arbeiterbewegung und dem Verbot der KP, der

... herrscht heute an den Wochenenden Andrang von Dick und Dünn, Groß und Klein.

Der proletarische Freikörpersport der Sozialdemokraten wurde von der berittenen Polizei des Ständestaats verfolgt.

NSDAP und schließlich 1934 auch der Sozialdemokratie und ihrer Organisationen endete der Aufstieg der FKK in Österreich. Das sich stark am katholischen Klerus orientierende austrofaschistische Regime des Bundeskanzlers Engelbert Dollfuß hatte schon 1933, nach der Ausschaltung des Parlaments, eine Notverordnung „zum Schutze der Sittlichkeit und Volksgesundheit" erlassen. Politisch orientierte FKK-Vereine wurden aufgelöst, Geselligkeitsvereinen das Nacktbaden untersagt und „Wilde" verfolgt.

Darüber berichtet ein Zeitzeuge: „Hunderte Arbeitslose gingen mit Frau und Kind in die Lobau, manche nur tagsüber mit ihren Fahrrädern oder auch zu Fuß, andere blieben wochenlang oder den ganzen Sommer … Da gab es Sozialdemokraten, Kommunisten, Deutschnationale und Nationalsozialisten, alle in den Untergrund gedrängt, aber auch Parteilose und Indifferente. Sie lebten von Rosswurst und Erdäpfeln, an Feiertagen von Innereien mit Kohl, gelegentlich auch von Fischen und Gemüse, das die Frauen in den Auen rupften. Aber sie waren nackt und glücklich, so weit man diesen Zustand als glücklich bezeichnen kann. Aber nicht nur die Nacktheit war ihnen gemeinsam, … auch das eiserne Zusammenhalten gegenüber den Hütern der Obrigkeit, die beritten oder zu Fuß die Hirscheninsel durchstreiften und Jagd auf die illegalen ‚Nackerten' machten. Höherenorts betrachtete man die Hirscheninsel als einen Ort abgründiger Verschwörung gegen das herrschende Regime, und es wurde alles Menschenmögliche getan, um den Arbeitslosen dortselbst den Aufenthalt zu verleiden. Aber je mehr die ‚Nackerten' dort oft von ganzen Polizeieinheiten gejagt wurden, umso mehr klammerten sie sich an die Hirscheninsel, die ihnen zu einem Begriff ihrer Bewegung geworden war. Und dann kam der Tag, da der Herr des ‚Tausendjährigen Reiches' in Österreich einmarschierte. Die Verfolgungen auf der Hirscheninsel hörten plötzlich auf. (Dafür wurden sie schlagartig massenhaft unter politischen Gegnern und Juden aufgenommen; Anmerkung des Verfassers.) So viele Besucher wie im Sommer 1939 hatte die Hirscheninsel noch nie gesehen. Aber von da an ging die Zahl der ‚Nackerten' stetig zurück. Immer mehr der braun gebrannten Körper verschwanden in den feldgrauen Uniformen in eine tödliche Weite …"

Unter der Naziherrschaft waren die FKK-Vereine dem Dachverband des *Bundes für Leibeszucht* als Gau XVII eingegliedert worden. Nach dem Zweiten Weltkrieg organisierten sie sich in Österreichs neu und nahmen ihre alten Namen wieder an. Die wichtigsten waren die *Liga für fortschrittliche Lebensgestaltung* in Wien und mit Zweigvereinen in mehreren Bundesländern, der *Verein für freie Körperkultur*, der die Hirscheninsel pachten konnte, die *Freien Menschen* in Graz und der *Kärntner Lichtbund*. Neugründungen waren *Die Insel* in Linz, initiiert vom Herausgeber der FKK-Zeitschrift *Der Sonnenmensch* (1949–1974), die anfänglich wiederholt mit „Verbreitungsbeschränkungen" belegt wurde, was praktisch einem Verkaufsverbot gleichkam. Weitere Neugründungen waren die *Oase* des von einem rührigen Gastwirt geführten *Gesunden Lebens* und die um die geistigen Grundlagen der FKK bemühte Vereinigung *Gymnasion*. Leider waren die Vereine untereinander lange zerstritten; zeitweise gab es sogar drei Dachverbände, in denen sich die verschiedenen Gruppierungen sammelten.

Für Anhänger der Freikörperkultur war die Situation in den einzelnen Bundesländern bis Anfang der 70er Jahre recht unterschiedlich. Im toleranten Kärnten wurden, nicht zuletzt auch im touristischen Interesse, früh Uferbereiche reserviert, so am Wörther-, Keutschacher-, Hafner- und am Tigringer See – sogar ein Almgebiet wurde freigegeben. Am FKK-feindlichsten war man, von eifernden Geistlichen angefeuert, in Tirol und Vorarlberg. Ein Tiroler ÖVP-Abgeordneter namens Kranebitter verlangte im Parlament eine Gesetzesbestimmung, welche Eltern verbieten sollte, ihre Kinder auf FKK-Gelände mitzunehmen, was freilich selbst seinen Parteifreunden als Eingriff in das Elternrecht zu weit ging. Vielleicht war der Herr so erzürnt, dass ausgerechnet beim Ort Kranebitten westlich von Innsbruck auf einer Insel im Inn, allgemein „Hawaii" genannt, das wilde Nacktbaden zunächst geduldet wurde; mehrmalige Polizeiaktionen machten dem ein Ende.

Schon Jahrzehnte ehe Beach-Volleyball große Mode wurde, war er der Lieblingssport der Nackten.

Als aufgrund der Gesetzeslage die von der Hitlerzeit übernommene polizeiliche Badeverordnung von 1942 nach 20 Jahren automatisch auslief, witterten gewisse Behörden Morgenluft, allen voran die Vorarlberger Landesregierung. Sie drohte 1964 Eltern und Erziehern, die ihre Kleinkinder am Bodenseestrand oder in Freibädern

Oben und rechte Seite: Der Mensch, der es gelernt hat, unbefangen nackt zu sein, fühlt sich in Union mit der Natur.

ohne Badehosen laufen ließen, mit hohen Geldstrafen. Die Wiener Journalistin Eva Bakos merkte dazu an: „Ich würde mich tatsächlich hüten, meine Kinder in diesem Land ohne Badehose gehen zu lassen, nicht wegen der 400 Schilling Strafe, sondern weil ich es nicht gern hätte, dass jemand meine Kinder anders als mit jenem freundlichen Wohlwollen betrachtet, das man in der ganzen Welt einem Kind – sei es nackt oder angezogen – entgegenbringt."

In Wien wurde die Hatz auf wilde Nacktbader, die zumeist im Umfeld von FKK-Geländen der nahtlosen Bräune huldigten, wieder verstärkt aufgenommen. Vergeblich hatten alte Lobaufreunde „nur das Gewohnheitsrecht, das uns in den Jahren 1934–1936 streitig gemacht wurde", zurückverlangt. Die Polizei bestrafte insbesondere jene bisher geduldeten Schwimmer, die ohne Badekleidung den damals noch sauberen Donaustrom zu sportlicher Abkühlung bevorzugten.

Die Zeit, die Politik und ein Jahrhunderthochwasser der Donau gingen über diese behördlichen Eskapaden, aber auch über die vereinsgebundene FKK-Vorhut hinweg. Die Aufbruchstimmung der späten 60er Jahre ließ „christliche" Zeitungen und ihre Hetze gegen die „Schweinerei" verstummen, der gutmütige Spott der libe-

Nackt am Donaustrand – nach langen Kämpfen und Krämpfen heute sommerlicher Alltag.

raleren Blätter wich wohlwollenden Reportagen. Sogar im öffentlich-rechtlichen Radio und schließlich im Fernsehen wurde das Thema sachgerecht behandelt. Die Gemeinde Wien gab in städtischen Hallenbädern FKK-Badezeiten frei. Aber die Freigabe kilometerlanger Strände an der fertig gestellten Neuen Donau für allgemeines Nacktbaden und der sich ausbreitende FKK-Tourismus, der jeder und jedem nach Belieben den Verzicht auf Badekleidung ermöglichten, verminderten die Attraktivität der Wiener Vereinigungen.

Skandalphotos aus der Südsee

Bernatziks Models baden heute nicht mehr nackt

Meine Eva ist beinahe animalisch.
Deshalb ist sie trotz ihrer Nacktheit keusch.
Aber alle Venusse im Salon
sind unanständig und lüstern.
PAUL GAUGUIN

Ein markantes Beispiel dafür, wie rasch sich der Übergang von Nacktheit zu Bekleidung vollziehen kann, lieferte die Wiener Ethnologin Doris Byer, die, den Spuren ihres Vaters, des Völkerkundlers Hugo A. Bernatzik, folgend, ein halbes Jahrhundert nach ihm die pazifischen Salomonen-Inseln aufsuchte. Bernatzik hatte in den 30er Jahren auf den der südlichen Salomonen-Insel Makira / San Cristobal vorgelagerten kleinen Inseln Owa Raha / Santa Ana und Owa Riki / Santa Catalina

Alte Frauen auf den Salomonen zeigen noch stolz die Tätowierungen, die ihre Haut zum Kleid machten.

noch eine weitgehend intakte melanesische Gesellschaft vorgefunden. Missionare hatten die abgelegenen Inselchen noch nicht beglückt, ebenso wenig europäische Bekleidungssitten, die auf den Hauptinseln des damaligen britischen Protektorats bereits auftauchten. Die Männer trugen einen knappen Lendenschurz, die Frauen bei freien Brüsten kurze Baströcke, die unverheirateten jungen Mädchen begnügten sich mit einer dünnen Schnur um die Hüften als Alltagskleidung. Die Jugend war in ihrem vorehelichen Liebesleben frei, man verstand sich auf Verhütungspraktiken, weil uneheliche Kinder unerwünscht, aber wenn einmal geboren keineswegs diskriminiert waren; Ehebruch hingegen galt als Verbrechen, das zu Blutfehden führen konnte.

Bernatzik war ein Meisterphotograph, der versuchte, anders als so mancher auf peinliche anthropometrische Photographie eingestellte Völkerkundler, das echte Leben und die Persönlichkeit der Abgebildeten festzuhalten. Dass er seine Forschungen in Illustrierten und populärwissenschaftlichen Sachbüchern einer breiteren Öffentlichkeit näher brachte, erregte den Neid einiger Kollegen. Dazu kam, dass damals im klerikalen österreichischen Ständestaat auf dem Gebiet der Völkerkunde die „Wiener Schule" der Patres Wilhelm Schmidt und Wilhelm Koppers tonangebend war. Ihr spezielles Anliegen war es, aus ethnologischen Forschungen als Quintessenz das Bestehen eines menschlichen „Urmonotheismus" und auch einer „Urmonogamie" zu beweisen, um so die biblische Schöpfungsgeschichte gewissermaßen wissenschaftlich zu untermauern. Bernatzik stand dieser Ideologie fern, weshalb ihm, ohnedies ein „Quereinsteiger", vielfach Hindernisse für eine universitäre Karriere errichtet wurden.

Ein Mittel dazu war die Skandalisierung seiner Südseephotos. In der spießigen Atmosphäre des Ständestaates war es nicht allzu schwierig, dem Forscher unlautere Motive zu unterstellen und zu behaupten, dass seine Aufnahmen gestellt seien. Neben den wiederholt photographierten „Mädchen in Alltagstracht" erregten vor allem die Bilder des von dem Forscher für einen ursprünglichen Fruchtbarkeitstanz gehaltenen *kakuya*-Tanzes den Zorn der Neider: Bernatzik wurde als Pornograph denunziert.

Doris Byer ist der Geschichte dieser Photos an ihrem Entstehungsort nachgegangen. Sie traf auf den Inseln 1986 gegenüber den Verhältnissen ein halbes Jahrhundert zuvor eine beträchtlich veränderte Gesellschaft vor. Über die Salomonen war im Zweiten Weltkrieg die japanische Besetzung und der Gegenangriff der Amerikaner mit der blutigen Schlacht um die Insel Guadalcanal hinweggegangen, erst 1978 waren sie in die Unabhängigkeit im Rahmen des Commonwealth entlassen worden. Nachdem Byer die Hemmnisse der salomonischen Bürokratie überwunden hatte, um auf Owa Raha einen Fernsehfilm zu drehen, begann sie ihre Recherchen. Der äußere Eindruck war zwiespältig: Die offenkundige Traditionsverbundenheit der Behausungen stand in augenfälligem Gegensatz zu den in Bluejeans und T-Shirts oder in Hängekleidchen gewandeten

Bei der Rückeroberung der Salomonen-Inseln trafen die US-Truppen auch auf rauchende Frauen.

Nachfahren der Photomodelle von 1933. Das hinderte die wenigsten Insulaner daran, die Photos ihrer Großeltern mit fröhlicher Unbekümmertheit als Teil der Geschichte ihrer Insel zu akzeptieren.

Dabei hatte Byer das Glück, auf Owa Riki auch mit alten Frauen ins Gespräch zu kommen, die sich noch gut an Bernatzik erinnerten. Beim ersten Beisammensein trugen die alten Damen, wie es die nach dem großen Krieg durch die Missionare eingeführte Sitte verlangte, T-Shirts über ihren Röcken, was sie sonst zumindest im Haus vermieden, aber der europäischen Besucherin zuliebe so hielten. Byer sah an ihren Armen und Beinen die kunstvollen Tätowierungen, „tapi-tapi" genannt, und wusste von den Forschungen ihres Vaters, dass früher mit diesen Ornamenten die Körper der jungen Frauen vom Brustbein bis zu den Schenkeln geschmückt wurden. Es war offensichtlich eine Erleichterung für die Gastgeberinnen, als Byer sie fragte, ob sie nicht die verwaschenen Textilien ausziehen wollten. Waren sie doch ohnedies der Meinung, dass „in einem Alter, in dem die erotische Anziehung keine Rolle mehr spielte, der ganze neumodische Aufwand mit der peniblen Bedeckung des Fleisches nicht mehr dafür stand".

Wechselnde Moden auf den Salomonen-Inseln: Da und dort geht es noch busenfrei ...

... auf anderen Inseln beginnt man sich zu bedecken.

Die Besucherin zeigte den Frauen die Photographien Bernatziks. Als sie zu den nackten *kakuya*-Tänzerinnen kam, erkannte sich eine von ihnen, Mary Kasufe, als junges Mädchen wieder. Sie war damals noch nicht mit „tapi-tapi“ geschmückt, sondern trug um den Hals eine Kette aus Tümmlerzähnen, um die Brüste geschlungen eine Muschelkette und um die Hüften das einzige „Kleidungsstück“: die Schnur aus Pflanzenfasern.

Die Verdächtigungen der österreichischen Moralschnüffler lösten sich durch die authenthische Erzählung Mary Kasufes in Luft auf. Für die Mädchen damals, so erzählte sie, war *kakuya* kein ritueller Tanz, sondern einer der vielen heute so genannten Insel-Tänze, die zum Vergnügen getanzt wurden. Bernatzik hatte gesehen, wie die Mädchen am Strand getanzt hatten, als eine Gruppe von Burschen vom Fischfang zurückkehrte. Zu dem Tanz wurde ein Lied gesungen; als ihn die einstige Tänzerin anstimmte, lachten die anderen schallend – vielleicht weil der Text erotisch anzüglich ist. Damals waren die Mädchen sofort bereit gewesen, den Tanz vor der Kamera zu wiederholen, „das war keine große Sache ... natürlich tanzten wir, wir taten ja ohnehin die meiste Zeit nichts anderes“. Und sie brauchten sich keineswegs dazu auszuziehen, wie die bigotten Verdächtiger in Wien mutmaßten. „Als dein Vater nach Owa Riki kam, kannten die Mädchen hier ja gar keine Kleider, nein, wir wussten nicht einmal, was so etwas wie Kleider überhaupt sein sollte! Alle waren nackt damals. Aber es herrschte mehr Ordnung als heute ...“

Noch bis in die 50er Jahre hatte sich in manchen Dörfern an den Bekleidungssitten kaum etwas geändert. Mit Einführung des Schulwesens kamen die Kirchenmänner; schließlich machte man nach Schulungen auf Fidschi und in London erstmals einen Einheimischen zum anglikanischen Reverend. Owa Raha und Owa Riki hatten Glück damit, dass die Kirche erst spät ihre Hände nach diesen entlegenen Inseln ausstreckte. Einheimische Geistliche hatten mehr Verständnis für die stark mit dem Geister- und Götterglauben verbundene Volkskunst, banden mitunter sogar deren Ornamentik in die Ausschmückung der Kirchen ein. Für die paradiesische Nacktheit hingegen gab es kein Pardon, auch deshalb, weil die zunächst noch von den Kolonialbehörden angestrebte Verwaltungs- und Schulintegration eine Angleichung an die so genannte Zivilisation erforderte. Das Schamgefühl, früher verbunden mit einer an selbstverständliche Regeln gebundenen Diskretion des Blicks, unterlag einem allmählichen Wechsel: Während sich Frauen und Mädchen anfangs noch schämten, mit Kleidern durch das Dorf zu gehen, so ziehen sie diese heute meist nicht einmal mehr zum Baden im Meer aus. „Früher tanzten die Mädchen natürlich nackt am Strand. Heute aber rennen Mütter und Tanten hinter ihnen her und werfen ihnen Kleider und Röcke ins Wasser nach, damit sie sich bedecken können, wenn sie den Fluten entsteigen", sagte eine der alten Gewährsfrauen zu Byer. Diese schließt daraus: „Wie kaum ein anderes Zeichen deutete diese neue Geste westlicher Prüderie in Richtung einer Herabwürdigung der Weiblichkeit und damit der Sexualität."

Immerhin haben die Christen gewordenen Insulaner sich eine vorurteilslose Betrachtung ihrer Vergangenheit bewahrt und schämen sich ihres früheren „Heidentums" – dessen Reste noch immer in traditionellen Festen bewahrt werden – und der Nacktheit der Großeltern keineswegs. Dieses aufrechte Bewusstsein ist zweifellos ein Mittel zur Wahrung der eigenen Identität: Bernatziks „Skandalphotos" wurden für würdig befunden, als Zeugen eines Bekenntnisses zu den Vorfahren auch dort aufbewahrt zu werden, wo sie entstanden sind.

Unverständlicher Weise hat Doris Byer die erwähnten Photographien ihres Vaters nicht zur Veröffentlichung freigegeben.

Der Zensoren letztes Gefecht

Schmutz und Schund unter dem Ladentisch

> Ein Zensor mit moralischem Gemüt,
> nicht wissend, was noch keusch, was schon gemein,
> ist unbrauchbar, weil er nur Reines sieht,
> wie doch dem Reinen eben alles rein.
> Daraus erhellt, was von der Gabe
> des Zensors man zu halten habe:
> er muss im Grund ein größeres Schwein
> als alle Zensurierten sein.
> ERICH WEINERT

Mit dem Ende des Hitlerreichs schien trotz aller Nöte und Ängste der frische Wind der Meinungsfreiheit durch die so lange geknebelten Lande zu wehen. Dass sie nicht zur verherrlichenden Rückschau auf das untergegangene Verbrecherregime genutzt werden durfte, war einsichtig. Aber insbesondere dem weiten Bereich des nicht primär Politischen öffneten sich die Tore freier Betrachtung und Diskussion. In Deutschland und Österreich glaubten Publizisten, an die Zeit vor den Diktaturen anknüpfen zu können, auch was die Erörterung sexueller Fragen betraf: Die Künstler entledigten sich der Beschränkungen des engstirnigen Kunstverständnis der Nazis, die Jugend erfreute sich der lange verbotenen Musik und der Tänze aus Amerika, und ebenso glaubten die Anhänger der Freikörperkultur, ihrer Überzeugung vom gesundheitlichen und erzieherischen Nutzen der Nacktheit ohne Gängelung der Behörden Ausdruck verleihen zu können.

So erschienen nicht nur die ersten Zeitschriften über Sexualaufklärung, sondern auch die Naturistenbewegung begann in Wort und Bild für ihre Ziele zu werben. Die vermeintliche Freiheit währte aber nur kurz. Nach den bitteren Erfahrungen mit der untergegangen und aus Furcht vor einer aus dem Osten drohenden neuen Diktatur suchte die gegen alle Experimente misstrauische Mehrheit die Geborgenheit – im Konservativismus. Dessen Repräsentanten gaben den Ton an; er richtete sich sogleich auch gegen alles, was als Gefährdung der überkommenen Moral erschien.

Da die normalen strafrechtlichen Bestimmungen nur einen Bruchteil der Tatbestände erfassten, die den Anstoßnehmern verfolgenswert erschienen, mussten unter dem Kampfruf der Austilgung von „Schmutz und Schund" neue Bestimmungen geschaffen werden, um, wie deren Erfinder behaupteten, vor allem die Jugend zu schützen. Unterstützt von regelrechten Kampagnen wurde angeprangert, was auf Papier oder Kinoleinwand in den Augen der Moralhüter Schmutz war, womit in erster Linie Nacktheit gemeint war. Sie fand keine Gnade, während beim Schund zumal, wenn er höchst unerotisch Gewalt und Krieg zum Thema hatte, womöglich beide Augen zugedrückt wurden. So wurde die Verbannung des bloßen Menschenkörpers gewissermaßen zur Staatsdoktrin erhoben – gegen Pornographie hätte es ja keiner eigenen Bestimmungen bedurft, sie war ohnedies durch das Strafgesetz zu verfolgen.

Das österreichische Schmutz- und Schundgesetz vom 13. Mai 1950 verbot in einem Gummiparagraphen alle Schriften, Abbildungen oder sonstigen Darstellungen, „die geeignet sind, die sittliche Entwicklung Jugendlicher durch Reizung der Lüsternheit zu gefährden". Die Anwendung des Gesetzes wurde also von individuellen Empfindungen – der Richter und Staatsanwälte, aber auch der angeblich zu Schützenden – abhängig gemacht. Das liebste Instrument des neuen Gesetzes war die „Verbreitungsbeschränkung". Die Staatsanwaltschaft konnte eine solche gegen Bücher und Zeitschriften erlassen, wenn sie den Tatbestand der „Jugendgefährdung" zu erblicken glaubte. Das Bild von Polizisten, die an den Kiosken indizierte Produkte einzusammeln hatten, wurde zu einer alltäglichen Erscheinung. Der Erzfeind der Staatsanwaltschaft war dabei die Nacktheit. Oft genug bekamen auch die Künstler ihr Teil ab. Ein österreichischer Staatsanwalt, der zugleich Präsident des *Katholischen Familienverbandes* war, befand: „Die so genannten künstlerischen Darstellungen und Werke sind so zu gestalten, dass sie vor allem nicht jugendgefährdend sind."

Zu viel Körper, zu wenig Landschaft: Brasiliens Schlangentänzerin Luz del Fuego (links) als Stein des Anstoßes.

Der öffentliche Verkauf von Nr. 22 der ersten seit 1934 wieder erscheinenden österreichischen FKK-Zeitschrift *Der Sonnenmensch* wurde im Dezember 1950 von den Sicherheitsdirektionen der Bundesländer verboten; gegen solche Bescheide gab es keine Berufung, der Herausgeber stellte die Zeitschrift ein – ab 1952 erschien sie wieder. Das Nachfolgeorgan *Sonnensport* wurde bereits bei Nr. 6 verboten. Der Bescheid darüber liest sich nach einem halben Jahrhundert wie ein kabarettistischer Text. Die Staatsanwaltschaft hatte die

Pornojagd in der ÖVP-Zeit: Links die deutsche, rechts die österreichische Ausgabe der gleichen „Quick“

Alice Schwarzers Austritt gegen die Pornographie macht mich alt. Denn „Emmas“ Initiative erinnert mich daran, wie oft diese leidige Diskussion allein schon in den knapp sechs Jahrzehnten meines Lebens aktuell war. Das gibt freilich andererseits die Gewißheit, daß die streitbare Alice Schwarzer als weiblicher Don Quichotte nur eine Neuauflage des Kampfes gegen die Windmühlflügeln liefert.

Als ich ein Kind war, hatten die muffigen Austrofaschisten mit der relativen Liberalität der Ersten Republik endgültig aufgeräumt. Schon zuvor hatten Christliche und Nazi des öfteren Schlachten für die „Sittlichkeit“ geliefert — etwa in Demonstrationen gegen Schnitzlers „Reigen“ oder

uns Buben sorgten.

Das Ende des Hitlerreichs schien zunächst die Beschränkungen zu lokkern, die aller „Unzucht“ durch konservative Traditionen auferlegt waren. In den ersten Nachkriegsjahren war es vor allem die Zeitschrift „Dr. Faust“, die sich durch Sexualaufklärung der Brechung der Tabus annahm. Es dauerte nicht lange, und die katholi-

der „Aufreizung“ zu dienen. Obwohl FKK-Vereine nach dem Krieg wieder erlaubt waren, blieben Zeitschriften, die für ihre Ziele warben, von vornherein unter die Budel verbannt. Daran, daß die — in den Schulen in zerfledderten Exemplaren unter der Bank weitergereichten — Pornos à la „Mutzenbacher“ später in Taschenbuchmassenauflagen erscheinen würden,

Freiere Luft schon in Deutschland: für Österreich musste *Quick* noch 1969 das Cover ändern.

Beschlagnahme wegen insgesamt fünf in dem Blatt wiedergegebenen Photos beantragt, doch gab der Jugendgerichtshof nur wegen eines Bildes, das die Brasilianerin Luz del Fuego mit ihrer *Lichtgruppe* zeigte, dem Antrag statt. Die Begründung lautete: „Diese Gruppe ist derart groß aufgenommen, dass von einer Landschaft, in deren Rahmen man die erlaubte Betätigung von FKK-Bünden versteht, fast nichts mehr zu sehen ist. Dafür sind die Geschlechtsteile in aufdringlicher Form präsentiert … Es besteht der Verdacht, dass dieses Photo erotischen Zwecken und der Hebung des Verdienstes durch Steigerung des Absatzes der beschlagnahmten Druckschrift dienen soll …“

Adenauers Bundesrepublik, die Anfang der 50er Jahre zu Recht die Unterdrückung jedweder Meinungsfreiheit im anderen Teil Deutschlands verurteilte, hatte, um Jugendgefährdung zu verhindern, ein ganzes System zensurähnlicher Maßnahmen entwickelt. So erließ das Bundespostministerium – in aller Stille und nicht im Amtsblatt bekannt gemacht – eine Verfügung, wonach „Drucksachen sexuellen Inhalts“ von der Beförderung auszuschließen waren. Die haarsträubende Begründung: solche Drucksachen könnten „jugendlichen Postbediensteten und jugendlichen Familienangehörigen der Empfänger zur Kenntnis kommen“. Da harte Pornographie ohnedies anzeigepflichtig gewesen wäre, bedeutete die schwammige Formulierung, dass die Oberpostdirektion nach Gutdünken de facto Zensurbehörde spielte. Unter anderem wurden auf diese Weise nicht nur FKK-Zeitschriften, sondern auch wissenschaftliche Aufklärungswerke und zum Beispiel *Das andere Geschlecht* von Simone de Beauvoir von der Beförderung ausgeschlossen.

Der Blick auf den Busen war in den frühen 60er Jahren noch tabu.

Die Presse deckte den Skandal auf. „In Wahrheit steht hier die Autorität des Grundgesetzes auf dem Spiel", schrieb die *Frankfurter Rundschau*. Wenn der Artikel *Eine Zensur findet nicht statt* nicht für die Post gelte, könnte ja auch jede andere Behörde das gleiche Recht für sich in Anspruch nehmen. *Die Zeit* vermutete im *Gesetz zum Schutz der Jugend* autoritäre Tendenzen. Der *PEN-Club* erklärte, dieses sei „aus unsittlicher Prüderie" entstanden und ortete einen Verfassungsbruch; namhafte Künstler bezeichneten es als „Ausgeburt des Unverstandes"; Buchhändler, Verleger und Schriftsteller protestierten vergeblich. Es wurde eine Bundesprüfstelle eingerichtet, die – oft vom katholischen *Volkswartbund* – eingebrachte Anträge bearbeitete und die wegen „Verletzung des natürlichen Schamgefühls" oder der „christlich-abendländischen Moral" geziehenen Bücher und Zeitschriften auf einen im *Bundesgesetzblatt* veröffentlichten Index setzte.

In einer Entscheidung des Bundesgerichtshofes in Karlsruhe – er musste sich wiederholt mit Nacktheit befassen – hieß es unter anderem: „Der Gesetzgeber … geht zutreffend davon aus, dass zweifellos die Darstellung eines nackten menschlichen Körpers an sich weder unanständig noch obszön ist. Es ist aber zu berücksichtigen, dass die Anschauungen der überwiegenden Mehrheit des deutschen Volkes die Verneinung eines natürlichen Schamgefühls durch ungeniertes Zurschaustellen des nackten Körpers im täglichen Leben ablehnen. Die durch Bild für Nacktkultur werbenden Zeitschriften sind generell als jugendgefährdend anzusehen." Und dann die gewundene Begründung zum konkreten Fall: „Das Merkmal der Jugendgefährdung erblickt die Landesprüfstelle darin, dass das Heft eine Menge von Nacktaufnahmen enthält, die es dem Leser ermöglichen, sich ihrer Betrachtung ungebunden, das heißt beliebig und in aller Ruhe hinzugeben. Der Beschauer der Nacktaufnahmen hat dadurch, dass ihm das Heft beliebig zur Verfügung steht, ganz erheblich weitergehende Möglichkeiten, sich an der Nacktheit zu ergötzen, als es ihm der Anblick des nackten Menschen in der Natur, insbesondere in den Licht- und Luftbädern der FKK, gestattet …" Der Philosoph Theodor W. Adorno konstatierte zu Recht: „Angesichts der aktuellen potentiellen Schäden, die gegenwärtig der Menschheit von ihren Verwaltern angetan werden, hat das sexuelle Schutzbedürfnis etwas Irres."

Als in Deutschland bereits der frische Wind aus der Studentenbewegung dem öffentlichen Spießertum ins Gesicht blies, leisteten sich Polizei und Staatsanwälte in Österreich, von der ÖVP-Alleinregierung (1966–1970) ermuntert, noch Beschlagnahmungsexzesse. Die Buchhändler wurden völlig verunsichert, weil sie auch Werke der Weltliteratur, von Ovid bis Oskar Maria Graf, nicht mehr in die Schaufenster stellen durften; so mancher von ihnen führte, mit wechselndem Erfolg, einen mutigen und kostspieligen Kampf gegen die Sittlichkeitswächter. Kinobesitzer wurden zu bedingten Haftstrafen verurteilt, weil sie von Moralschnüff-

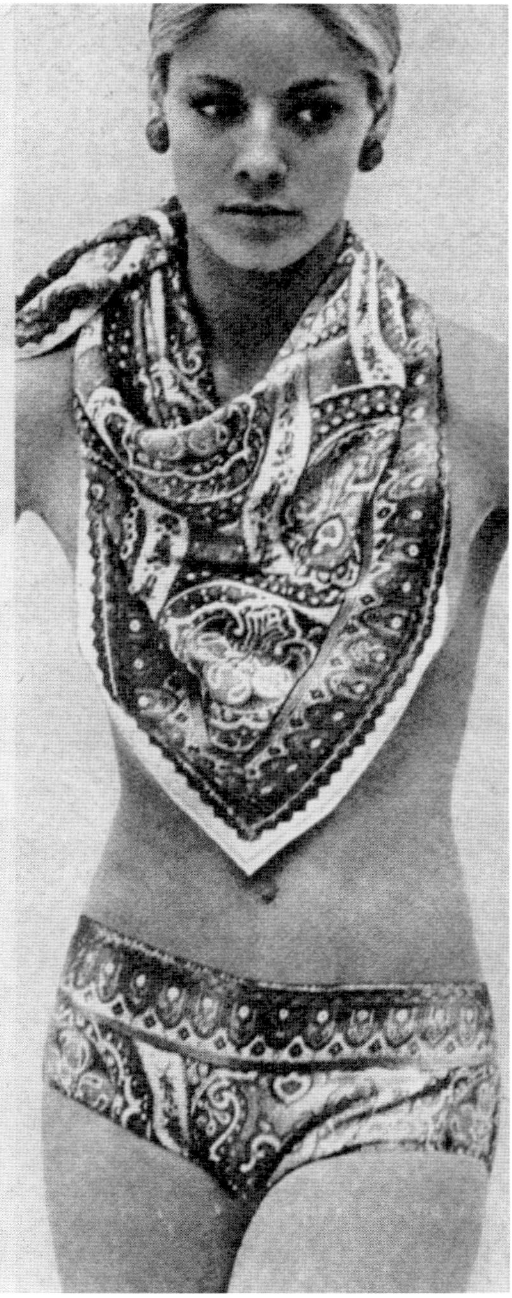

lern aufgrund ausgehängter Standbilder wegen „Aufreizung zu Lüsternheit“ angezeigt wurden.

Verkaufsstörende Erfahrungen mit dieser neuen Zensurwelle führten dazu, dass damals deutsche Illustrierte für Österreich eigene Titelseiten herstellten, um nicht wegen eines nackten Popos – mehr zeigte man damals ohnedies kaum – das lukrative Geschäft am Kiosk zu verlieren. Mitunter gelang den Zensoren, zwei Fliegen auf einen Schlag zu treffen: wenn sie mit der Indizierung des *Spiegels* wegen eines nackten Busens auch die Verbreitung eines entlarvenden Briefes des Kanzlers des autoritären Ständestaats, Kurt Schuschnigg, verhinderten, oder wenn sie freche linke Magazine wie *konkret* und *pardon*, unter dem Vorwand, „Unsittliches" nicht vor die Augen junger Österreicher gelangen zu lassen, für Monate vom offiziellen Ladentisch verbannten.

Mit dieser mittelalterlichen Bevormundung der Menschen räumte die sozialdemokratische Regierung Bruno Kreisky, unterstützt vom gewendeten Zeitgeist der 68er, endgültig auf. Die Zensoren der 50er Jahre und frühen 60er Jahre haben hier wohl ihr letztes Gefecht gekämpft – und verloren.

Oder doch nicht? Im Sommer 2003 wurde bekannt, dass die EU-Sozialkommissarin Anna Diamantopoulos einen neuen Verhaltenscodex für Aktphotos in Printmedien, Fernsehen und Werbung fordert. So soll Sexismus bekämpft werden. Offenbar hat es sich bis Brüssel noch nicht herumgesprochen, dass Auswüchsen – jedenfalls im freien Europa – nicht mit Zensur, sondern nur durch die öffentliche Meinung beizukommen ist.

Das Gänseblümchen wird entblättert

Striptease – in Amerika erfunden, in Paris veredelt

> Der Hals, die Hände, jeder Fuß,
> die sind vollkommen wohl gebaut.
> Was ich dazwischen loben muss,
> noch lieber hab ich's angeschaut.
> WALTHER VON DER VOGELWEIDE

Der Striptease gilt als amerikanische Erfindung. Das mag für die Bezeichnung stimmen. Das Faktum des reizvollen Sich-Entkleidens einer Frau ist aber zweifellos nicht viel jünger als die Erfindung der Kleidung. Nur nackt lebende Völker mussten auf diese Form der erotischen Animation verzichten.

Wie sehr die Menschheit an diesem Vorgang interessiert war, lässt sich daran ermessen, dass kaum nach der Erfindung der Schrift auch schon ein Striptease literarisch festgehalten wurde: Sumerische Tontafeln aus dem 18. Jahrhundert vor Christus erzählen im Mythos vom Gang der Göttin Inanna in die Unterwelt und wie sie sich in sieben Schritten ihres Prachtgewandes und Schmucks entledigen muss, bis sie nackt vor der Herrin der Unterwelt steht.

Schüchterner Strip als Einstieg – später traute sich Brigitte Bardot viel mehr.

Der Striptease – fast so alt wie die Welt? In den 60er Jahren, als die Entkleidungskunst in den Nachtlokalen Europas ihren Höhepunkt erreicht hatte, schrieb der Historiker und Psychologe François des Aulnoyes, der das Phänomen bis in die Höhen der Metaphysik untersuchte: „Die Frauen kaufen sechs Kleider, wir Männer hingegen einen einzigen Anzug; sie haben viermal mehr Paar Schuhe als wir und verbrauchen zehnmal so viel Strümpfe, wie wir Socken verschleißen. Das alles tun sie schließlich und endlich nur aus dem Grund, um sich vor uns Männern zu entkleiden. Die Strümpfe sollen die

In einem Pariser Nachtclub um 1930 scheint die Nackttänzerin auf dem Klavier die Damen mehr als die Männer zu interessieren.

Auch der US-Film griff das Strippen auf:
In *Die Nacht, als Minsky aufflog* mimte Britt Ekland 1968 eine perfekte Ausziehkünstlerin.

sinnliche Lust wecken. Das Wechseln eines Kleides geschieht, um das Interesse wachzuhalten, weil dadurch auch in uns das Gefühl der Abwechslung entsteht. Unterwäsche ist dazu da, dass sie in harmonischer Weise abgestreift wird." Dass aber dem Durchschnittsmann bestenfalls nur eine verhältnismäßig kleine Anzahl vollkommen schöner Frauen in der Intimsphäre begegnet, machte den Erfolg der Enthüllung auf der Bühne aus: „Die unbekleidet auftretende Frau im Varieté und das Striptease-Mädchen bieten ihm die Archetypen, die seine Phantasie braucht."

Wie aber kam es dazu, dass die Entblätterung aus der Intimität des Privatbereichs, der in der Zeit der viktorianischen Doppelmoral sogar in der Ehe Schranken auferlegt gewesen waren, ausgerechnet im prüden Amerika in die Öffentlichkeit der Schaustellung geriet? Manche meinen, der Striptease sei als eine Art Kompensationsprozess in einem Land entstanden, in dem der Anteil der Frauen in der Bevölkerung lange Zeit weit unter dem der Männer gelegen war. Der darauf beruhende Frauenkult habe eine Fülle auf die Weiblichkeit bezogenene Tabus hervorgebracht. Der Striptease, dem die Auftritte von Tänzerinnen, die Bein und später auch das Korsett zeigten, in der amerikanischen „Burlesque", einer Art vornehmlich von den Unterschichten besuchten Varieté, vorausgingen, sei eine Art Bremse, eine Ersatzbefriedigung gewesen, um die Männer-Mehrheit in den Grenzen der Ordnung zu halten.

Der Striptease wurde zur Erfolgsgeschichte der Brüder Minsky im New Yorker *Winter Garden*. Sie begann 1917 mit dem Auftritt der rothaarigen Schönheit Mae West. Sie trug dabei ein kurzes schwarzes Kleid mit abnehmbarem weißem Kragen und Rüschen; eines Abends hatte sie, vor den Vorhang gerufen, diese bereits abgestreift – das Publikum jubelte. Bei der zweiten Zugabe knöpfte sie das Mieder auf – der Saal tobte. Die Zensur verhängte eine Geldstrafe, aber der Auftritt wurde zu einem fixen Bestandteil des Programms, wenn auch ständig von Polizeirazzien beeinträchtigt. Und als Josephine Baker mit ihrem Bananentanz berühmt wurde, riskierte es Mae West,

Stripperin Cicciolina, als Ilona Staller geboren, wurde 1987 als Abgeordnete der Radikalen Partei ins italienische Parlament gewählt.

diesen so weit zu persiflieren, dass sie sich das Bananenkostüm vom Körper pflückte, bis nur noch eine einzige Frucht ihre Scham bedeckte, die mit dem Erlöschen des Bühnenlichts auch noch herabfiel.

Das war schon echter Striptease, aber diese Bezeichnung, die sich aus den Wörtern für „Abstreifen, Ausziehen" und für „Necken, Quälen" zusammensetzt, wurde erst von PR-Leuten der Minskys erdacht, als diese 1931 das *Republic Theatre* am Broadway erworben hatten. Mit der Aufnahme des Striptease in das Varietéprogramm begann jedoch ein erbitterter Kampf mit Zensur, Polizei, Gesetzen, Bischöfen, Rabbinern und mit Maklern, die um die Grundstückpreise am Broadway fürchteten. Die New Yorker Bürgermeister O'Brian und La Guardia fügten sich dieser Lobby. Die Theaterkonzessionäre wurden 1934 zur Beachtung folgender Vorschriften verpflichtet:

Strippen im Martiniglas: eine Spezialität von Dita van Teese, vorgeführt 2003 im Playboy-Club von Los Angeles.

„1. Es ist Frauen untersagt, in einer Szene, einem Sketch oder einer Nummer mit entblößten Brüsten oder entblößtem Unterkörper aufzutreten, auch dürfen diese Körperteile nicht so spärlich verhüllt sein, dass sie unverhüllt wirken. 2. Für Szenen, Sketche und Nummern, in denen eine ganz oder teilweise bekleidete Frau auftritt, die sich nach und nach entkleidet, gelten obige Vorschriften …"

In den Fronttheatern während des Zweiten Weltkriegs lockerten sich die Vorschriften, und 1955, als der Auftritt von Stripperinnen schon längst wieder üblich geworden war, wurde das Verbot aufgehoben. Da die gesetzlichen Vorschriften mit der Entwicklung nicht Schritt gehalten hatten, kam es zu Kuriositäten in den einzelnen Staaten bezüglich des „Minimums" am Unterleib oder der Bedeckung der Brustwarzen, wo „pasties", kleine Kappen, vorgeschrieben wurden, was wieder dazu führte, dass daran Troddeln befestigt wurden, die geschickte Tänzerinnen effektvoll im Kreis tanzen lassen konnten.

Aus Amerika kam der Striptease nach Europa und eroberte, zuerst in Frankreich, die Nachtlokale. Bald griff der Film, zunächst noch zensurgehemmt – wie Brigitte Bardot 1956 in ihrem frühen Film *Das Gänseblümchen wird entblättert* –, das Thema auf. Selbst in der Namensgebung für das Lokal, in dem 1953 der erste Striptease dargeboten wurde, war Amerika Vorbild: Das von Alain Bernardin gegründete *Crazy Horse* lieh sich seinen Namen von einem legendären Sioux-Häuptling. In Frankreich wurde die Nacktheit der bald allenthalben im Showgeschäft auftretenden Stripperinnen nur durch die „Muschel" beschränkt, die in örtlich verschiedenen Abmessungen verlangt wurde. In Italien durften anfangs die Brustspitzen nicht sichtbar sein. In Spanien, wo unter Franco der Striptease mühsam gegen die Kirche durchgesetzt werden konnte, musste selbst der Nabel verborgen bleiben. In Skandinavien und dann auch in Deutschland und Österreich fielen solche Restriktionen bald. In Brasilien wurde die Schlangentänzerin Luz del Fuego, eine „Tänzerin aus dem Volk", die selbst in Fußballstadien auftrat, angeklagt, weil ihre Lieblingsschlange am Ende jeden Auftritts den noch verbliebenen „cache-sex" wegzog. Sie wurde zur Märtyrerin ihrer Branche, als ein Fanatiker sie 1967 ermordete.

Den Herren im Gentlemen's Club von Charlotte, North Carolina, wird Strippen nach wie vor nicht langweilig.

In London wurde 1953 „jede Aufführung, die man gemeinhin als Striptease bezeichnet und in deren Verlauf die Darstellerin die Kleider ablegt", untersagt. Das hatte die Abwanderung des Striptease in den Untergrund zur Folge, das gleichzeitige Verbot der Straßenprostitution führte zu deren Nahverhältnis zur Ausziehkunst, wie sie anderseits in Frankreich jedenfalls bei den Spitzenlokalen, die Striptease zeigten, undenkbar war. Die „Säuberungen" in London waren für viele Stripperinnen, die nicht ins Gunstgewerbe absinken wollten, eine Katastrophe. Hatten sie im Gefolge der 68er-Lockerungen gewerkschaftliche Organisation erhofft, so kam es noch schlimmer, als sich 1977/78 auch die Feministinnen gegen sie wandten. Gerade, als die Striptease-Tänzerinnen begannen, ein eigenes Selbstbewusstsein zu entwickeln und in der Öffentlichkeit für ihre Rechte einzutreten, nahmen sich bürgerliche Feministinnen, die sie als von den Männern erniedrigte Opfer betrachteten, ihrer in der Weise an, dass sie das Verbot der Strip-Klubs verlangten. „Die Anti-Porno-Bewegung hatte nur zwei Rollen für uns: Entweder waren wir hilflose Opfer oder reumütige Sünder, die an den Pranger gestellt wurden, wie Angeklagte in einem stalinistischen Komplott", sagte die englische Stripperin Nickie Roberts in einem Interview. „Wie verlogen diese ganze Frauensolidarität ist, ist mir mit einem Schlag klar geworden, als ich mit einer Akademikerin herumdiskutierte, die irgendwann sagte: ‚Ich habe so viele Jahre gearbeitet und verdiene nur ein Drittel von dem, was du verdienst.' Ich habe gedacht: Aha, jetzt ist die Katze aus dem Sack. Ich darf nur für 1 Pfund 50 die Stunde ihren Fußboden schrubben. Sie verlangen doch tatsächlich von uns, dass wir uns irgendeinen beschissenen Job suchen, für den sie sich selber zu schade sind …"

So unterschiedlich die Motive sein mochten, mit denen eine Frau sich zum berufsmäßigen Strippen entschloss, für so manche von ihnen war es auch ein Akt der Emanzipation: „Ich hatte gedacht, dass es einen verunsichern müsste, nackt vor einem Publikum zu stehen, aber das stimmt nicht. Kraft und Stärke gehen von einem selbst aus. Beim Strippen zeigt man: Ich bin nicht unvollkommen oder sündig. Ich bin ich. Ich bin schön", erinnert sich bei Lucia Jarrett eine ehemalige Tänzerin.

Der Striptease bewegte sich in seinen besten Zeiten in einem breiten Spektrum der Gesellschaft. Er war in den vornehmsten Nachtlokalen ebenso daheim wie in halblegalen Sexklubs; er war keine reine Männerangelegenheit mehr – Stripperinnen wurden zu fröhlichen Betriebsfesten eingeladen oder sprangen bei Geburtstagsfeiern aus Riesentorten. Längst begnügten sie sich nicht mehr mit dem einfachen Akt des langsamen, oft tänzerischen Entkleidens zur Musikbegleitung, sondern verwendeten die verschiedensten Requisiten, von spaßhaften bis zu mehr oder weniger deutlichen erotischen, wobei immer häufiger die Metallstange, ein offenkundiges Phallus-Symbol, um die sich die Tänzerin schlängelt, als unentbehrliches Ausstattungsstück zur Bühne gehörte.

Als dann Nacktheit die seriösen Bühnen zu erobern begann, als halbnackte Go-Go-Girls in den Discos auftraten und die Jugend ein offeneres Verhältnis zur Nacktheit bekam, wurde Striptease zunehmend uninteressant. Um mit schärferen Mitteln einen Teil des einstigen Kundenstocks zu halten, wurde der erotische Tanz von Pornographie abgelöst: Peepshows, deren Interessenten, in Einzelkabinen durch eine Glaswand getrennt, das Intimste der weiblichen Anatomie angeboten wird – oder Live-Sexshows mit Koitus-Events für Voyeure, die weder auf Schönheit noch auf eine sei es noch so simple künstlerische Gestaltung Wert legen.

Made for Men

Der Playboy und seine Playmates

In einem ganz konkreten Sinn
war das Playmate des Monats
eine politische Aussage.
HUGH M. HEFNER

In den 50er Jahren, einer Zeit weltweiter Prüderie und Unterdrückung aller erotischen Äußerungen in der Öffentlichkeit, hat ein Männermagazin „zum Sturm einer ganzen Generation auf die Gefängnismauern" geführt: So wird von einem Kritiker die Wirkung des *Playboy* beschrieben, dessen erste Ausgabe im Dezember 1953 auf den Markt kam. Und sein Gründer Hugh M. Hefner, damals 27 Jahre alt, rühmt sein Produkt: „Der *Playboy* hat die Einstellung zur Sexualität und damit das gesellschaftliche Klima in den USA seit den 50er Jahren wie keine zweite Zeitschrift verändert."

Umgeben von weiblichen Häschen, verbindet Hugh M. Hefner in seiner „Playboy-Philosophie" Liberalität mit Machismo.

Das Wort „Playboy" hat inzwischen Eingang in die meisten Kultursprachen gefunden. Der Duden hat es aufgegeben, dafür einen deutschen Ausdruck zu finden. Er umschreibt das neue Fremdwort als „reicher und jüngerer Mann, der vor allem seinem Vergnügen lebt und sich entsprechend darstellt". Die „geradezu revolutionäre Lebensauffassung", die Hefner zusammen mit anspruchsvollen Texten prominenter Autoren als seine „Playboy-Philosophy" verkaufen wollte, gipfelte jedenfalls in den „Playmates", was sich am besten mit „Gespielinnen" übersetzen lässt: schöne junge Mädchen und Frauen, die mehr oder weniger nackt posieren und auf den ausklappbaren Mittelseiten das

unübersehbare Zentrum der Zeitschrift bilden. Die Reportagen und literarischen Texte, selbst umstrittene Interviews mit Verteufelten wie Cubas Castro und Nicaraguas Ortega blieben für die Masse der Leser wohl nur Beiwerk. Der Erfolg von Hefners Magazin war in erster Linie ein Erfolg der nackten Mädchen. Aber bis dahin

Geistvolle Beiträge oft namhafter Autoren bleiben neben den nackten Schönen nur schmückendes Beiwerk.

hatte die Aktphotographie entweder künstlerische Ansprüche erhoben, und die Modelle blieben anonym, oder sie fand Unterschlupf im weiten Bereich zwischen unter dem Ladentisch verkaufter Pornographie oder privater Knipserei, deren Filmentwicklung man nur ungern dem Händler überließ.

Der *Playboy* machte Schluss mit der Anonymität der nackten Damen: Aus dem namentlich genannten und in einem Steckbrief beschriebenen Mädchen von nebenan wurde eine Ikone – und sie mussten einen Revers über ein makelloses Vorleben unterschreiben. Auch über rassische Vorteile setzte sich Hefner früh hinweg: 1965 erschien die erste schwarze Monatsschönheit. Mit den Playmates wurde bald ein wahrer Kult getrieben. Die Leser wurden aufgefordert, die Jahresschönste zu wählen, es gab Playmate-Kalender und -Filme. So manche machten ihren Weg als Filmsternchen oder fanden in den Ehehafen eines reichen und mitunter auch prominenten Mannes: Hefner heiratete das Playmate vom Januar 1988. Von denen, die in den Sinkflug gerieten – ein deutsches Modell wurde kurzlebiger Pornostar –, schweigt die offizielle Chronik.

Aber das Magazin wollte sich nicht mehr mit den aus der anonymen Menge gefischten Schönen begnügen. Als er die ersten Erfolgszahlen schrieb, bemühte sich Hefner, seine Aktphotogalerie um prominente Namen zu bereichern. Da inzwischen der Film die Schranken der verfolgenden Zensur überwunden hatte, scheute auch so manche Kinogröße nicht mehr die Kamera der *Playboy*-Photographen. In der ersten Ausgabe allerdings schmückte sich das Magazin mit fremden Federn: Es zeigte zum ersten Mal in einer Zeitschrift jenes Photo der nackten Marilyn Monroe auf rotem Tüll, das von ihr für einen erotischen Kalender aufgenommen wurde, lange bevor sie zum Sexidol Hollywoods aufgestiegen war. Übrigens hat sich die US-Postverwaltung damals geweigert, dem Versand dieses Heftes den kostengünstigen Zeitschriften-Spartarif zu gewähren, weil sie das Bild als obszön einstufte.

Die Konkurrenz liebt es schärfer – anders wäre der *Playboy* nicht zu schlagen gewesen.

„Nackt, aber sauber“: Das Playmate im Centerfold ist seit einem halben Jahrhundert ein Muss jeder Ausgabe.

Nun zierten Akt- oder Halbaktphotos von Anita Ekberg, Brigitte Bardot, Sophia Loren, Jayne Mansfield und anderen Leinwandgrößen die Seiten des Magazins. Als dann Russ Meyer in seinen Spielfilmen eine bis dahin kaum gekannte Freizügigkeit kreierte, waren Scharen von Stars der Leinwand und der Bühne und auch Top-Models im *Playboy* zu bewundern. Der Drang, sich dort zu präsentieren, war mindestens ebenso stark wie die nicht minder publicityträchtige Bekanntgabe, nicht willens zu sein, solches zu tun.

Allerdings gab es für die Gestaltung der Photos im *Playboy* genaue Vorschriften, die etliche Beschränkungen enthielten. Die Auswahl der angeblichen Mädchen von nebenan erfolgte entsprechend den gängigen männlichen Schönheitsvorstellungen der 50er und 60er Jahre, bevorzugten also den schon in den Pin-ups des Alberto Vargas üblichen Typ der vollbusigen, kurvenreichen Eva. Die Kamerasitzungen bedurften mühevoller Vorbereitungen für Aufnahmeteam und Modell, vom gewünschten Fall der Lockenpracht, dem Make-up für den ganzen Körper bis hin zur Verwendung von Heftpflaster zu der in der Realität kaum erreichbaren Stellung der Brüste. Dazu wurde fleißig retuschiert. „Die Darstellung des nackten Modells genügt uns schon lange nicht mehr“, erläuterte der Chefredakteur der deutschen *Playboy*-Ausgabe, in der ab den 80er Jahren einheimische Schönheiten die Centerfolds bevölkerten. „Heute geht es darum, aus diesem gottgegebenen Material Kunst zu machen, mit Licht und Schatten durch die Linse des Photographen.“

Zunächst hatten die Retuschen vor allem der Einhaltung eines Tabus nachhelfen müssen: Mehr als anderthalb Jahrzehnte blieb Schamhaar aus den Photos verbannt. Die Chronistin des *Playboy*, Gretchen Edgren, vermerkt das Datum, an dem zum ersten Mal dieses Tabu durchbrochen wurde: Im August 1969 erschien ein Photo aus dem Musical *Sweet Charity*, das die – allerdings schwarzen – Tänzerinnen des Stücks in einem sinnlich-ästhetischen Gruppentanz zeigte. Anfang der 70er Jahre begann die große „Schlacht um das Schamhaar“, wie die US-Presse spöttelte. Die Norwegerin Liv Lindeland machte als Playmate der Januar-Ausgabe von 1971 sozusagen *Playboy*-Geschichte: Sie durfte einen Hauch von Schamhaar zeigen. Damit war der Bann gebrochen. Fortan bedurfte es für die Playmates nicht mehr der Verrenkungen oder Schleierchen, mit denen das dunkle oder blonde Gelock vor dem Kamera- und Leserauge verborgen bleiben musste. Und als es dann üblich wurde, das natürliche Dreieck zu einem schmalen Haarstreifen zu scheren, folgte *Playboy* dieser Mode. Allerdings hat Hefner insofern Geschmack bewahrt, dass er nie die sich nun auf dem Markt ausbreitenden Konkurrenten und deren Obszönitäten imitierte, mit denen etwa ein *Hustler* den Erfolg des Urbilds zu schmälern versuchte. An der Absage gegenüber Pornographie hat *Playboy* auch im 21. Jahrhundert festgehalten.

Die Playmates waren neuerdings Gegenstand einer Untersuchung des Wiener Psychologieprofessors Martin Voracek, der gemeinsam mit Maryanne L. Fisher von der Universität Toronto aus dem Vergleich der Körpermaße von 577 Playmates der

Jahre 1953 bis 2001 einen Wandel des Schönheitsideals ablas. *Playboy* mache ja nicht das Schönheitsideal, sondern reflektiere allgemeine Trends. Die Studien ergaben, dass sich die Figuren der Models im Laufe eines halben Jahrhunderts gravierend verändert haben. Die Mädchen sind in dieser Zeit nicht nur – im Durchschnitt um sieben Zentimeter – größer geworden, sondern es zeigt sich eine Entwicklung weg vom kurvigen „Sanduhr"-Typ zur androgynen, sportlich-schlaksigen oder athletischen Figur.

Während der demokratische Präsidentschaftskandidat Jimmy Carter 1976 im *Playboy* gefeiert wurde, als er dort in einem Interview sagte, „auch er habe auf viele Frauen einen begehrlichen Blick geworfen, was ihm Gott sicherlich vergeben würde", hatte Hefner in Zeiten republikanischer Präsidenten häufig Schwierigkeiten. In der Eisenhower-Ära wurde er vor Gericht gebracht, als er eine 17-jährige Collegeschülerin ablichten ließ, die mit schriftlicher Erlaubnis ihrer Mutter ein Playmate geworden war. Seither durften sich für *Playboy* nur noch Frauen über 18 ausziehen. Nixon setzte das Magazin – auch wegen kritischer Beiträge, aber vor allem, um die „moral majority" seiner Wählerschaft zu erfreuen – auf die Liste seiner Feinde und veranlasste eine ergebnislose, aber immerhin rufschädigende Untersuchung der Drogenpolizei im *Playboy*-Club. Reagans Justizminister untersuchte vergeblich, ob *Playboy* Kinderpornographie betreibe und ließ von einem fundamentalistischen Geistlichen ein Gutachten erstellen, das das Magazin als pornographisch einstufte. Die Hexenjagd wurde abgeblasen, als die Verwicklung ihrer Betreiber in Skandale und Sexaffären veröffentlicht wurde.

Zu den Konservativen männlichen und weiblichen Geschlechts, die Hefner nicht verzeihen wollten, dass er nach ihrer Ansicht die Pforten der Hölle geöffnet hatte, gesellten sich in den 60er Jahren Feindinnen, mit denen er am Beginn seiner Karriere nicht rechnen konnte. Streitbare Feministinnen warfen ihren Kampfruf „Sexismus" in die Schlacht. Sex sei nicht mit Sexismus gleichzusetzen, konterte Christie Hefner, die Tochter des alternden *Playboy*-Erfinders. „Frauen waren immer das Objekt der männlichen Begierde und werden es immer bleiben, und Männer das der weiblichen." Dass Hefners Produkt allerdings nur die Männer bediente, ist indes nicht zu leugnen.

Männliche Nacktheit existiert dort nicht. Die Konzeption des Magazins hat die Schlagseite, dass das darin propagierte „Spiel- und Spaß-Haben" eine vorweg männliche Angelegenheit ist: Der angezogene Mann betrachtet die nackte Frau. Wie ja auch die „Bunnies", als Häschen verkleidete Mädchen, in dem von Hefner gegründeten *Playboy*-Club sicher nicht den Vorstellungen des Selbstbewusstseins der emanzipierten Frau entsprechen, sondern den seit jeher nicht nur in liberalen Zirkeln der patriarchalischen Gesellschaft geübten Bräuchen. Der *Playboy* hat diesen Bräuchen nur das begleitende schlechte Gewissen und die daraus entspringende Heimlichkeit genommen und durch seine Massenverbreitung auf Hochglanz demokratisiert.

Was Missen nicht dürfen

Entthronte Königinnen und Playgirls

Ihr Göttinnen, leichtfertig wäre es,
die Sonne durch die Wolken zu beurteilen.
Der prächt'ge Schmuck verschleiert eure Schätze,
die Schönheiten sind drin – nach draußen kehrt sie:
Gebt meinem Blick euch hüllenlos zu kennen!
ANONYMUS: *Das Urteil des Paris*, BÉZIERS 1628

Der Skandal war perfekt: Vanessa Williams – amtierende Miss Amerika, von Präsident Reagan empfangen, bei Gouverneuren und Senatoren herumgereicht, die erste Schwarze, die den begehrten Titel trug – war im Hochglanzmagazin *Penthouse* abgebildet. Nicht mit Krone und Zahnpastalächeln, sondern *Penthouse*-üblich, will sagen: nackt.

Das Verbrechen, sich für *Penthouse* völlig nackt photographieren zu lassen, kostete Vanessa Williams, amtierende Miss America, die Krone.

Ein solch schamloses Weib durfte nicht länger Miss Amerika sein. Die smarten Kommerzmänner, die die Miss-Wahlen organisierten und zu einem Geschäft machten, zwangen Vanessa zur Abdankung. Sie hatte sich nicht an den Vertrag gehalten, den alle Schönheitsköniginnen eingehen müssen: vor Jahresfrist dürfen sie nicht heiraten und von sich keine Aktphotos machen lassen. Ein Vertrag, der von manchen Experten als sittenwidrig angesehen wird. Doch Vanessa Williams war schon durch gespielte Empörung der Pressekampagnen zermürbt. Die Wellen der Aufregung, in denen das Land zwischen New York und San Francisco erbebte, waren fast so groß wie vordem, als Präsident Nixon zurücktreten musste – auch die Afroamerikanerin dankte ab.

Von den Missen bei den Schönheitskonkurrenzen in aller Welt – längst zu einer weltweiten Institution globalisiert, was gleichbedeutend ist mit amerikanisiert – wird die Wahrung des äußeren Scheins verlangt. Sie vertreten gewissermaßen die Nation, und eine Nation hat sich nicht barbusig zu präsentieren. Und schon gar nicht eine Dame, die mit ihrem Titel die Welt oder gar das Universum vertritt. Obwohl UN-Generalsekretär Kurt Waldheim einst die in den

Aus den Anfängen der Schönheitskonkurrenzen: eine Miss-Universum-Wahl 1930 in Galveston, Texas.

Miss SPAIN
Miss ENGLAND

Weltraum geschickte Metallplatte absegnete, auf der die Bewohner unseres blauen Planeten so präsentierten wurden, wie Adam und Eva im Paradies auftraten.

Mögen sich die Badesitten längst verändert haben, mag die Kunst seit der Antike beweisen, dass erst das Ebenmaß der Brüste die Schönheit des weiblichen Körpers bestimmt – Missen haben weiterhin ihren Tribut an die nationale Heuchelei zu bezahlen. Das musste beispielsweise Miss France, Isabelle Turpault, erfahren, als sie in einem Magazin nicht nur ihr Lächeln, sondern auch ihre wohl geformten Brüste zeigte – also so auftrat, wie viele ihrer Geschlechtsgenosssinnen an den Stränden der Côte d'Azur. Die Herren Schönheitsrichter ließen sofort den Artikel 12 ihres Reglements wirksam werden: „Eine Miss France hat sich in jeder Situation elegant und würdevoll zu verhalten"; sie dürfe weder in der Öffentlichkeit rauchen noch sich in „zweideutigen Posen" photographieren lassen. Als trotzdem eine andere Isabelle namens Chandieu ein paar Jahre später meinte, die Zeiten hätten sich schon geändert, und für eine Illustrierte hüllenlos im Meer plantschte, gab es keinen Pardon: Der Titel war futsch.

Seitdem die prüden Kremlherren, die Miss-Wahlen als kapitalistischen Überbau nicht duldeten, in den Ruhestand getreten sind, nehmen Russinnen an inländischen und globalen Miss-Wahlen teil. Und schon hat auch eine von ihnen, Maria Smirnowa, das Ausschlussverfahren der Miss-Universum-Wahlen erwischt: Weil sich Miss Russia „oben ohne" ablichten ließ, durfte sie nicht zu dem Wettbewerb antreten. Eine deutsche Miss, obwohl zur Weltschönsten gewählt, ließ es erst gar nicht auf eine Entthronung ankommen. Kaum zur Miss Welt gekrönt, verzichtete Gaby Brum auf Titel und Apanage und stellte sich lieber in hüllenloser Schönheit den *Playboy*-Photographen.

Seit 1922 gibt es in den USA Miss-Wahlen, rasch fanden sich dafür Nachahmer in anderen Ländern, so dass daraus bald ein internationaler Schönheitswettbewerb wurde. In Deutschland nahmen 1927, nach der ersten Miss-Wahl, die Herren eines *Reichsverbands für Schönheitswettbewerbe* die Sache in die Hand, um landauf landab nach Bewerberinnen zu suchen. 1929 wurde die 19-jährige Wienerin Liesl Goldarbeiter in den USA die erste Miss World. 1931 stand übrigens für eine solche bereits ein Preisgeld von 20.000 Dollar bereit; die Aussicht darauf vermasselten den deutschen Girls schon zwei Jahre später die Nazis. Miss-Wahlen wurden in Deutschland als Dekadenzerscheinung und als Angriff auf die Würde der deutschen Frau verboten.

Nach dem Zweiten Weltkrieg dauerte es nicht lange, bis in der Bundesrepublik wieder Mädchen auf dem Laufsteg mit ihrem schönen Körper Ruhm und Traumkarrieren erringen durften. Der Arbeiter- und Bauernstaat hingegen hatte dafür, getreu seinem sowjetischen Vorbild, wenig Sinn: In der DDR hatte die „Erniedrigung der Frau durch den Kapitalismus" keine Chance – womit ihre gottlosen Führer ausführten, was sich die gegen die „Fleischbeschau" wetternden Pfarrer und Pastoren gewünscht haben mögen. Erst 1990 gab es mit Leticia Koffke die erste gesamtdeutsche Miss Germany. Mit der von den Amerikanern als „Fräulein-

Wunder" beklatschten Susanne Erichson hatten die Deutschen wieder den internationalen Laufsteg betreten dürfen. 1956 errang Petra Schürmann – im geliehenen Abendkleid! – als erste deutsche Miss World die Spitze; Österreich gelang dies sogar zweimal: mit Eva Rueber 1969 und Ulla Weigerstorfer 1987. Skandale, Konkurrenzstreitigkeiten mit dem Doppelergebnis, dass nun die Missen der Welt und des Universums internationale Siegeskronen tragen, weiter die bis zu Störaktionen eskalierende Ablehnung durch die feministische Bewegung und schließlich die inflationäre Entwicklung, die neben den allerorten ausgeschriebenen Miss-Wahlen die Welt um Missis-Wahlen für verehelichte Frauen und Mister-Wahlen bereicherte, ließen das Interesse sinken.

Im Jahr 2003 tat sich ein Abgrund auf: Als Nigeria für den Austragungsort der Miss-World-Wahl auserkoren wurde, musste sie wegen Unruhen, die mehr als 200 Tote forderten, abgesagt werden. Was in den Miss-Reglements ausdrücklich untersagt ist, nämlich Nacktheit, war der Vorwurf, an dem sich der blutige Konflikt entzündete, weil für die islamischen Fundamentalisten schon Badeanzug und Bikini unzüchtig sind. Und der Gipfel der lebensfeindlichen Heuchelei: In einem Land, das eine Ehebrecherin durch Steinigung bestraft, sobald sie ihr Baby abgestillt hat, wird von „Frauenverachtung" durch Miss-Wahlen gesprochen!

Selbstverständlich sind diese Wahlen ein Geschäft; zweifellos entspringen sie Macho-Denken und der Spekulation mit männlicher Schaulust; fraglos sieht es hinter den Kulissen mitunter anders aus, als die strengen Hüter der Miss-Moral der Öffentlichkeit weismachen wollen. Und so manche Miss hat bezeugt, dass sich gewisse Miss-Macher zu Beeinflussungen von Juroren und Schiebungen zu Gunsten einer von ihnen bevorzugten Dame herbeiließen …

Einen allgemein gültigen Kanon für weibliche Schönheit gibt es nicht. Die Miss-Wahlen selbst sind Zeugnisse dafür, wie sich das Frauenbild in den gut achtzig Jahren ihres Bestehens gewandelt hat – und das nicht nur in der westlichen Welt. Im Gegenteil: Die Globalisierung der Miss hat dazu geführt, dass nun zwar Mädchen aus anderen Kulturen antreten, aber, um eine Chance zu haben, nicht nach den dort gültigen Schönheitsmaßstäben, sondern nach dem Grad ihrer Ähnlichkeit mit dem westlichen Ideal ausgesucht werden. Wodurch ihr Vorbild in ihrer Heimat wie auch durch andere Einflüsse, zum Beispiel den Film, Rückwirkungen auf das Schönheitsempfinden haben muss.

Nebeneffekt der politischen Wende: Auch die früher kommunistischen Länder schicken nun Missen in die kapitalistische Allerweltskonkurrenz.

Freilich – was den Missen verboten ist, haben sich Filmstars längst heraus-

Der nackte Körper – das eigentliche Bild des Menschen: Romy Schneider nicht in einer Filmrolle, sondern ganz persönlich als Frau.

genommen. Waren es vordem nur Starlets gewesen, die in Cannes Beachtung dadurch suchten, dass sie sich vor den Pressephotographen auszogen, oder waren es Aktphotos wie das berühmte der Marilyn Monroe auf rotem Plüsch, das längst vor ihrer Hollywood-Karriere entstanden war, so brach Romy Schneider 1973 das Eis. Die süße Sissy von einst – nun eine Vollfrau, die nackt wie Venus dem Meer entsteigt: da staunten die Leser des *Stern* nicht schlecht, als sich Romy, mit 35 Jahren längst Weltstar geworden, so als Modell des „Mädchenphotographen" Emil Prerauer präsentierte – nun nicht mehr in einer Filmrolle, sondern als reale Person, die sich zu ihrem Körper bekennt.

Schon zuvor war in Amerika die eine oder andere Filmgröße überzeugt worden, für den *Playboy* abzulegen. In Europa gab es bis zu Romys Signal höchstens Standphotos aus einschlägigen Filmen. Nun fand sie rasch Nachfolgerinnen. Für Stars wie Ursula Andress, Bo Derek, Christine Kaufmann und andere spielten weder das Honorar noch die Aussicht, entdeckt zu werden, eine Rolle. Zeitschriften wie *High Society* begannen sich nachgerade auf solche Schauspielerinnen-Strips zu spezialisieren. „Für wen ziehen sich diese Frauen aus?", fragte der Psychologe Peter Hofstätter, und er versuchte zu antworten: „Ich bin der Meinung, durchaus nicht für die Männer … Es scheint so, als würden viele Frauen erwarten, dass nur eine Frau volles Verständnis für die Schönheit des weiblichen Körpers haben kann." Insofern ließe sich das Bekenntnis zur Nacktheit als Seitenweg der Emanzipation interpretieren.

Brust heraus!

Oben ohne – vom Bikini zum Monokini

Deine beiden Brüste sind
wie junge Zwillinge von Gazellen,
die unter Lilien weiden.
HOHELIED SALOMOS

Im Sommer 1963 meinte der italienische Modeschöpfer Emilio Pucci, dass in spätestens zehn Jahren der einteilige Bikini getragen wird. Und die Leute witzelten: „Und welcher Teil wird dann weggelassen?"

Schon ein knappes Jahr später, im Juni 1964, stellte der aus Wien stammende Rudi Gernreich in Kalifornien einen Badeanzug vor, der ein Tabu brach und eine weltweite, erregt geführte Debatte auslöste: seine „Monokini" genannte Kreation war „topless", sehr rasch mit „oben ohne" verdeutscht. Die Bezeichnung „Monokini" ließ den Altphilologen Grausbirnen aufsteigen, denn das „Bi" im Namen des mikronesischen Inselchens hat natürlich nichts mit dem Griechischen zu tun. Im Grunde hatte Gernreich seinem Modell nur eine Vergrößerung des Badeanzugs, der im Wien der 20er Jahre bei Kindern üblich war, angezogen: Die Hose aus schwarzem Wollstrick reichte über den Nabel bis an die Taille und wurde von zwei dünnen Trägern gehalten, die sich, zwischen den Brüsten auseinander laufend, um den Nacken spannten.

Die Aufregung über den Monokini, der in den Boulevardmedien wochenlang zum Thema Nr. 1 avancierte, war gewaltig. Amerika glaubte seine moralischen Grundwerte in Frage gestellt; bald war auch Europa vom Streit erfasst, ob solche Ungeheuerlichkeit wie die Freilegung der weiblichen Brüste am Strand oder im Schwimmbad zulässig sei. Juristen, die Polizei, Kirchenmänner, ja sogar Regierungen nahmen dazu – meist ablehnend – Stellung.

In Frankreich wurde das Tragen des busenfreien Bikinis von Innenminister Rodger Frey verboten. Ausdrücklich

Gernreichs Erfindung regte die Karikaturisten in aller Welt zu Variationsvorschlägen an.

„Mama — du hast den einteiligen Bikini falsch verstanden!"

Gernreichs Monokini – ein Kleidungsstück, das die Welt ein paar Tage lang aufregte.

ließ er über seine Präfekten verlauten, dass auch Bürgermeister keine Ausnahme gestatten dürften. Nach Anzeigen empörter Eltern wurde das Tragen von Damenbadeanzügen ohne Oberteil in allen Hamburger Badeanstalten streng untersagt. Bei Anzeigen müsse die Polizei einschreiten. In Bayern setzte es Geldstrafen für brustfrei Badende. Der Wiener Polizeichef kündigte ein Zwei-Schritt-Verfahren gegen busenfreie Damen an: zuerst eine Abmahnung, bei Nichtbefolgen abführen und einsperren. In Athen musste eine Tänzerin wegen Tragens eines Bikinis ohne Oberteil für drei Monate ins Gefängnis. Das Organ des Vatikans, *Osservatore Romano*, verurteilte Intellektuelle, die versuchten, den Monokini – „eine Rückkehr zur tierischen Nacktheit der Wilden" – durch soziologische und juridische Argumente zu rechtfertigen: „Die Geschichte hat die Frau durch die Kleidung erhoben und nicht degradiert." Eins mit dem Papst zeigte sich die sowjetische Regierungszeitung *Iswestija*: Sie bezeichnete das umstrittene Kleidungsstück als Beispiel für den kapitalistischen „Rückfall in die Barbarei".

Nicht nur zwischen konservativen und liberalen Zeitungskommentatoren tobte ein Meinungsstreit, auch auf den Leserbriefseiten füllte Gernreichs Schöpfung wochenlang die Spalten. Man fand es sogar als „eine Schande für Österreich", dass ausgerechnet ein aus Wien stammender Emigrant diese Textilie kreiert hatte. Die Befürworter wieder sprachen davon, dass die neue Mode „bequemer, gesünder und ehrlicher" sei und nach der Gewöhnung daran nicht ein Mehr, sondern ein Weniger an Erotik darstellen werde. „Dass die Polizei Trägerinnen des Halbbikinis zunächst abführen würde, besagt noch gar nichts. Vor dreißig Jahren hätte sie dasselbe getan mit einem Mädchen, das in einem öffentlichen Bad mit einem Bikini aufgetaucht wäre, wie er heute gang und gäbe ist."

Gernreich war zwar nun in aller Welt bekannt – aber sein Monokini wurde nirgendwo ein Verkaufsschlager. Die Erzeuger von Badekleidung dachten nicht daran, ihn als Massenware zu produzieren, die prominenten Pariser Modeschöpfer lehnten ihn ab. Jacques Esterel radikalisierte: „Frauen sollen entweder alles oder gar nichts tragen“; „Dekolleté kommt bitte von lateinisch collum, der Hals, und nicht collis, der Hügel“, protestierten Lateinprofessoren.

Brustfreie Kleider sah man, von wenigen provozierenden und polizeilich sofort gestoppten Ausnahmen abgesehen, nur in Nachtlokalen, die mit Oben-ohne-Bedienung warben. Gernreich nahm von seinem Experiment insofern Abstand, als er einige Zeit später einen „Thong“ genannten Badeanzug kreierte, der bei Männern und Frauen die Brustwarzen bedeckte, dafür aber die Oberschenkel und die Seitenpartien von den Hüften abwärts weitgehend freigab – ein Schnitt, der von späteren Bikini-Verkleinerern übernommen wurde, während die Männer nicht daran dachten, zum Badeanzug zurückzukehren.

Oben: Gewisse Kleidermoden praktizierte man früher nur in Nachtlokalen, zur Jahrtausendwende wurde daraus raffinierter Catwalk-Alltag.
Links: Helena Shelda als „Fee der Nacht“ in einem Pariser Nachtkokal der 30er Jahre.

Wenn auch der Monokini keine Verbreitung fand, so hatte Gernreich doch, wie sich zeigen sollte, einen Nerv der Zeit berührt. Für ihn, mehr Avantgardekünstler als Modeschöpfer, ging es nicht nur um das Design, sondern vielmehr um die Provokation bestimmter Übereinkommen: wie man sich modisch benimmt bzw. wie man durch Kleidung die Geschlechter konstruiert. „Er zeigt den nackten Busen, aber nicht den nackten Busen aus dem *Playboy Magazine*. Gernreich versucht, den weiblichen Körper zu befreien, mit etwas, das – zumindest auf den ersten Blick – wie eine Unterdrückung des weiblichen Körpers aussieht: seine Nacktheit zu entblößen", urteilt die amerikanische Kulturhistorikerin Lyn Kienholz.

Die folgenden Jahre bestätigen diese Einschätzung. Die amerikanische Emanzipationsbewegung der späten 60er Jahre suchte die Befreiung der Frau vor allem über ihren Körper. Die Brüste, die in der jüdisch-christlichen Welt – zum Unterschied von anderen Kulturen – erotisch-symbolische Bedeutung erlangt hatten, sollten vom gesellschaftlichen Verhüllungszwang befreit werden. Der Protest begann unter dem Schlagwort „bra-burning", „BH-Verbrennung". Dem männlichen Busen-Fetischismus, dem die Mode der 50er Jahre Tribut zollte, wurde der Kampf angesagt. Büstenhalter wurden nicht nur verbrannt, sie wanderten demonstrativ in Mülleimer. Und mit ihnen wurden auch Hüftgürtel, Lockenwickler und falsche Wimpern abgelehnt. Bei einer Blockade der Miss-America-Wahl 1968 gab die Befreiungsbewegung der Frauen, *womens lib*, ihrem Protest gegen das Rollenbild des „dummen Weibchens" lebhaften Ausdruck. Die ungebändigten Brüste, zunächst unter Pullover oder T-Shirt, dann aber bei Demonstrationen auch bar

Es geht auch ohne Monokini, dachten sich nicht wenige Französinnen am Strand von Saint-Tropez.

jeder Kleidung, sollten auf ein breites Spektrum der Frauenforderungen aufmerksam machen. Sie wandten sich insbesondere gegen Sexismus, gegen die Entwürdigung des weiblichen Körpers durch Werbung und Pornographie. Bei der Abschlusskundgebung einer solchen Demonstration sagte ein früheres Model, da die Brüste von Frauen nicht aus Scham versteckt oder als obszön und lasterhaft betrachtet würden, könnten Pornographie und Prostitution nicht von ihnen profitieren: „Wir fordern unser angeborenes Recht ein, über unsere eigenen Körper zu verfügen."

In vielen Bädern erlaubt, aber eher selten praktiziert: sonnenbaden wie die Männer.

Auch in Europa wurde die Entblößung der Brust ein Mittel, um für Frauenrechte und für die sexuelle Revolution zu demonstrieren. Berühmt ist der Vorfall an der Frankfurter Universität, als Studentinnen ihre Oberkleidung abwarfen und „den" Kritiker der freiheitsfeindlichen Industriegesellschaft, Theodor W. Adorno, umtanzten, was diesen veranlasste, schockiert und sprachlos aus dem Hörsaal zu flüchten.

An den Badestränden der Côte d'Azur praktizierte man eine ganz einfache Praxis der Befreiung der Brust. Schon 1965 hatte ein Gericht in Aix-en-Provence mit einem Urteil offen der ministeriellen Polizeiverordnung widersprochen. Es hob die Entscheidung eines anderen Gerichts auf, das eine junge Frau, die am Strand von Cannes mit nacktem Oberkörper Tischtennis gespielt hatte, zu acht Tagen Gefängnis verurteilt hatte. „Die Zurschaustellung des nackten menschlichen Körpers in unserem Zeitalter aus Gründen des Sports, der Gesundheit oder Ästhetik hat nichts an sich, was den normalen Anstand verletzen könnte", hieß es in der Begründung des Freispruchs. Und sehr bald war der Strand von Saint-Tropez der erste, an dem immer mehr Frauen barbusig zu baden begannen. Sie brauchten dazu nicht Gernreichs Monokini. Sie ließen einfach den Büstenhalter fallen, das Bikini-Höschen war in Europa ohnedies weit unter die Maße der Gernreich-Kreation geschrumpft. Dabei wurden die Verhaltenscodes der neuen Freiheit allmählich gelockert. Zuerst galt, dass die Sonnenbadende auf ihrer Decke oder Luftmatratze liegen blieb; aber während sie zuvor nur verstohlen das Rückenband ihres Badeanzug öffnete, um einen weißen Streifen zu vermeiden, durfte die Sonne nun auch die Vorderseite des Oberkörpers bräunen. Die Blicke der Herren schwankten zunächst zwischen Neugier und gespieltem Desinteresse. Aber als immer häufiger geübte Erscheinung wurde das vordem erotische Signal bald unerotisch. Dann begannen die Sonnenanbeterinnen, sich zu bewegen, ins Wasser zu laufen, zu schwimmen; schließlich nahm kaum noch wer Anstoß, wenn eine in ihrem reduzierten Badegewand auf einem Hocker der Strandbar Platz nahm.

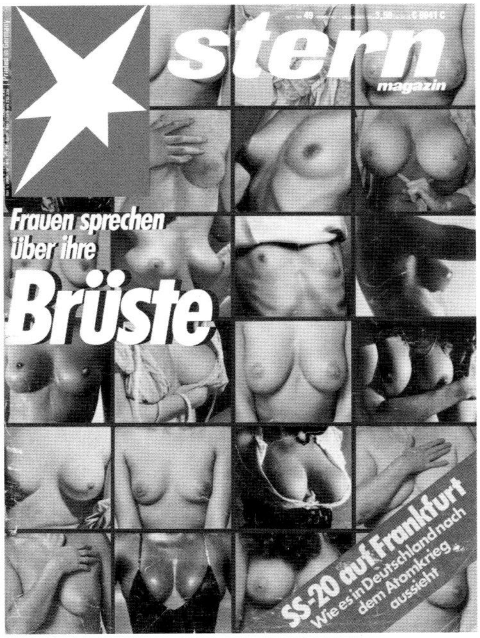

„Ihren Busen zu zeigen ist heute für viele Frauen kein Problem mehr, wenn Männer dabei nicht vergessen, dass Frauen auch einen Kopf haben", leitete der *Stern* 1983 diese Reportage ein.

Inzwischen ist das Höschen nicht nur an der See, sondern auch in vielen öffentlichen Bädern durch die Badeordnung als ausreichende Bekleidung akzeptiert, in den städtischen Freibädern Wiens zum Beispiel seit 1981. Es wird allerdings sehr unterschiedlich von dieser neuen Freiheit Gebrauch gemacht, bevorzugt wird „oben ohne" eher an den Mittelmeerküsten, selten im Sommerbad.

Donauparadiese

Von Berndls Sauerei zum städtischen Nacktbadestrand

> ... verläßlich angezeigt worden, daß verschiedene erwachsene Manns- und Weibs-Persohnen ... an mehreren nächst der Donau gelegenen Orthen sich nackend zu baden erkünnen, andurch aber denen Vorbeygehenden, insbesondere auch der Jugend, zu nicht geringer Aergernus Anlaß gebeten ...
> K. K. Hofkommission, 1752

Der Gesundheitsapostel Florian Berndl, überzeugt davon, dass Wasser, Luft und Sonne viele Krankheiten verhindern oder heilen könnten, glaubte, auf der einsamen und von Weiden bestandenen Insel Gänsehäufl inmitten der Alten Donau, dem durch die große Stromregulierung still stehenden früheren Bett der Donau bei Wien, ein Paradies für die Ausübung seines Naturheilverfahrens gefunden zu haben. Und er warb, als er die Insel im Sommer 1905 pachtete, rasch eine Schar von Leuten, die sich für den Spottpreis von 20 Kreuzern dem Badeleben in der freien Natur und doch nahe der Stadt hingeben wollten. Sehr bald aber wurde ihm

Nicht nur die künstlich geschaffene Neue Donau, auch die nahen Auen bieten paradiesische Badeplätze.

zum Verhängnis, dass manche seiner Badegäste, die er zur Kur in den warmen Donausand bettete, das Paradies zu wörtlich nahmen und die zu dieser Zeit noch eher unförmige Badekleidung nicht wieder anlegten, wenn sie ins Wasser sprangen. Anstoßnehmer gingen zur Polizei, und die Presse machte Berndls Naturheilbad zum Sittenskandal. Die Gemeinde Wien annullierte den Pachtvertrag, wohl auch, weil die Stadtväter erkannt hatten, dass hier ein Bedürfnis offenkundig wurde, dessen Befriedigung sie selbst, natürlich unter Wahrung des behördlich dekretierten Anstandes, womöglich mit Gewinn übernehmen konnten.

Florian Berndls Insel war ein Geheimtipp – bis ihn prüde Moralapostel denunzierten.

Schon am 5. August 1907 wurde das kommunale Strandbad *Gänsehäufl* eröffnet. Um der Moral genüge zu tun, waren zunächst Frauen- und Männerbad streng getrennt. Aber auch als das Familienbad eingerichtet wurde, beharrte ein auf äußerste Sittenstrenge bedachter Zeitgeist darauf, dass wirklich nur Familien und Ehepaare gemeinsam ins Wasser gehen durften. Raffinierte Badegäste verstanden es, die Kontrolle zu unterlaufen: Die „Familiengründung" für einen Badenachmittag fand unweit der Kasse statt – ein Demoralisierungsversuch, den die Polizei schließlich mit der Anordnung von Legitimationszwang beim Erstehen der Eintrittskarte zu stoppen versuchte.

Nach dem Ersten Weltkrieg wurden die Sitten und die Badeanzüge lockerer, das Familienbad wurde für alle geöffnet; für die besonders Sittsamen gab es aber noch lange das separierte Frauen- bzw. Männerbad. Das *Gänsehäufl* wurde rasch zum beliebtesten Freibad Wiens. Im Zweiten Weltkrieg wurde es völlig verwüstet. Aber nach drei Jahren hatten die Wiener wieder ihr schnell und großzügig errichtetes Bad, dessen Beliebtheit trotz vieler anderer Möglichkeiten bis heute ungebrochen blieb.

Seit dem Sommer 1981 durften alle weiblichen Badegäste, denen das mehr oder weniger knappe Bikiniunterteil für Wasser und Sonne ausreichend schien, im gesamten Badegelände auf den Büstenhalter verzichten. Und das war erst ein Anfang: Ein Jahr später wurde der Südstrand – durch einen schützenden Zaun getrennt vom übrigen Bad und mit Photographierverbot belegt – für das Nacktbaden freigegeben. Der Erfolg dieser Neuerung war so groß, dass später ein Teil des angrenzenden Oststrandes für die Freunde der Freikörperkultur reserviert wurde.

Wie zufrieden muss der arme Florian Berndl selig, dem man von der Insel vertrieben hatte, in unseren Sommern auf die von ihm entdeckte Insel herabblicken! Für den Verfasser birgt diese Entwicklung ebenfalls einen wenn auch mit 30-jähriger Verspätung eingetretenen kleinen Triumph: Als er in den 50er Jahren in der Zeitschrift *Sonnenmensch* anregte, man solle sich bemühen, doch eine Freigabe von einem Teil des Strands eines ohnedies spärlich besuchten Donaubades für das

Ein Badetag an der Dechantlacke
nahe der Donau.

Nacktbaden freigeben, wurde er von Oberen der FKK-Vereine, die damals an versteckten Pachtplätzen das von der Vereinspolizei zugelassene Monopol auf das Nacktbaden innehatten, als Utopist und Verrückter verspottet.

Im *Gänsehäufl* wurde, als die – wie auch in anderen Bädern üblich – nach Geschlechtern getrennten und für Kinder nicht zugänglichen Sonnenbäder dem allgemein zugänglichen Nacktbadestrand weichen mussten, nur eine Entwicklung nachvollzogen, die schon in den Jahren zuvor am großen Donaustrom eingeleitet worden war. Die Donauregulierung (1870–1875) hatte zwar den bis dahin in mehrere Arme geteilten Strom in ein breites und bes-

Idylle ...

ser schiffbares Bett gezwängt, aber die verheerenden Überschwemmungen früherer Jahrhunderte doch nicht völlig ausschließen können. Mitunter stieg die Flut über das Inundationsgebiet, das die bewohnten Gebiete schützen sollte, hinaus und richtete in den rechtsseitigen Bezirken Schäden an. Nach einem weit das übliche Maß übersteigenden Hochwasser im Jahr 1954 beschloss die Stadtregierung den Bau eines Entlastungsgerinnes am Rande des Überschwemmungsgebietes, wodurch dieses zur Insel werden sollte. Das Gelände an der so genannten Neuen Donau entwickelte sich rasch zu einem riesigen Freizeitgelände an einem seeähnlichen Gewässer.

Nun hatten im Überschwemmungsgebiet die FKK-Vereine ihre Areale. Während des mehrjährigen Baues des Entlastungsgerinnes hatten Wiens Vereinsnackte ihre Badeplätze verloren, Ausweichgelände waren ein unzureichender Ersatz. Hatten schon zuvor Badelustige, die eine Vereinsmitgliedschaft scheuten, „wild" FKK betrieben, so ergriffen nun, als das saubere Wasser der Neuen Donau lockte, Tausende von den Ufern der neu entstandenen Insel Besitz. Um dem vorerst weder genehmigten noch verbotenen Treiben Rückhalt zu verschaffen, entwickelte ein rühriges Wiener Original und alter Nacktbader, der sich nach seinem Motto – „Wasser-Luft-Licht-Sonne" – Waluliso nannte, eine Bürgerinitiative für die Bereitstellung eines Teils des neuen Freizeitgeländes als FKK-Gebiet. Mit zahlreichen Unterschriften pilgerte er ins Rathaus und fand bei den Stadtvätern Gehör. Seither lässt sich auf etlichen Kilometern am oberen Beginn und unteren Ende der Neuen Donau nahtlos braun werden, und das sogar gratis. „So nackt war Wien noch nie", kommentierte eine Zeitung in den 80er Jahren die Ausbreitung der ältesten Bademode.

Konkurrenzlose Jugo-Adria

Marschall Titos Geschäft mit den Nackten

Mit dem Naturismus in eine bessere Zukunft!
SPRUCHBAND-PERSIFLAGE IM JUGOSLAWISCHEN FILM
Schönheit der Sünde, 1986

Das hätte sich der brave Kaiser Franz Joseph nicht träumen lassen: dass sich gut ein halbes Jahrhundert nach seinem Tod nahezu an der ganzen ehemaligen k. u. k. Küste von Koper (einst Capodistria) bis zur Bucht von Kotor (Cattaro) und zur albanischen Grenze allsommerlich Millionen nackter Menschen tummeln würden! Erst der blutige Zerfall Jugoslawiens am Ende des Jahrhunderts hat den Zugang zu diesen Paradiesen einige Jahre gesperrt, aber der Frieden hat auch den Touristenströmen an die östliche Adriaküste wieder freien Lauf gelassen, wobei zu den deutschen, österreichischen und italienischen Urlaubern nun die frei gewordenen

Seine Frau hat der Montenegriner vielleicht nie so gesehen – die Touristin trug nur ihre Nacktheit.

Nachbarn aus dem meerfernen Ungarn und Tschechien gestoßen sind.

Dalmatiens Steilküste – nicht immer bequemster Liegeplatz, aber dafür ist das Wasser umso klarer.

In keinem anderen Land Europas fanden die Anhänger der Freikörperkultur so viel Verständnis und Entgegenkommen seitens der Behörden – und das schon, als Nacktbaden noch eher nur von einer kleinen Minderheit begehrt und nicht allgemein akzeptiert wurde – wie in Titos Jugoslawien. Mögen kommerzielle Berechnungen dabei mitgespielt haben – die Toleranz, die sich sehr von der Prüderie der anderen kommunistischen Staaten unterschied, sollte sich jedenfalls lohnen. Die Nackten haben, das Bild sei erlaubt, tief in die Taschen gegriffen und geholfen, aus unwirtlichen und unbewohnten Felsküsten Touristenparadiese entstehen zu lassen, die dort zumeist ohne die üblichen Architektursünden errichtet wurden. Hier entstanden keine Hotelhochhäuser, sondern Bungalows mit roten Schieferdächern oder bescheidene Rasthäuser, oft inmitten von Naturparks, die reichlich Raum für die zahllosen Camper boten. Offenbar erkannten die Tourismusmanager der diversen Genossenschaften, die in Titos Reich auch diese Ferienkolonien betrieben, dass die aus den Großstädten für einige Wochen flüchtenden Sonnenfreunde sich der Illusion hingeben wollten, in ihrem nackten Urzustand möglichst der Natur nahe zu sein.

Das Nacktbaden hatte in Jugoslawien allerdings bereits eine gewisse mit einem hohen Namen verbundene Vorkriegstradition. Damals galten die Englische Bucht auf der Insel Rab und einige andere verschwiegene Inselplätzchen als Geheimtipps für hüllenloses Baden. In der erwähnten Bucht soll sogar Britanniens abgedankter Kurzzeit-König Edward VIII., Herzog von Windsor, auf das Badekleid verzichtet haben. Eine zwar katholische, doch offenbar tolerante Bevölkerung mochte über den Spleen der Fremden zunächst lächeln – die einheimischen Burschen badeten zwar mangels Badehosen auch nackt, für Frauen war das tabu –, aber Anstoß nehmen war nicht ihre Sache. So ging nach dem Zeiten Weltkrieg die Eroberung der Küste durch die nackten Urlauber ohne Aufregung vor sich.

Den Anfang in großem Stil machte die Badeverwaltung von Vrsar an der Westküste Istriens, vielleicht, weil sie aus dem Schatten der beliebteren Touristenziele Porec und Rovinj heraustreten wollte. Das Inselchen Koversada vor der Küste von Vrsar wurde den FKK-Freunden großzügig zur Verfügung gestellt. Bald war dieses Ziel der Nahtlosbräuner, wo niemand – wie etwa in Frankreich – nach Ausweisen des Internationalen Naturistenbundes fragte, in den Monaten der Hochsaison hoffnungslos überfüllt, und eine Nacktbadezone wurde nun auf dem Festland zugelassen. Die Fremdenverkehrsmanager der anderen Küstenorte sahen den Erfolg von Vrsar und beschlossen, ihm nachzueifern. Sowohl FKK-Campingplätze als auch ganze FKK-Siedlungen schossen wie die sprichwörtlichen Pilze aus der rotbraunen Erde Istriens.

Da gab es zum Beispiel an der Küste vor Porec die Hotelanlage *Lanterna*. Großzügig gestaltet, mit diversen Freizeiteinrichtungen und nächtlichen Disco-Vergnü-

„Arkadisch frei sei unser Glück", wollte man sich auf einen Goethe-Vers berufen.

gungen, mussten sich die kompromisslosen Sonnenfreunde, denen solche Events meist gar nicht lagen, am felsigen Strand in die Badehosen und Bikinis zwängen. Das war ihnen bald zuwider. Sie gingen auf Erkundung aus und wurden wie gewohnt von den Behörden und Moralhütern in ihrer Heimat lange als suspekt betrachtet. Es zeigte sich, dass es nur eines halbstündigen Fußmarsches die Küste entlang bedurfte, um einen schmalen Strand zu finden, hinter dem dornenreiche Macchia wuchs, eine natürliche Barriere gegen Massenbesuch aus dem Binnenland. Dem Hotelmanagement blieb das tägliche Abwandern der Gäste schon deshalb nicht verborgen, weil der Getränkekonsum tagsüber zurückging. Man war so klug, die Urlauber nicht mit Warnungen oder gar Verboten abzuschrecken, sondern dachte nach, wie dem so offenkundigen Bedürfnis vieler entgegenzukommen wäre. Und nach einigen Jahren wurden die Touristen zum Besuch der neuen FKK-Siedlung *Solaris*, mit Bungalows und weitläufigem Campingplatz, eingeladen. Die Siedlung wurde eine Ferienkolonie vor allem der Bayern und Österreicher.

Dann wurden die italienischen Nachbarn neugierig auf das, was bei ihnen sofort die Carabinieri auf den Plan gerufen hätte – zunächst waren es die Voyeure: Männer, die halb geniert, halb neugierig, manchmal auch mit dem Handtuch vor ihrem heikelsten Körperteil, das ungewohnte Bild der Frauen, die da in unbekümmerter Nacktheit liefen, lagen, schwammen, in sich aufsogen. Aber die Voyeure merkten, dass die Gewohnheit rasch die Erregung verschwinden ließ, sie sahen die Fröhlichkeit der Familien, die Ungezwungenheit, die keinen der Menschen hier die Badehose vermissen ließ, und bald waren die Italiener nur noch Nackte unter Nackten.

Hochoffiziell warb nun Jugoslawien in seinen Reiseprospekten für seine FKK-Strände an der Adria. Und die Liste der Orte, die solche Möglichkeiten anbieten konnten, wurde länger und länger. Allein an die Westküste Istriens luden fast ein Dutzend solcher Paradiese ein, auf vielen Inseln von Krk und Rab über Hvar und Brac bis Korcula wie auch an den gegenüberliegenden Küsten gab es FKK-Ferienzentren, das südlichste lag bei Ulcinj in Montenegro, hart an der damals noch streng bewachten Grenze zu Enver Hodschas Albanien. In Montenegro mögen, anders als im aufgeschlossenen Kroatien, die hüllenlosen Fremden bei den unvorbereiteten patriarchalischen Bauern des Hinterlandes zunächst einen Kulturschock ausgelöst haben. Sogar ein jugoslawischer Spielfilm, in deutscher Fassung *Schönheit der Sünde*, hat sich des Themas angenommen und die Verwirrungen um die Einrichtung eines FKK-Geländes am montenegrinischen Adriastrand dargestellt. Das lief einerseits mit viel Humor ab, gab jedoch anderseits einen Einblick in eine noch fast archaische Gesellschaft, welche die Frau als Eigentum des Mannes betrachtet und von ihr körperliche Freizügigkeit schon im ehelichen Bett, aber selbstverständlich erst recht vor Fremden als strafwürdige Preisgabe ansieht. Dass dabei gezeigt wurde, wie der Kulturschock zu tragischen Konsequenzen letztlich für den führen kann, der die Zeit nicht mehr versteht, bildete den ernsten und durchaus diskutierenswerten Hintergrund.

Jugoslawien warb für nackte Gäste – deutsche Reisebüros vermitteln textilfreie Ferien in halb Europa.

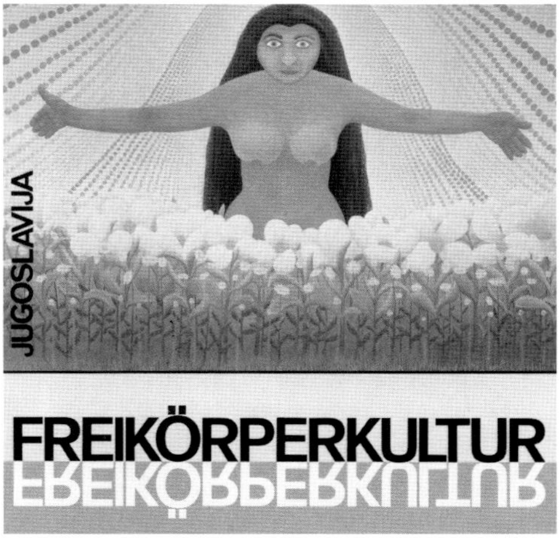

Nach dem Ende der kriegerischen Auseinandersetzungen und dem Zerfall Jugoslawiens ging Kroatien sofort daran, seine Tourismuszentren wieder aufzubauen. Auch die Anhänger der Freikörperkultur finden die meisten ihrer früheren Heimstätten wieder. Solche Freiheiten gibt es noch bei weitem nicht in allen Ländern Europas. Die touristische FKK-Landkarte ist keineswegs einheitlich. Davon kann man sich in diversen Prospekten und Reiseführern überzeugen.

Deutschland und Frankreich weisen die meisten Nacktbademöglichkeiten auf, allerdings werden sie im Binnenland zumeist von Vereinen verwaltet, und ein auswärtiger Gast wird kaum in Celle oder Pirmasens einen Badeurlaub verbringen. Lockendes Hauptziel aber bleibt die Nord- und Ostseeküste. Sylt war ja schon in der Vorkriegszeit tolerant, und „Abessinien“, wie der mit Schildern ausgewiesene Abschnitt für die Nackten damals im Volksmund genannt wurde, ein beliebter

Badestrand. Auch auf anderen Inseln und Stränden gibt es solche freien Areale, ebenso ließen sich die Deutschen in der ehemaligen DDR wenigstens diese Freiheit nicht nehmen.

In Frankreich war die Ile du Levant vor Hyères an der Côte d'Azur das älteste, zunächst nur widerwillig geduldete und – zeitweise mit der Vorschrift, ein Fleckchen Stoff als Minimum zu tragen – eingeengte Refugium der Nacktbader. Inzwischen gibt es an der Küste westlich von Marseille, auf Korsika und am Atlantik wunderschöne FKK-Zentren.

Solche Angebote sind dagegen in Italien kaum zu finden; Spanien und Griechenland tun sich schwer, diese touristische Sparte zu nützen. In Griechenland wurde ein sehr schönes Hotelgelände auf dem Peloponnes, mit einer Meeresbucht und einem Swimmingpool auf von der Kirche gesteuerten örtlichen Druck wieder geschlossen, und an der Südküste Kretas darf ein ursprünglich für FKK-Freunde konzipiertes Bungalowdörfchen seine Gäste nicht mehr hüllenlos in der einladenden Felsenbucht schwimmen lassen, sondern muss sie per Boot auf einen vom Land unzugänglichen Badeplatz bringen. So unterschiedlich sind in Europa noch die „Bräuche".

Der Englische Garten Eden

Das nackte Leben in der Stadt

Cupinula klagte sehr
über Adams Fall,
drum, dass niemand überall
darf jetzund gehen nackend mehr.
FRIEDRICH LOGAU

Im Jahre 1981 verwirklichte sich eine utopisch klingende Vision ausgerechnet im aller Nacktheit einst so abholden katholischen Bayern – in München, der selbst ernannten „Weltstadt mit Herz". Als während des Sommers die Temperaturen immer höher kletterten, entledigten sich in einem Teil des Englischen Gartens einige junge Leute aller Hüllen, um in den kühlen Eisbach zu springen und sich hernach, von nassem Textil befreit, den Sonnenstrahlen hinzugeben. Die wenigen taten, was sich viele bis dahin gewünscht, aber nicht getraut hatten: Es dauerte nicht lange, und bald bevölkerten Hunderte diesen Teil der im Jahr des Ausbruchs der Französischen Revolution den Bürgern geöffneten weitläufigen Parkanlage. Geschockte Spaziergänger, die sich auf den Wegen plötzlich nackten jüngeren Pärchen gegenüber sahen, riefen nach der Polizei. Als sich diese machtlos zeigte – wie schwierig ist es allein schon, Nackte nach Ausweisen zu fragen –, kam der Innenminister höchstpersönlich in das so überraschend ausgerufene Paradies: „So heiß kann's doch gar nicht sein, dass Sie die Badehose auch noch ausziehen müssen", versuchte er zu argumentieren. Seine Worte rutschten an der nackten Haut ab. Und so ward, zumal wenn die Sonne warm vom Himmel schien, fortan Münchens Garten Eden eröffnet.

Die Nackten teilten ihr Glück neidlos mit Einheimischen und Touristen, bei denen sich rasch herumsprach, wo Münchens Mädchen ohne Scheu ihre Bikinis fallen ließen. So ist der Englische Garten im Sommer zu einer speziellen Fremdenverkehrsattraktion geworden, und die Stadtführer geben Auskunft darüber, wie das „Nacktbadegelände der Landeshauptstadt München" per U-Bahn und Bus zu erreichen ist.

Mitte der 80er Jahre berichtete Renate Schostack in der gutbürgerlichen *Frankfurter Allgemeinen Zeitung* wohlwollend-lächelnd darüber, was sie dort sah: „Mitten im Herzen der Großstadt stehen, gehen, liegen sie also und lassen sich die Sonne auf den Naturpelz brennen, mehr Männlein als Weiblein, kalt begutachtende Blicke auf ihresgleichen schießend, wie sie unter Börsenspekulanten und flanierenden Damen üblich sein mögen, doch tolerant gegenüber Halb- und Ganzbekleideten,

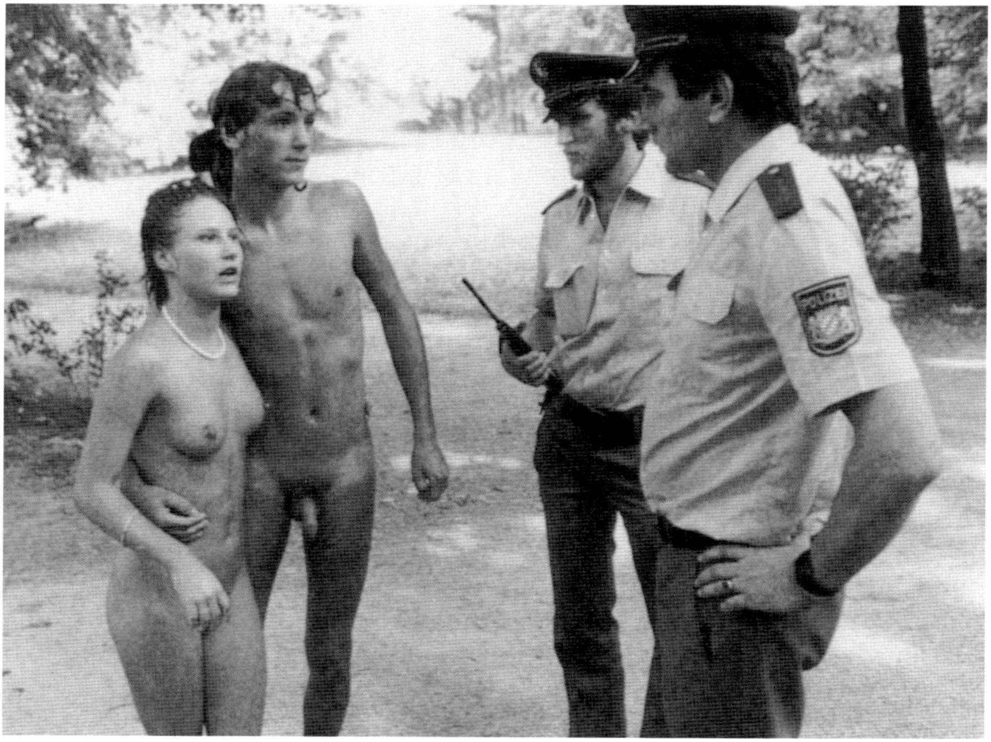

Den Hosenlosen einen Ausweis abzuverlangen war vergeblich – die Nackten eroberten sich letztlich den Englischen Garten in München.

gegen touristische Voyeure und auch gegen den jungen intellektuellen Neger, der, elegant bekleidet, mit spiegelnder Sonnenbrille im Grase unter ihnen sitzt und technologische Studien betreibt … Auf einem Felsen mitten im Wasserfall sitzt eine Nixe, splitterfasernackt, und liest, jawohl, in Fichtes *Sittenlehre*, Badende im Eisbach und natürlich in der Isar … Vielleicht ist das Baden im Park so wenig geduldet wie das Radeln auf Fußgängerwegen … Und wird doch geduldet."

Man könnte mit dem Gedanken spielen, dass die Nackten die allerletzte Konsequenz der vorromantischen Ideen sind, die der Gestaltung des Gartens zugrunde liegen; in der aus den Fesseln des barocken Parkideals befreiten Natur könne sich der Mensch zu seinem wahren Selbst befreien. Der amerikanische Berater Benjamin Thompson, später Graf Rumford, hatte einst den Kurfürsten Karl Theodor für seine Gartenidee mit dem Argument gewonnen, Spaziergänger seien keine Revolutionäre. Das gilt wohl auch für die Hüllenlosen, die Eugen Roths Rat in seiner *Lobrede auf den Englischen Garten*, sich dort „leib- und seelisch aufzuknöpfeln", vom Dichter wohl nicht in solcher Konsequenz erwartet, beherzigten.

Die Mode von der Isarmetropole machte rasch in Deutschland Schule. Man wurde toleranter gegen Hüllenlose auf öffentlichen Liegewiesen, man befreite sie aus den Gettos des Damen- und Herrensonnenbades und konzedierte ihnen Freiräume innerhalb der Bäder, zumal an Flüssen und Seen, wie etwa in den Berliner Strandbädern am Wann- und am Tegeler See oder in Hamburg im Sommerbad Stadtsparkasse, in Frankfurt im Strandbad Langen oder in Stuttgart im Vaihinger Freibad. Die Stadt Wien folgte sehr rasch diesem Beispiel, so dass dort seit 1983 neben den längst für jedermann zugänglichen freien FKK-Stränden an der Neuen Donau auch im kommunalen Bad *Gänsehäufl* an der Alten Donau ein ausgedehntes FKK-Gelände besteht. In vielen Freibädern kleinerer deutscher Orte nimmt kaum noch wer Anstoß daran, wenn Badegäste an etwas abseits gelegenen Plätzen nahtlos braun werden wollen.

Verschiedene Illustrierte versuchten nun mit Models, die zu solcher Freizügigkeit bereit waren, auszuloten, inwieweit Nacktheit direkt in der Öffentlichkeit des Alltags noch schockiert. So zog das Magazin *Wiener* im Sommer 1986 mit einer nackten Schönen durch die Straßen von Wien und die Hauptstädte der Bundesländer und registrierte dabei die Reaktionen des Publikums. „Der Skandal blieb aus", zog das Blatt das Resümee der Aktion. „Ein Schock ist in Pension gegangen." Hatte noch zuvor ein Austropopper mit seinem Chanson vom *Nackerten im Hawelka*, einem altrenommierten Künstlercafé in der Innenstadt, die Lacher auf seiner Seite, so blieb nun bei den Leuten, die der Nackten begegneten, von der Zeile „Jö schau! So a Sau!" jedenfalls der zweite Teil ausgespart – was nicht zuletzt wohl daran lag, dass der Test mit einem ausgesprochen wohl gestalteten Model durchgeführt wurde.

Das Wiener Model Eva Rillé während ihres Spaziergangs durch österreichische Städte.

Als die junge Frau, nur mit ihrem langen Blondzopf und einem Paar Pumps bekleidet, vor dem Stephansdom ihren Mantel fallen ließ, reagierten die Umstehenden mit einem Raunen, dann mit Lachen, und flugs begannen die Touristen, „ihr Filmguthaben für einen ganzen Urlaub zu verschießen". Offensichtlich keine Aufregung. Der Eisverkäufer, bei dem sie Erdbeer-Vanille verlangt, fragt nur: „Haben Sie denn überhaupt Geld bei sich?" Irgendjemand dürfte dennoch die Polizei alarmiert haben. Aber als die Streife eintrifft, hat sich das schöne Mittagsgespenst schon in Luft aufgelöst. Dann geht es auf den Naschmarkt. Die Marktbesucher staunen, schmunzeln, die türkischen Händler beschenken die entlang der Marktstände Wandelnde mit Obst, sogar mit einem Stück Lammbraten. Einige fangen an zu applaudieren. „Der Naschmarkt ist ein Varieté, und ich bin der Star", freut sich das Model.

In Graz riskiert die Hüllenlose eine Straßenbahnfahrt. „Eine Affenhitze in der Tram, aber der adrette Herr neben mir kommt wohl aus einem anderen Grund ins Schwitzen." In Klagenfurts *Minimundus* wieder vor allem Touristenattraktion, auch Besucher mit Kindern finden keinen Anlass zur Aufregung. Ebensowenig protestieren Einheimische und Fremde gegen die bloße Evelyne unter dem Innsbrucker Goldenen Dachl. Im traditionsbewussten Café Tomaselli in Salzburg nehmen die Gäste keinen Anstoß, ignorieren die Nackte: Noblesse oblige. Im Linzer Voest-Stahlwerk erfolgt der Auftritt bei Schichtwechsel – für die Arbeiter am Werkseingang eine willkommene Überraschung. Ob sie sich nicht über die Begegnung wundern? „Geh, Pupperl, wir wundern uns überhaupt über nix mehr."

Nur in der Landeshauptstadt des sittenstrengen Vorarlberg rückt nach ein paar Minuten Spaziergang auf der Bodenseepromenade ein Volkswagen der Gendarmerie an, gerade als die Nackte bei einem Kiosk einen Tee schlürft. Das bis zu den Zehen reichende Dekolleté irritiert die Beamten, sie wird in ihren vom herbeieilenden Reporter gebrachten Mantel gehüllt. Ein Protokoll wird aufgenommen, und man rät, solche Aktionen im „Ländle" in Zukunft bleiben zu lassen. Aber das war's dann auch schon …

„Der schlimmste Erbwahn der Menschheit liegt in der Besudelung des nackten Körpers und der erotischen Lust. Seine Ausmerzung wird sich als entscheidende Erlösungstat erweisen … Wer sich nicht mehr umstellen kann, wer sein krankhaftes Schamgefühl nicht abzubauen vermag, der möge sich zumindest zu Toleranz aufraffen und die anderen nach ihrer Fasson selig werden lassen … Wer nicht hinsehen kann, wird eben wegschauen müssen … Es ist ganz abwegig, etwa beim Baden, Sonnen oder bei Sport, Gymnastik, Tennis etc. Bade- oder Turn-Bekleidung zu tragen … Jeder Mensch muss sich nackt zeigen dürfen, wo dies opportun und angenehm ist. Dies nicht nur in entlegenen Reservaten, sondern in nächster Nähe der Behausungen im Garten, auf allen Sportplätzen, in Bädern, auf Wiesen und in Wäldern … Dabei bedarf es keiner besondere Toleranz, dass sich Nackte und Bekleidete auch in aller Zukunft gut vertragen …"

Solche Worte fand der Wiener Naturwissenschaftler, Wirtschaftsexperte und Hobby-Philosoph Franz Günter Hanke 1973 in seinem umfangreichen Buch *Aufbruch ins Paradies*, in dem er eine Herrschaft der Vernunft als einzigen Ausweg aus einer Welt der Aggression ansieht; wobei sein Plädoyer für freie Nacktheit nur ein kleines Detail seines über die Befreiung von vielen „falschen Programmierungen" der Menschheit zu erreichendes Zukunftsbildes darstellt.

Gemischt ist's lustiger

Neues Körperbewusstsein durch Sauna und Sonnenkult

In den Dünen liegen,
Himmelhohes Schaun –
Meerentstiegen,
Nackt und braun.
JOHANNES R. BECHER

Als der finnische Leichtathlet Paavo Nurmi bei den Olympischen Spielen des Jahres 1924 seinen Ruhm als Laufwunder begründete, erfuhr die sportinteressierte Öffentlichkeit zum ersten Mal von der Sauna, hatte doch der Läufer das regelmäßige Schwitzbad als ein Rezept empfohlen, das ihm zu seinen außerordentlichen Leistungen verhalf. In den meisten Ländern Europas war diese Form der Reinigung, wie sie zum Teil noch in den Badestuben des Mittelalters gepflogen worden war, in Vergessenheit geraten. Schweiß wurde von der adeligen und bürgerlichen Welt als negativ, als unangenehme Ausdünstung der körperlich arbeitenden Bauern und Proletarier empfunden. Die Vorstellung, dass man sich freiwillig der Schweißabsonderung unterziehen konnte, war für viele befremdend. Zwar hatten Medizi-

Ein „Kriegsgewinn" war es, dass die finnische Sauna in Deutschland heimisch wurde.

Eine Massage mit den Birkenreisern ist nicht jedermanns Sache.

ner gegen Ende des 19. Jahrhunderts die Badekuren mit Raumschwitzbädern bereichert, und manche Badeanstalten gaben zum Dampfbad mit hundertprozentiger Luftfeuchtigkeit Gelegenheit, aber die Rezeption der in Finnland uralten Sitte des Heißluftbades ließ noch auf sich warten.

Erst im Zweiten Weltkrieg lernten die an der russischen Nordfront eingesetzten deutschen Soldaten von ihren finnischen Verbündeten die Sauna am eigenen Leib kennen und schätzen, fußte doch die Hygiene der finnischen Armee so ausschließlich auf dieser Badegewohnheit, dass nicht nur mobile Zeltsaunen eingesetzt, sondern sogar an der Front granatensichere Erdsaunen errichtet wurden. So begann nach dem Krieg mit den ersten Jahren des Wiederaufbaus die Sauna auch in Deutschland und Österreich heimisch zu werden. Der Dampfbadtradition wurde dabei insofern entsprochen, als das gemeinsame Schwitzen zunächst nach Geschlechtern getrennt erfolgte, obwohl aus Finnland bekannt war, dass dort zumindest im bäuerlichen Familienkreis eine solche Einschränkung nicht die Regel ist. Es sollte sich bald ändern, als die FKK-Vereine begannen, in privaten Saunen geschlossene Badeabende für ihre Mitglieder zu arrangieren. Die öffentlichen Badeanstalten, die dann dem wachsenden Bedarf an Saunen entsprachen, verzichteten, den Wünschen der Badegäste entsprechend, mit der Zeit auf das Vorweisen einer FKK-Mitgliedskarte und öffneten ihre Saunen für Familien und Paare; lediglich für Männer ohne Begleiterin blieb die Familiensauna verschlossen. Schließlich gab man auch ihnen die Möglichkeit zu einer „gemischten Sauna", wobei es häufig vorkam, dass dort die männlichen Badegäste deutlich die Überzahl bildeten.

Leute, die sich um die Sittlichkeit der anderen Sorgen machten, wollten diese Entwicklung torpedieren. Die Kinder würden dadurch, dass sie von ihren Eltern in die Sauna mitgenommen wurden, in ihrer sittlichen Entwicklung gefährdet, sorgten sich die Mucker.

Die kalte Dusche nach der Sauna ist unerlässlich.

Schon die erste richterliche Instanz teilte diese Ansicht nicht, aber ein übereifriger Staatsanwalt berief. Daraufhin entschied 1958 das Oberverwaltungsgericht von Nordrhein-Westfalen rechtsgültig für alle deutschen Gerichte: „Da hinsichtlich des Nacktbadens kein einheitliches Sittengesetz besteht, ist das Erziehungsrecht der Eltern primär ... Die öffentlichen Gewalten haben demnach kein Recht, die Eltern in ihrem Erziehungs- und Pflegerecht zu beeinträchtigen."

Der Trend zur Sauna war unaufhaltsam. Eine Studie des österreichischen Soziologen Gilbert Norden ortete ein Anwachsen der Saunabetriebe von 100 im Jahr 1955 auf 686 dreißig Jahre später; 17% der Bevölkerung besuchten 1978 regelmäßig oder gelegentlich eine Sauna – im internationalen Vergleich ein Rekord, hielt doch die Bundesrepublik Deutschland bei 12 und die Schweiz bei 3%. Dann trat vor allem im kommunalen und genossenschaftlichen Wohnbau die hauseigene und allen Bewohnern zugängliche Sauna ihren Siegeszug an, der Tourismus erhöhte das Angebot in den Hotels sprunghaft, Betriebe errichteten sogar eigene Werkssaunen.

In den Fitnesszentren und Kuranstalten wurde das finnische Bad, oft großzügig ausgestaltet zu ganzen Saunalandschaften, zum selbstverständlichen Angebot. Bemerkenswert ist, dass dort heute zumeist auf getrennte Badezeiten für Männer und Frauen verzichtet wird. Nacktheit von Mann und Frau in der Sauna wird hier längst akzeptiert, und dies hat ein positives soziales Gesamtklima erzeugt, das selbstregulierend – die seltenen Ausnahmen bestätigen die Regel – das Verhalten der Badegäste bestimmt. Etwa, dass das Anstarren der sonst verborgenen Körperpartien ebenso verpönt ist wie ostentatives Wegschauen oder gar der Versuch, sich in Badekleidung – wie häufig noch in den USA vorgeschrieben – unter die Nackten zu mischen.

Auch der Wandel des Schönheitsempfindens für die Haut – von der vornehmen viktorianischen Blässe zu der Sportlichkeit und Gesundheit signalisierenden Bräune – war nicht nur Ausdruck eines neuen Körperbewusstseins, sondern führte zu dem Verlangen, immer mehr von der eigenen Haut den Strahlen der Sonne auszusetzen; in letzter Konsequenz endete es beim nahtlos braunen „Lichtkleid". Begonnen hat es damit, dass Naturheiler und Lebensreformer den fördernden Einfluss von Wasser, Luft, Licht und Sonne auf die Gesundheit der Menschen erkannten und mit Selbstversuchen zu Propagandisten für die notwendige Befreiung von behindernden Bekleidungszwängen wurden.

Der Landwirt Vinzenz Prießnitz aus Gräfenberg in Österreichisch-Schlesien machte Furore mit seinen Wasser- und Luftkuren, denen sich sogar die Kaiserinmutter Sophie und der König von Sachsen unterzogen – wie nackt sie dabei waren, verschweigt die Chronik. Arnold Rikli aus Bern setzte vor allem auf die Heilkraft der Sonne: Er ließ seine zahlreichen Heilungsuchenden in dünnen Badehemden Luftbäder absolvieren, die bei den eigentlichen Sonnenkuren abgelegt wurden, war also der Erfinder des Sonnenbades. Sonne für die Masse der bleichen Großstädter, nicht nur für die Schichten, die sich auf Kurreise begeben konnten, boten die von dem Leipziger Arzt Gottlob Moritz Schreber angeregten und posthum nach

Glückliches Finnland, das nach dem Aufguss den Sprung in einen seiner tausend Seen erlaubt.

ihm benannten Kleingärten; er verlangte auch allgemeinen Turnunterricht in den Schulen und behandelte blutarme Kinder erfolgreich mit Sonnenbädern. War bei den Kuren dieser Naturärzte die Färbung der blassen Haut nur eine – gar nicht allen willkommene – Nebenerscheinung, so postulierte der Nacktkulturapostel Richard Ungewitter als erster die Schönheit der sonnengebräunten Haut und widersprach damit einem durch Jahrhunderte angestrebten und dem von der Oberschicht als Zeichen ihrer Exklusivität vertretenen Schönheitsideal der vornehmen Blässe.

Allerdings war es ein langer Weg bis zu diesem Wandel. Immerhin führte der Anklang, den die Naturheiler mit ihren Methoden fanden, zu zahlreichen Nachahmern. Noch im deutschen Kaiserreich wurden etliche Luftbadeanstalten errichtet, in denen auch fortschrittliche Frauen sich nicht mehr scheuten, vor ihren Geschlechtsgenossinnen bloße Haut zu zeigen. Der viel gelesene Ratgeber *Die Frau als Hausärztin* empfahl solche Sonnenbäder in eigens dafür eingerichteten, natürlich sorgsam vor Männerblicken gehüteten Anstalten. Das konnten sich freilich nur Gutsituierte leisten.

Für die Mehrheit der Menschen war der Weg zur Sonne noch weit, die Bräune musste gegen die Vorschriften der Behörden und die Schamvorstellungen, wie sie durch Generationen von den Kirchen gelehrt worden waren, buchstäblich Zentimeter um Zentimeter erkämpft werden.

Inzwischen hat sich erwiesen, dass allzu viel Sonne lebensgefährlich werden kann. Allerdings hat die Gefahr von Hauterkrankungen das Verlangen nach Bräune vom sommerlichen Urlaubsstrand oder von der winterlichen Skipiste kaum eindämmen können – im Gegenteil: Die Sucht nach Sonnenbräune ist so groß, dass man versucht, sie das ganze Jahr hindurch zu befriedigen. In den letzten Jahrzehnten des 20. Jahrhunderts haben sich Solarien etabliert, wo man für gutes Geld und in einsamer Kabine dafür sorgen kann, dass nie mehr hässliche Blässe die Blößen entzaubert. Auch mit künstlichen Sonnen lässt sich der Sonnenkult perpetuieren. Das ist zwar gesundheitlich nicht unbedenklich, aber glücklicherweise bietet die kosmetische Industrie ausreichende Möglichkeiten, der Gefahr vorzubeugen.

Die Haut zu Markte getragen

Die Werbung – frauenfeindlich oder sexy?

> Produkte werden mit Frauen verglichen,
> Frauen mit Produkten.
> Christiane Schmerl

Die Lockerung in der öffentlichen, nun auch kunstfernen Darstellung des Nackten am Anfang der 70er Jahre und die Befreiung von zensurartigen Verboten brachten sehr bald die Werbeleute auf die Idee, die Konsumenten mit nacktem Frauenfleisch zu locken. Weder Sinnhaftigkeit noch Geschmack waren dabei gefragt, es galt nur der Blickfang. Dass die sexuelle Attraktivität der Frau mit jeder beliebigen Ware kombiniert wurde, war freilich schon längst vor der „nackten Welle" üblich. Damals mussten die Sittenwächter mit dem Maßband kontrollieren, ob etwa der Rock für eine Damenstrumpfwerbung oder ein Dekolleté jugendgefährdend war – und sie reklamierten gegebenenfalls einen Anstandsstreifen in die Reklame.

Diese Zeiten waren nun, da die Hüllen fielen, auf den Plakaten und in den Inseraten vorbei. Aber am

Über den Geschmack der Kaufhausmanager, die den ersten Nackten im Februar 2000 Gratiskleidung anboten, lässt sich streiten – aber die Leute drängten sich.

Prinzip der Werbung hatte sich, ob die attraktiven Frauen mehr oder weniger oder gar nicht bekleidet waren, eigentlich kaum etwas geändert. Was sich früher schnöde Reklame nannte, hatte sich zu gefälliger und wirtschaftsfördernder Werbung gewandelt – zunächst in angedeuteter Form, dann mit dem Zugriff auf tiefenpsychologische Erkenntnisse innerhalb der zunehmenden sexuellen Liberalisierung. Die Werbung ist die Reaktion des Menschen auf das, was die Verhaltensforscher Schlüsselreize nennen. Auch wenn man abzieht, was Erziehung und Gesellschaft verstärken oder unterdrücken, dürften gerade auf dem Gebiet der Schlüsselreize im Sexualbereich auffallende Unterschiede zwischen männlichem und weiblichem Verhalten bestehen.

Der Mensch kann seine Herkunft aus dem Tierreich nicht verleugnen. Der aufrechte Gang des sich zum Menschen entwickelnden Primaten dürfte dabei verursacht haben, was die Verhaltensforscher die körperliche Selbstmimikry nennen: Ein Körperteil kopiert das Aussehen eines anderen, um sexuelle Signale aussenden zu können. Eine solche Mimikry scheint sich bei den Brüsten der Menschenfrau vollzogen haben: Die festen und runden Formen, die sie in den ersten Jahren der Sexualreife bekommen, werden nicht aus der Stillfunktion des Säugetiers erklärt, sondern als eine Nachahmung der runden Hinterbacken, die – vor dem aufrechten Gang – ursprünglich den alleinigen Reiz für sexuelle Annäherung boten.

Der Mann ist, auch und gerade im Sexualbereich, offenbar ein Augenwesen. Das wird daran offenkundig, dass die hier in Betracht gezogene Werbung sich offenbar auf die simple Gleichung Frau = Sex verlässt. An dieser Reduzierung haben Feministinnen angesichts der Überflutung mit weiblichen Reizen im Litfass-Striptease Anstoß genommen: „Was an ihnen interessiert und wesentlich ist, ist ihre Verwendbarkeit als sexueller Anreiz. Frauen sind noch weiter reduzierbar bis auf bestimmte Körperteile: Busen, Beine, Bauch und Po. Die Verfügbarkeit von Frauen oder Frauenteilen gleicht der der angepriesenen Waren; Frauen sind vermutlich ebenso zum alsbaldigen (sexuellen) Gebrauch bestimmt. Produkte werden mit Frauen verglichen, Frauen werden zu Produkten“, so Christiane Schmerl.

Der daraus abgeleitete Vorwurf, dass dadurch ganz allgemein die „weibliche Würde“ verletzt würde, darf dennoch in Frage gestellt werden. Dazu lässt sich in

Werbekampagnen für Damenwäsche aus den 90er Jahren verdeutlichen die zunehmende Liberalisierung.

Abwandlung von Immanuel Kant sagen: Im Reich der wirtschaftlichen Zwecke hat alles seinen Preis, aber keine Würde. Es erscheint daher wenig sinnvoll, sich ein einziges Element der Werbebranche – die ja nur ein Ziel hat: mehr verkaufen – herauszusuchen und anzugreifen.

Bei der Beherzigung all dieser Erkenntnisse müsste es eigentlich in erster Linie an den Männern liegen, sich dagegen zu wehren, dass ihnen die Werbung sexuelle Köder auslegt, um sie in die Falle des Kaufs eines Produkts zu locken, das mit Erotik rein gar nichts zu tun hat. Es ist ja hinterhältig, wenn als Blickfang eine attraktive Frau dazu dient, gewisse Lustgefühle im Betrachter zu erwecken in der Hoffnung, dass dieser, solcherart betrogen, sie umlegt auf den angepriesenen Gegenstand. Statt Facts, statt Information, um rational über das beworbene Gut entscheiden zu

Zweimal nackte Frauen: eine adäquate und eine fragwürdige Werbung auf einer Plakatwand.

können, bekommt er Sex – und auch das nur als Surrogat.

Die Beispiele dafür waren gerade in den ersten Jahren der „nackten Welle" Legion: Da wirbt ein weibliches Hinterteil für einen Heizkörper – ohne sich Brandwunden zu holen, mit der Heizkraft dürfte es nicht weit her sein; ein splitternacktes Model zieht „den ersten Skisocken" an, „bei dem der Fuß die Ferse formt"; auf ein neues Beschichtungsverfahren werden Werbephotographen durch zwei nackte Brüste mit der Frage aufmerksam gemacht, „Welche würden Sie lieber anfassen?"; „Wer hat die Verantwortung für die Kleidung Ihrer Mitarbeiter?", fragt ein Inserat, auf dem fünf hüllenlose Verkäuferinnen in die Kamera lächeln; Anzüglichkeiten wie das Plakat mit der Felge auf dem Rücken einer sich vorbeugenden Nackten als Werbung für Stoßdämpfer!; zwei mit Uhren bespickte Arme liegen gekreuzt zwischen Nabel und Oberschenkeln eines Torsos gerade am entscheidenden Zwischenstück, und der Texter meldet süffisant: „Auf die Sekunde kommt es an"; …

Zu Recht haben Frauen gegen solche Werbeeinfälle protestiert. Und die ärgsten Auswüchse sind auch wieder verschwunden, nicht zuletzt, weil sie kontraproduktiv

waren. Andererseits zeigten schon damals, als es mitunter schien, dass Feministinnen und verklemmte Sittenwächter in einer Reihe marschierten, Umfragen, dass die meisten Frauen in der Frage der Werbung mit dem weiblichen Körper als Blickfang eine durchaus vernünftige Haltung einnahmen. Vorwiegend wurde nämlich die Ansicht vertreten, dass dagegen nichts einzuwenden sei, wenn die Reklame im logischen Zusammenhang mit dem beworbenen Produkt stehe, etwa in der Werbung für Kosmetika, Dessous oder Bikinis. Die „oben ohne" badende Schöne für ein Meerschaum-Duschgel erregt keinen Anstoß. Hingegen wurde es als geschmacklos bis beleidigend oder einfach als blöd empfunden, wenn weibliche Rundungen lediglich als Lockmittel für aller Körperlichkeit völlig fernstehende Produkte missbraucht wurden.

Erst in jüngster Zeit gab es einen Grenzfall, der nicht einer gewissen Pikanterie entbehrt: In einer Mineralwasserwerbung im Fernsehen – das ja längst Werbung mit dezenter Nacktheit zulässt – trat, am Textinsert mit Namen ausgewiesen, die deutsche Schwimmerin Franziska van Almsick auf. Sie zeigte sich den Sehern in einem wallenden Kleid und ließ dieses nach einer Kehrtwendung fallen, um nackt ins Meer zu springen und als Delphin wieder aufzutauchen. Obwohl sie sich

Erschien 2001 im Fernsehspot der Po der Meisterschwimmerin Franziska van Almsick – oder doch nur der eines „Stunt"-Models?

ursprünglich für die Szene bereit erklärt hatte, verließ sie vor der Kamera bei den Dreharbeiten für den Spot der Mut; ein Body-Double half aus. So muss es ein Geheimnis bleiben, ob die Rückansicht der keuschen Olympiasiegerin der ausgewogenen Schönheit des Models gleichgekommen wäre.

Nach langer Bevorzugung bloßer Frauenhaut hat in den letzten Jahren auch der nackte Mann Einzug in die Plakat- und Inseratenwerbung gehalten. Es wäre eine Untersuchung wert, inwieweit der nackte Männerpopo eher von männlichen oder von weiblichen Betrachtern goutiert wird; daran ließe sich ablesen, ob die Frau nur durch die gesellschaftliche Tradition in ihrer eigentlichen Natur daran gehindert wurde, ein ebensolches auf Sex ausgerichtetes Augentier wie der Mann zu sein – oder doch ganz andere Schlüsselreize bevorzugt.

In welch fragwürdiger Weise die Werbung das Käuferpublikum zum Fallenlassen der Kleider bewegen kann, zeigte im Jahr 2000 ein Wiener Kaufhaus, indem es den ersten fünf Kunden, die an einem bestimmten Morgen das Kaufhaus nackt betreten würden, einen Einkaufsscheck im Wert von je 5000 Schilling (363 Euro) versprach, und das in allen Filialen. Allein am Eingang der Filiale in Wiens Einkaufsparadies Mariahilfer Straße drängten rund 70 nackte Männer und Frauen zur Tür. In allen 40 Filialen waren die Schecks binnen weniger Sekunden weg. Der Österreichische Werberat und die Gewerkschaft verurteilten die Flitzeraktion als „Verachtung der Menschenwürde".

Linker Bilderstreit

Theorie versus Boulevard

> Nicht das Bild einer nackten Frau, die ihre Schamhaare entblößt, ist obszön, sondern das eines Generals in vollem Wichs, der seine in einem Aggressionskrieg verdienten Orden zur Schau stellt.
>
> HERBERT MARCUSE

Der Aufbruch der Jugend im Jahr 1968 markierte eine Zeitenwende: Diese wirkliche Kulturrevolution schuf neue gesellschaftliche Bewegungen, veränderte Moralvorstellungen und baute Autorität zugunsten von Selbstbewusstsein ab.

Es war eine verkrustete Welt, in die in den späten 60er Jahren Bewegung kam. Die beiden Supermächte hatten die Grenzen abgesteckt, der Kalte Krieg war zur gegenseitigen Bedrohung mit nuklearer Vernichtung erstarrt. Frankreich hatte sich der Autorität General de Gaulles unterworfen, in der Bundesrepublik Deutschland musste die CDU nach den langen Adenauer-Jahren erstmals in einer Großen Koalition ihre Vorrangstellung zu behaupten suchen, doch war sie mit der SPD völlig einig, sich durch Notstandsgesetze gegen äußere und innere Bedrohungen abzusichern. Der Osten war erstarrt unter der Decke von Breschnews bürokratischem Sowjetsystem, das vorherige Tauwetter-Versuche, ja selbst die Ungarn und ihren heroischen Aufstand von 1956 vergessen machen sollte. Diesem Zustand einer unbeweglichen Welt entsprach auch die herrschende Moral in der Gesellschaft – wobei Ost und West einander ziemlich ähnlich waren – und fand ihren unmittelbarsten Ausdruck in der Zähmung der Sexualität, wobei sich Prüderie und Heuchelei bis hin zur polizeilichen Jagd auf einen nackten Illustrierten-Busen ergänzten.

Linke Streithähne in echt deutschem Disput: politische Inhalte über nackte Mädchen, oder überhaupt: ist Nacktheit revolutionär, reaktionär – oder einfach nur nackt?

Es ist hier nicht der Ort, die politischen Auseinandersetzungen, vom Widerstand der Flower Power gegen den Vietnamkrieg in den USA über die Studentenbewegung in Frankreich und Deutschland bis zu den Morden der Baader-Meinhof-Gruppe, darzustellen. Uns interessiert hier jener Aspekt der Jugendrebellion, den der Schiftsteller Günther Anders so resümierte: „Die Tatsache, dass das Sexualtabu nach Jahrtausenden seiner Herrschaft innerhalb von zwei, drei Jahrzehnten fast total gelöscht werden konnte, ist eine der epochalsten Revolutionen in der Kulturgeschichte der Menschheit." Und der Fall des Tabus der Nacktheit war, weil diese traditionell fast ausschließlich im Zusammenhang mit der Sexualität betrachtet wurde, ein Teil der großen Veränderungen.

Wie bei allen Revolutionen, blieben auch bei dieser Übertreibungen und Exzesse nicht aus. Nicht nur Nacktheit stand als Provokation auf der Tagesordnung. Aktionskünstler protestierten mit Blut, Sperma und Scheiße auf ihre Weise gegen die Gesellschaft. Wohngemeinschaften als Kommunen wurden gegründet, in denen freier Sex mitunter in neue Zwänge ausartete. Frei gewählte Nacktheit genügte nicht; da und dort wurden sogar die Klotüren ausgehängt, um die Abstinenz von jedweder Intimität als Beweis für die Aufgabe von bürgerlichen Vorurteilen zu erbringen. „Wer zweimal mit der gleichen pennt, gehört schon zum Establishment", lautete der rüde, wenn auch in der Realität der Begegnung der Geschlechter wohl kaum ganz ernst genommene Spruch. „Die harte Schale paarlicher Monadisierung sollte mit dem Brecheisen der gleichen Nichtdistanz zu allem aufgebrochen werden: mit jeder schlafen zu können, sich vor allen nackt zeigen zu können, uneingeschränkt aufrichtig zu sein und mitteilungsbereit, alles beim Namen zu nennen, nur ja nichts für sich zu behalten oder gar zu ‚verdrängen'", schreibt Bernd Guggenberger. Herbert Marcuse, einer der geistigen Väter der 68er-Bewegung, warnte vor solchen ideologisch begründeten Rosskuren eines zwanghaften Ent-Schämens.

Gelebte Toleranz beim grandiosen 68er-Event in Woodstock: Bekleidung war für jedermann und jedefrau beliebig, auch gar keine.

In der Auswahl der Mittel, die Verbreitung ihrer Ideen zu entwickeln, gingen deren journalistische Propagandisten die eingefahrenen Wege des bourgeoisen Boulevards, dem sie den Kampf angesagt hatten: Sie warben ihre Leser mit Photos nackter Mädchen, wobei es bei der Mehrzahl auch nicht anders gewesen sein dürfte als beim *Playboy* – die Beiträge von Dutschke, Meinhof, Röhl, Wallraff, Rühmkorf, Zwerenz und anderen wurden ebenso überblättert wie in den Männermagazinen die von Nobelpreisträgern und anerkannten Literaten gelieferten textlichen Feigenblätter. Linke Asketen traten dagegen auf: „Das Voyeurpublikum, auf das hier mit Bildern spekuliert wird, bildet genau jenes inaktive politische Spannertum, auf das wir verzichten sollten. Aus dem Voyeur wird niemals ein Aktionist, allenfalls ein Aktionär", hieß es eines Tages im 68er-Kampfblatt *konkret*: eine Meinung, die sich durchsetzte. Auf Nacktphotos wurde verzichtet, an die Stelle der Erotik traten Beiträge von Sexualwissenschaftlern, was prompt zu einem Absinken der Auflage und zu konkurrierenden Neugründungen führte, die zwischen den revolutionären Texten weiterhin bloße Schönheit boten.

Wer die Veröffentlichung von Bildern Nackter gutheißt, darf sich selbst nicht verstecken, sagte sich das Redaktionsteam der Wiener *Neuen Freien Presse* um Günther Nenning.

In Wien suchte der Herausgeber eines 68er-Nachzüglerorgans, der damalige Präsident der Journalistengewerkschaft Günther Nenning, eine Verteidigungslinie für die Mädchenphotos in seinem in boshafter Karikierung der erzkonservativen *Presse* sich nach deren Ahnfrau nennenden Magazin *Neue Freie Presse*: „Ich sehe gerne nackerte Mädchen. Ich habe den Verdacht, dass Kollegen und sonstige Zeitgenossen desgleichen tun, es aber abstreiten …" In fortschrittlicheren Gegenden als in Österreich gehe es längst nicht mehr um die Frage, nackte Mädchen oder nicht, sondern um die Frage: „Welche Nackerte?" Sein Magazin bringe sie, wie sie wirklich sind, ohne fleischfarbene Schminke über den Wimmerln, ohne Leukoplast zum Liften der Brüste, ohne einladend halbgeöffnete „Goscherln". „Alle Pornographie … bietet Märchen statt Wirklichkeit. Der antipornographische Realismus, wie ihn die *Neue Freie Presse* pflegen will (leider bleibt's oft beim Wollen, keineswegs alle unsere Poster entsprechen dieser Theorie), bietet Wirklichkeit statt Märchen." Bemerkenswert ist jedenfalls, dass Nennings Blatt ebenso wie die linken deutschen Magazine Aktphotos von Männern weitgehend aussparten. Immerhin aber blickte Nenning mit seinen männlichen und weiblichen Redaktionsmitgliedern dem Käufer der ersten Ausgabe auf dem Cover in fröhlicher Blöße entgegen.

Die 68er-Bewegung hatte Österreich erst mit späten Ausläufern erreicht. In Deutschland war damals der Bilderstreit schon längst im Gange, an den Nacktphotos wurde nicht mehr nur von linken Puritanern als „Ablenkung vom revolutionären Kampf" gemäkelt, sondern die feministische Bewegung hatte sich voll darauf eingeschossen. Dabei bildeten sich merkwürdige Koalitionen. Alice Schwarzer und der Papst schienen in einer Front, die eine Trendwende hin zu einer sexualfeindlichen Moral anstrebte. Wortführerinnen der Frauenbewegung agitierten gegen die bildliche Ausbeutung der Frau als Lustobjekt. In Zeitschriften wie *spontan* oder *das da*, die fortsetzten, was in *konkret* begonnen hatte, wurden die Feministinnen der Lustfeindlichkeit geziehen. Besonders in den Polemiken tat sich Klaus Rainer Röhl hervor, vordem Ehemann von Ulrike Meinhof und später von linken zu extrem rechten Positionen überlaufend, der 1980 in seinem Buch *Lustobjekt. Ein kleiner Irrtum und seine fatalen Folgen* der Frauenbewegung gar einen „Femi-Faschismus" vorwarf.

Aber keineswegs alle Feministinnen machten Front gegen die Mädchenbilder. Die Chefredakteurin der Frauenzeitschrift *Courage*, angegriffen wegen eines Titelbilds, das einen nackten Frauenkörper zeigte, antwortete ihren Kritikerinnen: „Eine Frau kann nach landläufiger Logik ihren Körper nur in Hinsicht auf die Blicke des Mannes entblößen, oder sie ist (mit Gewalt) entblößt worden. Die Vorstellung, eine Frau könnte sich entkleiden, weil sie selbst Freude an ihrem Körper hat oder zum friedlichen Anschauen für andere sich darstellen, ist (noch) undenkbar."

Sie dürfte gegenüber allen Anstoßnehmern rechtbehalten haben. Der Streit ist längst obsolet geworden. Der Schockversuch der Linken mit Nacktheit ist im Schaugeschäft der Illustrierten aufgegangen. Die Unbefangenheit gegen die von keiner Zensur mehr behinderte Nacktheit hat das Geschäft mit der männlichen Schaulust aber keineswegs ruiniert. Noch immer setzen die Magazine – offenbar mit Erfolg – auf die Zugkraft bloßer Weiblichkeit, noch immer bleibt männliche Nacktheit in der Regel den Schwulenheften vorbehalten. In Boulevardblättern wie *Sun* (Großbritannien), *Bild* (Deutschland) oder *Krone* (Österreich) ist die tägliche Nackte eine Institution geworden – in der *Krone* mit einer Spur katholischen schlechten Gewissens des Herausgebers: Im Advent und in der Karwoche ist für Fleischeslust kein Platz.

Frauen scheinen die Pin-up-Girls nicht zu stören; nackte Männer hingegen sind nicht gefragt, sonst würden sich die Zeitungsmacher das Geschäft kaum entgehen lassen. Offenbar wird mit unverhüllter weiblicher Schönheit ein unausrottbares männliches Bedürfnis gestillt, für das es möglicherweise bei der Weiblichkeit kein entsprechendes Äquivalent gibt, durch das sich aber die selbstbewusste moderne Frau auch nicht verletzt fühlt – im Gegenteil.

Als die Nackten laufen lernten

Sexplosion im Kino

> Sehen, ohne gesehen zu werden – darin beruht die magische Macht des Kinos. Wenn es sich dabei um Erotik handelt, ist diese Macht die Quelle unbegrenzter Genüsse.
> GÉRARD LENNE

Die strengen gesellschaftlichen Regeln, die um 1950 menschliche Nacktheit in der Öffentlichkeit ausschlossen, waren noch voll im Schwange, als das Kino damit begann, auf der Leinwand die Feigenblätter welken zu lassen. Zwar gab es schon in der Zeit, als „die Bilder zu laufen begannen“, Versuche, dem Publikum auf der entmaterialisierten Leinwand das zu bieten, was es in natura nicht sehen durfte, aber die bewegten Bilder wurden bald gestoppt. Der Kampf mit dem Verbot, sexuelle Tabus zu behandeln und insbesondere den nackten menschlichen Körper zur Schau zu stellen, begann, kaum dass das Kino erfunden war.

Bereits 1895, die Brüder Lumière hatten ein Jahr zuvor den ersten brauchbaren Kinematographen konstruiert, wurde ein Film mit der „Schleiertänzerin“ Loïe Fuller bei der Weltausstellung in Chicago gefeiert; aber bald durfte sie dem Publikum nur noch den zwischen schwarzen Balken frei gebliebenen Nabel zeigen. Wenig später fiel, ebenfalls in Amerika, der erste Filmkuss in Großaufnahme als „zu lange“ der Zensur zum Opfer; „solche Sachen sind in natürlicher Größe schon tierisch genug“, schrieb ein den Film bei der Polizei denunzierender Journalist. In den folgenden Jahren wurden in den USA und in Großbritannien die ersten Film-Zensurstellen ins Leben gerufen. Die meisten anderen Staaten folgten rasch. Dem Vergnügen des kleinen Mannes, der in Cafés und Spielhallen sich gegen Münzeinwurf an Film-

Die Flut von erotischen Filmen führt mittlerweile zu Sondernummern von Fachzeitschriften.

Die Wienerin Hedy Lamarr in *Ekstase*, 1933, gilt als erste völlig nackte Schauspielerin auf der Kinoleinwand.

chen wie *Im Boudoir*, *Ein Modell in Unterwäsche* oder *Die Geburt der Venus* ergötzen konnte, war damit vorerst ein Riegel vorgeschoben.

Die Filmemacher suchten nach Wegen, den Zensoren ein Schnippchen zu schlagen. Eine Möglichkeit bot sich bei den großen Ausstattungsfilmen, etwa die mehrmals verfilmten *Die letzten Tage von Pompeji*, für die man sich auf die Bekleidungssitten der Antike berufen konnte. Die Qualen der Christen unter Kaiser Nero bekamen auf der Leinwand ihren zusätzlichen Reiz dadurch, dass sich die Löwen mit Vorliebe der Kleider der Märtyerinnen bemächtigten. Der Oberste Gerichtshof der USA hatte für solche Späße kein Verständnis: Durch eine Verfassungsänderung wurden Filme vom Recht auf Meinungsfreiheit ausgenommen. Die Hollywood-Produzenten, der Streitigkeiten vor Gericht müde, bequemten sich 1921 dazu, den Generalpostmeister William Hays als obersten Zensor zu engagieren; er zwang den Filmemachern einen Moralkodex auf, und das Hays-Office bestimmte ein Vierteljahrhundert, was dem Publikum als „sittlich“ zugemutet werden konnte.

Im freieren Europa der Zwischenkriegszeit fand man vorerst zwei Wege, dem Kinogeher gegen alle Einschränkungen doch nackte Haut zu vergönnen. Beiden war gemein, unter bestimmten Umständen gebotene Nacktheit als „natürlich“ und „gesund“ anzubieten. So konnte 1915 die statuenhaft schöne Annette Kellermann in *Tochter der Götter*, von Wellen umspült, als Vorläuferin der FKK auftreten. Ihre Nacktheit war ebenso wenig erotisch wie die der nackten Sportler und Tänzerinnen, die 1925 in Wilhelm Pragers viel gerühmten Ufa-Film *Wege zu Kraft und Schönheit* auf die allenthalben entstandenen Gymnastikschulen und Nacktkulturvereine aufmerksam machten. Bemühten sich doch diese, durch Abweisung aller Erotik allen Verdächtigungen entgegenzutreten. Eine späte Anleihe dieser Nacktdarstellung riskierte Leni Riefenstahl 1936 in den auf die Antike zurückgreifenden Anfangsszenen ihres Olympiafilms.

Die Zensoren von damals hätte man heute als rassistisch bezeichnet, weil sie – die zweite Möglichkeit, Nacktes zu pardonieren – an bloße Brüste von Farbigen keine Schere ansetzten. So pilgerten 1931 die Kinobesucher in Friedrich Murnaus unvergesslichen Film *Tabu*, in dem rassige Polynesierinnen auf der Insel Bora-Bora zu ausgelassenen Rhythmen ihre Brüste tanzen ließen, und in die Kulturfilme über Afrika, um sich der Rundungen in Schwarz zu erfreuen, die ihren Augen in Weiß vorenthalten blieben.

Aus dem nicht mehr ganz so prüden alten Europa kam 1933 der erste Film, der die Nacktheit einer Schauspielerin jenseits der bis dahin üblichen Andeutungen offen zu zeigen wagte: der tschechische Streifen *Ekstase* von Gustav Machaty, in dem sich die Österreicherin Hedwig Kiesler, besser bekannt als Hedy Lamarr, nackt auf einer Wiese, im Wald und unter einem Sturzbach tummelte. „Dieses viel gelästerte Werk ist eine der großen Schöpfungen des poetischen Films, eine ausschließlich mit den Augen der Frau geschilderte Geschichte voll Leidenschaft, Verlangen

und Sinnlichkeit", schrieb der Cineast Amos Vogel. In den USA wurden alle Nacktszenen herausgeschnitten, doch der Ruhm, der sie begleitete, wurde zum Auftakt für die Hollywood-Karriere der Schauspielerin. Der Industrielle Fritz Mandl, der die Kiesler heiratete, versuchte, alle Kopien aufzukaufen, um sie zu vernichten; er konnte aber nicht verhindern, dass immer neue auftauchten: Fluch der Technik …

Aber *Ekstase* musste noch als Ausnahme Geschichte machen. Wenn der europäische Film in erotischen Andeutungen und allenfalls auch in Revuefilmen freizügiger war als Hollywood, so war er doch den damaligen obrigkeitlichen Anschauungen über Sitte und Anstand unterworfen. Charakteristisch für die pervertierte Haltung der Sittlichkeitswahrer war die Entscheidung eines Richters der New Yorker Zensurbehörde: „In der Szene, in der das Mädchen an den Händen aufgehängt und gefoltert wird, sind alle Bilder, auf denen ihre Brüste zu sehen sind, zu streichen." Nacktheit galt als gefährlicher denn Gewalt – eine Ansicht, die speziell im Fernsehen noch bis heute Gültigkeit zu haben scheint.

Schon der Ufa-Stummfilm *Wege zu Kraft und Schönheit* gab 1925 den Nacktdarstellungen rassistische Züge; in Leni Riefenstahls Olympia-Film waren sie bereits Ausdruck der Nazi-Staatsdoktrin.

In Österreich und in der Bundesrepublik hatten katholische Kreise nach dem Zweiten Weltkrieg im Kampf gegen „Schmutz und Schund" zunächst völllig undifferenziert Verbote für alles Amoralische gefordert. Dann fanden sie in dem Film *Die Sünderin*, mit dem Willi Forst 1950 sein Regie-Comeback versuchte und die junge Hildegard Knef als Malermodell kurz nackt zu sehen war, einen Anlassfall zum Protest. In deutschen und österreichischen Städten demonstrierten aufgehetzte katholische Jugendliche, Kapläne warfen Stinkbomben, wobei man zwar vorgab, gegen die im Film gezeigte Sterbehilfe zu protestieren, aber der Zorn richtete sich vor allem gegen die nackte Knef.

In diese prüde Filmwelt schlug 1951 der schwedische Streifen *Sie tanzte nur einen Sommer* von Arne Mattson wie eine Bombe ein. In einer Johannisnacht badet ein junges Paar – Ulla Jacobsson und Folke Sundquist – nackt in einer abgelegenen Bucht. Die schwedische

Noch recht zaghaft begann ab den späten 60er Jahren die nackte Welle im Nachkriegsdeutschland mit den Aufklärungsfilmen von Oswald Kolle.

Zensur, bis dahin ebenso unnachgiebig wie anderswo, befand: „Die Schönheit und Reinheit dieser Szene ist unbestreitbar", und sie gab den Film frei. Von da an wurden „Schwedenfilme" zum Inbegriff der Freizügigkeit, und es war wieder ein Schwede, Ingmar Bergman, der 1963 in seinem Film *Das Schweigen* sogar sexuelle Tabus brach.

Noch ließen die italienischen Stars Sophia Loren und Gina Lollobrigida ihren Prachtbusen züchtig verhüllt wallen: „Gina Nazionale" wurde wegen eines freizügigen Spitzenunterkleides im Episodenfilm *Die Puppen* (1964) vor ein italienisches Gericht gezerrt. Brigitte Bardot schockte in *Und immer lockt das Weib* (1956) mit animalischer Sinnlichkeit, ohne den Zensoren eine Handhabe dagegen zu geben, und die 17-jährige Romy Schneider begründete 1955 in *Sissi* ihren Ruhm, zeigte sich aber ein paar Jahre später unbekümmert in filmischer Nacktheit. Da war freilich schon mit der Sexrevolution der Jugend die „Sexplosion" im Kino ausgebrochen. Erzählungen über die damalige Zensur erscheinen den Menschen heute wie absurde Märchen aus einer Welt, in der der Staat die sexuelle Bevormundung seiner Bürger als eine Hauptaufgabe ansah und ganze Heere von Staatsanwälten, Richtern, Polizisten und beamteten Schnüfflern sowie ehrenamtliche

Sex-Klamauk und Ausziehshows boten in den 70er Jahren die schier unendlich scheinenden Schulmädchen-, Krankenschwestern- und Hausfrauenreporte.

Selbstverständlich wie im Leben – und oft ein bisschen darüber hinaus – ist Nacktheit heute im Film, selbst große Schauspielerinnen und immer öfter auch Schauspieler haben keine Scheu mehr.

Tugendwächter dafür in Bewegung setzte.

In verschiedenen „Wellen“ eroberten sich die Filmschaffenden immer mehr Freiraum, wurde dem Publikum das geboten, was es offensichtlich genoss. So gab es in den 70er Jahren die Welle der Aufklärungsfilme, in denen ein Oswald Kolle frei über Sexualität sprechen konnte und der nackte Körper Demonstrationsobjekt war. Es gab die großen Kunstwerke, die bewusst mit sexuellen Tabus konfrontierten, und in denen Nacktheit als künstlerische Selbstverständlichkeit eingesetzt wurde. Es gab dümmliche Nudistenfilme, die für die Freikörperkultur warben und sich dabei bemüßigt fühlten, jedwede erotische Ausstrahlung zu vermeiden. Und es gab die Serien der diversen *Schulmädchen-*, *Hausfrauen-*, *Krankenschwestern-Reporte*, in denen sich Sex, Nacktheit und Klamauk vermischten, es gab mehr oder weniger Softpornos und schließlich, außerhalb des normalen Kinobetriebs, die Hardcore-Pornographie, die nur noch für spezielle Tatbestände verfolgt wird. Freiheit, das zeigt sich aus der Geschichte des Films, soweit sie auch eine Geschichte der Zensur ist, ist letztlich unteilbar.

Nacktheit im Film jedenfalls regt heute niemanden mehr auf. Sie ist ein Accessoire, wobei es auf den Gang der Story und das Geschick des Regisseurs ankommt, ob sie als sinnvoll oder bloß aufgesetzt beurteilt wird.

Das Theater legt ab

Bühnennacktheit – Sensation wird Theateralltag

Die Nacktheit war bisher ein unbekannter weißer Erdteil auf der sonst so weidlich durchforsteten szenischen Landschaft des Theaters im christlichen Jahrtausend, eine Terra incognita.
ARTHUR MARIA RABENALT

Als die nackten Darsteller des amerikanischen *Living Theatre* in einer Mammutvorstellung im Berliner Sportpalast sich am Ende ihres Stücks *Paradise Now* von ihrem Publikum verabschiedeten, stürzten viele Zuschauer auf die Bühne und zogen ihre Kleider aus. Mit dem Ausbruch der Jugend aus den puritanischen Zwängen am Ende der 60er Jahre begann die Nacktheit auch die Theaterbühnen zu erobern, zuerst im Untergrund, dann in Studententheatern, schließlich in fast allen Schauspielhäusern bis hinauf zu den Staatstheatern.

Die Welle sexueller Emanzipation, die damals eine Haltungsänderung gegenüber den gängigen – oft durch Unaufrichtigkeit und Heuchelei hochgehaltenen – Moralvorstellungen brachte, trat besonders

So mancher Abonnent des Wiener Burgtheaters sah den Kulturuntergang – und schaute doch hin, als Erika Pluhar 1973 in Stoppards *Akrobaten* auf dem Eisbärfell ihren Rücken zur Ansicht darbot.

Hans Neuenfels entriss Wedekinds *Franziska* der Vergessenheit und ließ es 1978 so spielen, wie der Dichter es wollte: mit einer langen Szene der völlig nackt agierenden Hilke Ruthner.

explosiv in den bis dahin puritanischen Ländern auf: in den USA, in England und Holland. Mit dem *Living Theatre* begann die breite Akzeptanz der Subkultur des Undergrounds und damit die Kommerzialisierung, wie schon 1968 im Musical *Hair*, und die Nachahmung in den Spielstätten Europas. Für das Theater war das, wenn man so will, eine echte Kulturrevolution.

Während die einst so prüden Angelsachsen in London und New York spritzige Persiflagen mit Scharen nackter Schauspieler und Schauspielerinnen über die Bühne ziehen ließen – wie 1969 im Musical *Oh! Calcutta!* –, ging man in Mitteleuropa vorerst noch zögernd mit der neuen Freizügigkeit um. Das exklusive *Theatron Erotikon* des Filmregisseurs Arthur Maria Rabenalt wurde nach einer kurzen Versuchsperiode, mit erotischer Literatur in einem Nachtclub zu reüssieren, am 22. Oktober 1968 in München eröffnet. Rabenalt stellte dieses „Mitternachtstheater" programmatisch in den Dienst der sexuellen Revolution, gegen die „Religionen und Ideologien, die Behörden und die Gerichtshöfe, die Geistlichen und die Funktionäre, ja sogar die deutschen Spießer und die amerikanischen Hausfrauen" machtlos sein würden. Die ausgewählten Dramatisierungen und Stücke waren dementsprechend erotisch, von Lukians *Hetärengesprächen* bis zu Picassos *Wie man die Wünsche am Schwanz packt*, und die gelegentliche Nacktheit der Darsteller stand ganz im Dienst dieser Thematik.

Mit der Verwendung von Nacktheit als Stilmittel durch die großen Theater wurde diese Begrenztheit aufgegeben. Es zeigte sich, dass in genügend Stücken, von der antiken Tragödie bis zu modernen Dramen, die Einbeziehung von Nacktheit durchaus handlungsgerecht und daher sinnvoll war. Allerdings dauerte es nicht lange, bis die Frage, ob der Handlungsverlauf diese sparsame Kostümierung rechtfertige, nicht mehr entscheidend war. Die Nackte, und bald auch der Nackte, wurden beinahe obligatorisch in den Inszenierungen vieler deutscher Regisseure. Peter Zadek, damals Intendant des Hamburger Schauspielhauses, verteidigte dies gegenüber Kritikern: „Wir verbringen viel Zeit in unserem Leben nackt. Aber unser Theater ist fast immer angezogen. Das ist ganz einfach unrealistisch."

Anfangs mochte noch der Hauch der Sensation mitwirken, die die Leute wieder zurück in das als verstaubt empfundene Theater holte oder neue, jüngere Besucher anzog. Inzwischen ist Nacktheit zu einer ästhetischen Kategorie, zu einem Stilelement im Theater geworden. Und sie wird, nach Übertreibungen in der ersten Zeit der neuen Freiheit, mit mehr oder weniger innerer Logik angewendet. Der Weg zwischen den Sitten-

Nackt – und dennoch feministisch interpretiert: Die männlichen Besucher im Moers mussten 1979 die Szenen aus Euripides' *Bakchen* aus Peepshow-Kabinen verfolgen.

Gewalt und Sex in einem Stück über Shakespeares Königsdramen: Andreas Grothgar und Nina Kunzendorf in *Schlachten* bei den Salzburger Festspielen 1999.

wächtern, die in den Nackten einen Angriff auf das Theater als „moralische Anstalt" sahen – die Klassiker haben die Definition ganz anders gemeint –, und den Progressiven und Voyeuren, die jeden Enthüllungsakt auf der Bühne feierten, ist so gefunden.

Aus dem Angebot an Nacktheit auf den Bühnen Deutschlands und Österreich seien nur einige Beispiele herausgegriffen, vor allem aus den ersten Jahren, in denen dies noch nicht zum Theateralltag gehörte. Es bedurfte durchdachten Geschmacks, auf welche Weise dieser Einsatz bloßer Haut vorgenommen wurde. Shakespeare gab dazu manch passende Gelegenheit. So im *Mittsommernachtstraum*, inszeniert in den späten 70er Jahren von Dieter Dorn in den Münchner Kammerspielen. Waren vordem Regisseure versucht, in den dienstbaren Geistern Titanias die schummrige Halbentblößung der Elfenreigen über bürgerlichen Betten wiederzugeben, so verwendete Dorn Nacktheit völlig anders. Zunächst, gewissermaßen als ornamentalen Aufputz, in der Entkleidung der gefangenen Amazonenbraut (Elisabeth Schwarz) des athenischen Fürsten Theseus, dann, als das Mädchen Helena ihre grenzenlose Ergebenheit zu dem Jüngling, der sie verschmäht, im Fallenlassen der Kleider demonstriert, schließlich und am überzeugendsten in dem reinigenden Bad, dem sich die Elfenkönigin (Sunnyi Melles) nach ihrem Sündenfall mit einem Esel unterzieht, so den wüsten Traum unterbewusster Begierden wegwaschend.

Die Ideen, mit denen Deutschlands viel gepriesenes und viel gelästertes Regietheater das gesamte klassische Repertoire von Aischylos bis Ibsen neu belebte, sind Legion; Nacktheit spielt dabei eine nicht unbeträchtliche Rolle. Wie sich dabei – entgegen den Protesten von Feministinnen, die sich mitunter aufführten wie eine Neuauflage von klerikalen Jungfernbünden – die von den Männern eingerichtete Welt entlarven lässt, zeigte 1979 das Beispiel des kleinen Theaters in Moers mit einer Inszenierung der *Bakchen* des Euripides. Regisseur Holk Freytag sah in der

Tragödie eine klare Zweiteilung: hier Frauen, Natur und Ekstase, dort Männer, Staat und Ordnung. Und so trennte er die Zuschauer am Theatereingang: Die Frauen saßen im üblichen Kollektiv des Zuschauerraums, die Männer separiert in zellenartigen Verschlägen, aus deren Gucklöchern heraus sie das Geschehen beäugen konnten wie die Besucher einer Peepshow. Sie wurden zu Angeklagten in einer Gesellschaft, in der sich Frauen, in nackter Ekstase ihre Körperlichkeit entdeckend, blutig an Pentheus, dem König und Voyeur des Dramas, rächen.

Mit den *Bakchen* erreichte die Nacktwelle auch das Wiener Burgtheater. Zum ersten Mal traten dort namhafte Schauspielerinnen mit entblößten Brüsten auf. Manch treuer Abonnent mag, da der an diesem heiligen Ort „hoher Kunst" gezeigte Anblick ästhetisch war, geseufzt haben: „Na schön – aber muss das gerade im Burgtheater sein?" Als 1973 die beliebte Burgschauspielerin Erika Pluhar in Tom Stoppards *Akrobaten* als ausgewachsenes Baby auf dem Eisbärfell ihre schöne Rückenansicht darbot, reagierte *Stern*-Chefredakteur Henri Nannen untergriffig: Er glaubte, dieses künstlerisch notwendige Bekenntnis zu einer Rolle in ein Argument gegen Pluhars Bekämpfung der Vermarktung des Frauenkörpers verwenden zu müssen – die subtilen Unterschiede sind eben nicht jedermanns Sache.

Hans Neuenfels inszenierte 1978 in Wien Frank Wedekinds *Franziska*. Dieses aus der Versenkung geholte, einst verbotene, dann kaum noch interessierende Drama wurde durch diesen Regisseur zum Ereignis. Bemerkenswerterweise stieß sich das Publikum an den fast nackten, leder- und federgeschmückten Männern und nicht an Hilke Ruthner, die als Verkörperung der von der Zerstörung durch die unsauberen Mächte der Habgier und der Begierde ständig bedrohten Schönheit eine gute Viertelstunde lang nackt auf der Bühne agierte. Nur so, wie von Wedekind verlangt, hatte die Darstellung Sinn – auch wenn sich männliche und weibliche Ensemblemitglieder darüber mokierten und in den Schaufenstern ausgestellte Szenenphotos nach einigen Tagen entfernt werden mussten.

In Pasolinis *Testament des Körpers* stellte Regisseur Johann Kresnik 1996 im Hamburger Schauspielhaus nackte Männlichkeit zur Schau.

Inzwischen haben wir auf den deutschsprachigen Bühnen eine Unzahl von Nackten erlebt. Wir sahen eine nackte Ophelia und nackte Paare in Shakespeares Komödien. Wir sahen eine Maria Stuart, die ihre Brüste entblößte. Wir sahen die junge Christine Kaufmann als Titelheldin in Wildes

Trauerspiel *Salome*, und ihre Haltung zur Nacktheit auf dem Theater ist keine Ausnahme: Als sie in einem amerikanischen Sexfilm nur mit einem Höschen bekleidet auftreten sollte, verzichtete sie trotz der großzügigen Gage. Im Bochumer Stadttheater spielte sie dagegen die Salome ohne Höschen – um einen Bruchteil des Dollarsegens: „Ich würde nie einen Sexfilm machen, der die Leute animieren soll. Eine seriöse Rolle wie die Salome würde ich dagegen jederzeit wieder spielen. Ein nackter Körper ist nicht sexy – je nackter, desto weniger erotisch."

Die modernen Stückeschreiber haben die neue Freiheit der Bühne in ihre Werke gleich eingebaut, so dass es für Nacktauftritte nicht erst bemühter Interpretationen, wie bei manchen Klassikern, bedarf. Als Peter Turrinis *Rozznjogd* 1967 erstaufgeführt wurde, durfte das Stück noch nicht in der zu Ende gedachten Abfolge des jungen „Wegwerfmenschen"-Paares inszeniert werden, das in gemeinsamem Strip auf dem Müllablagerungsplatz die letzte Konsequenz aus der Verschwendungsgesellschaft zieht. Die Demontage des Menschen wurde in Badehose und Bikini abgebrochen. Ein paar Jahre später konnte die Bertl ihre Rolle in Wolfgang Bauers *Gespenstern* so spielen, wie sie der Autor sehen wollte – als einen von der Umwelt in eine extreme Ausnahmesituation getriebenen, körperlich und seelisch völlig entblößten Menschen. Nun kam natürlich Arthur Schnitzlers *Reigen* auf die Bühnen; auch seine Novelle *Fräulein Else*, deren nackter Hotel-Auftritt einen Lebemann entlarvt, wurde dramatisiert. Und Eva Mattes war mutig genug, im *Stallerhof* von Franz Xaver Kroetz als Beppi nicht mehr als Typ gängiger Schönheitsideale nackt aufzutreten, sondern als zurückgebliebene, kurzsichtige Bauerntochter – eine Figur aus dem *Theater der Sprachlosen*, dem sich der Realismus des bayrischen Dichters verpflichtet fühlte.

Bald schon konnten die Moralisten den Theatern nicht mehr vorwerfen, dass sie nur nacktes Frauenfleisch für die Voyeure prostituierten. Auch der Mann betrat die Bühne ohne Feigenblatt. So wurden in einem ganz alten und in einem brandneuen Stück dem Hauptdarsteller die Kleider buchstäblich vom Leib gerissen: In Stefan Dähnerts kritisch-groteskem Bundeswehr-Stück *Herbstball* wurde der Stabsarzt (Helmut Grieser) zum Gaudium der alkoholisierten Ballbesucher bis auf die Haut entblößt, und im 2500 Jahre alten Drama *Die Perser* stand Xerxes (Ulrich Beseler) nach seiner Niederlage in der Schlacht ohne den Königsmantel so da, wie es Aischylos wollte: „Nackt bin ich, entblößt aller Begleiter." Und auch nackte Massenauftritte wollten ernst genommen werden: So, wenn 1981 in Bochum George Tabori in einer szenischen Gestaltung von Samuel Becketts *Der Verwaiser* seine Darsteller, zehn Frauen und acht Männer, das Stück in einem Metallgerüst die ganze Zeit völlig nackt spielen ließ. Ob dies das Verständnis des sperrigen Textes erleichtert hat, blieb allerdings fraglich.

Die entkleidete Operette

Des Polen Gombrowicz Schlüsselstück

> Ich habe einen unabdingbaren Glauben an die Ausdruckskraft des menschlichen Körpers und eine nie ermüdende Verehrung für die Würde der Nacktheit.
> PABLO PICASSO

Ein Theaterstück, das *Operette* heißt und den Talmiglanz des Genres Operette und der Gesellschaft, die in ihr agiert, entlarvt: das ist der Schwanengesang des exilpolnischen Schriftstellers Witold Gombrowicz (1904–1969). Und es ist vielmehr noch ein Protest gegen die Maskeraden der Ideologien und deren Blutdurst. Es stellt dagegen die nackte Wahrheit des Ewig-Menschlichen im wörtlichen Sinn: Die Aufführung kaum eines anderen Stücks verlangt Bühnennacktheit so unabdingbar, sie ist geradezu letzte Quintessenz der vielschichtigen Philosophie dieses so leicht hingeschrieben scheinenden Stücks. Dass es nicht Papier blieb, sondern spielbar wurde, machte es zu einem Schlüsselstück für die Befreiung des Schauspielers aus der bürgerlich-verlogenen Prüderie.

In dieser *Operette*, in der Originalsprache eine Spur zärtlicher *Operetka* genannt, geht es Gombrowicz nur am Rande um eine Persiflage der kunstseidenen Operettenwelt. Scheinbar oberflächlich und doch hintergründig versucht er, Geschichte zu interpretieren, vor allem die tragische des 20. Jahrhunderts.

Die Handlung des Stücks orientiert sich äußerlich zunächst an den unentbehrlichen Bestandteilen von

Nacktheit braucht die Kleider, um sie von sich zu werfen – so werden alle Verlogenheiten der Gesellschaft offenbar: Beate Granzow als auferstandenes Albertinchen 1973 in Graz.

Mut zu tänzerischer Nacktheit bewies Tanja von Oertzen, die 1975 in Frankfurt den „Triumph der Wahrheit" tanzte.

perfektioniertem Kitsch, zu dem sich die Operette von Jacques Offenbach bis hin zu Franz Lehár und seinen Epigonen entwickelt hat. Am Anfang steht auf der Bühne die Gesellschaft, die in der Operettenwelt als Ideal vergöttert wird, obwohl sie in der historischen Wirklichkeit schon in Agonie lag: die versnobten, leicht vertrottelten, überzüchteten Marionetten der Aristokratie um 1910, mit ihren Baronen, Grafen, Generalen, dem Bankier, dem Professor – und dem Pfarrer, der mit seinem „teuren Herrgott" dieser Gesellschaft einen Überbau liefert, der nur noch Staffage ist. Ihr Hauptinteresse gilt der Mode; und eben ist am Hof der Modeschöpfer Fior eingetroffen, um den Herrschaften seine neuesten Kreationen vorzustellen.

Wie alles, ist auch die Erotik zum blasierten Spiel geworden. Zwei Lebemänner – Graf Charme und Baron Firulet – stehen im Wettbewerb um die Eroberung junger Mädchen. Sie halten sich jeder einen jungen Diener, der für sie offenbar einzuspringen hat, um ihren eher nur noch symbolischen Verführungsansprüchen real Nachdruck zu geben. Graf Charme hat das junge Albertinchen auf seine Liste gesetzt, aber in dieser Welt erstarrter Formen kann der Herr Graf das Mädchen nicht ansprechen, „ohne vorgestellt zu sein". So denkt er sich eine lächerliche Intrige aus. Sein Diener wird dem auf einer Parkbank eingeschlafenen Mädchen ein Medaillon zu rauben versuchen, der Graf wird dann als Retter auftreten.

Gesagt, getan. Aber unter der erotischen Berührung des Spitzbuben verliert Albertinchen alle Hemmungen der Konvention. Ziemlich konsterniert steht der gräfliche Lebemann nun nicht mehr einer Pariser Venus gegenüber, die sich mit Diners, Schmuck, Parfüm und vor allem Kleidern verwöhnen und verführen lässt, sondern einer erwachenden Frau, die, in teure Kostüme gehüllt, nach Nacktheit ruft: ein Wunsch, der in dieser Gesellschaft, die von der Verkleidung lebt, nur

Abscheu erwecken kann. „Nacktheit, meine Herrschaften, ist demagogisch, ist geradezu sozialistisch, denn was wäre, wenn die Plebs entdeckt, dass unser Popo nicht anders als der ihre ist?“, erkennt selbst die Fürstin in ihrer Sklerose.

Der Ruf des in Trance schlummernden Albertinchens nach Nacktheit, das Verlangen nach Potenz statt Verwöhnung, signalisiert, dass die alte Welt zusammenbricht. Noch immer klammert sie sich an die Mode. Aber was hat Meister Fior, Verkörperung des Zeitgeists, zu bieten? Faschismus und Militarismus sind diese „Moden“ einer sterbenden Gesellschaft, und gegen die erhebt sich die Dienerschaft. Aber auch die von einem fanatischen Josef – eine Erinnerung an Stalin? – angeführte Zerstörung der alten Gesellschaft erfolgt noch immer in den Maskeraden der Geschichte. Gombrowicz jedoch will den Bankrott jeglicher Ideologien, die nur Verkleidungen sind. Er proklamiert den Bankrott der Kleidung: „Die Gegenüberstellung Kleidung–Nacktheit ist der grundsätzliche Leitfaden von *Operetka*. Der Traum von der Nacktheit eines Menschen, der gefangen ist in den wunderlichsten und schrecklichsten Kleidungen ...“

Am Ende steht, in einer Ruinenlandschaft, ein Sarg auf der Bühne, in ihm das totgeglaubte Albertinchen. In diesen Sarg legen alle ihre verbrauchten Ideologien, ihre Irrtümer und Missgeschicke, und der Modeschöpfer legt in ihn „die heilige, durch Kleidung für immer geschändete Nacktheit des Menschen“. Da ertönt Albertinchens Stimme aus dem Sarg, ein weißer Arm hebt den Sargdeckel empor, und aus der Totentruhe springt, quicklebendig und nackt, das Mädchen: nach dem Totentanz die Auferstehung; der ewige Mensch, auferstanden von den Toten. Gombrowicz kommentiert die Szene: „Ich möchte vom Menschen verlangen, dass in ihm (und wäre er ein Ungeheuer) die Idee der Schönheit des Menschengeschlechts lebe – dies möge er nicht vergessen. Ich gehöre zu einer Rasse, die mich entzückt. Ich verehre die Schönheit der Welt durch die menschliche Schönheit.“

So wächst die Aussage des Stücks weit über eine Persiflage der Operette „in ihrem göttlichen Idiotismus, ihrer himmlischen Sklerose“ hinaus, wird „der monumentale Operetten-Idiotismus Hand in Hand gehend mit dem monumentalen Geschichtspathos“ zu einem Drama der Menschheit. Im Zeichen der 68er-Rebellion wurde die 1965 verfasste *Operetka* als prophetische Vorwegnahme gedeutet: „Alle Ideen der Revolte vom Mai 1968 sind da enthalten, die Verwerfung der Werte der alten Gesellschaft und der herrschenden Klassen, die Absage an den Stalinismus, der neue Sinn, den die Jugendlichen der Geschichte aufzwingen werden“, schrieb der Kulturphilosoph Lucien Goldmann. Albertinchens Nacktheit ist für Gombrowicz zugleich Symbol der Reinheit des Protestes gegen die Verlogenheit der Gesellschaft: „Ein ständig mit Jugend Verbundener wird niemals Kleidung lieb gewinnen. Das ist das Fundament meiner Ästhetik. Die wahre Schönheit ist nackt.“

In deutscher Sprache wurde *Operette* 1971 in Bochum erstaufgeführt. In Österreich wagte sich, nachdem die Wiener Theaterleiter abgewinkt hatten, das Grazer Schauspielhaus an das Stück. Das war im Jahre 1973, als frontale Nacktheit im Licht der Bühnenscheinwerfer noch Schock und Protest befürchten ließ. Es war eine

War es Angst vor feministischen Protesten, die 1979 das Wiener Volkstheater der Schlussapotheose in *Operetka* einen nackten Mann beigeben ließ?

mustergültige Aufführung, die auch ins Programm der Wiener Festwochen aufgenommen und für das Fernsehen aufgezeichnet wurde. Da das Stück in seiner Aussage auf die Nacktheit im Finale hin gearbeitet ist und sie so zur dramaturgischen Notwendigkeit macht, konnte man sich nicht mit einer Statistin behelfen, sondern brauchte eine Schauspielerin, die körperlich dem „ewigen Jugendtraum" des Autors entsprach. Graz fand sie in der jungen Hamburger Balletteuse, Soubrette und Schauspielerin Beate Granzow. Zuerst zögerte sie, als Regisseur Fritz Zecha ihr die Rolle antrug. Die Kollegen rieten ihr: Mach das nicht, du wirst ja nur als Nackte abgestempelt. „Dann las ich die These von Gombrowicz über die ‚heilige Nacktheit'. Er hat da in Worte gefasst, was im Grunde auch meine Einstellung zur Nacktheit war. Ich sagte mir: Deine Einstellung ist wichtig. Wenn die aufs Publikum übergeht, wird deine Rolle glaubwürdig."

Die Befürchtungen der Theaterleute waren unbegründet. „Protest ist mir keiner bekannt", sagte Granzow. „Vielmehr funkeln in der Schlussszene plötzlich Dutzende Operngläser selbst in den vordersten Reihen, und manche Mädchen kichern. Die Köpfe im Zuschauerraum geraten in Bewegung. Manche Leute, vor allem Frauen, schauen freilich auch weg. Man flüstert diskret. Aber dann kommt der Beifall."

Einzig katholische Kreise äußerten Bedenken, nicht direkt wegen der Nacktheit, sondern weil sich auf das Podest, das die dem Sarg Entstiegene in die Höhe hob, ein Lilienkranz senkte, was an Marienstatuen erinnere, also blasphemisch empfunden wurde. Und, wenn auch bestritten, vielleicht war die Anspielung doch so gemeint: ein vom Schnürboden sich senkender Lilienkranz über ihr und der Triumph über den schlangenumschlungenen Erdball unter ihren Füßen, eine überhöhte nackte heilige Jungfrau – eine doppelbödige Nähe von Erhabenheit und Kitsch.

Szenenphotos wollte Albertinchen zunächst nicht erlauben. Sie wollte nicht als Sexstar missverstanden werden und die falschen Besucher ins Theater locken. Mit einem ausführlichen Interview gelang es schließlich der Wiener *Arbeiter-Zeitung*, sie zu überzeugen, so dass der Liebreiz der Szene und ihrer Hauptdarstellerin exklusiv für die Annalen der Theatergeschichte dokumentiert werden konnte.

Gretchen zieht sich aus

Das Nachthemd in Goethes *Faust*

Der Äpfelchen begehrt ihr sehr
Und schon vom Paradiese her:
Von Freuden fühl' ich mich bewegt,
Dass auch mein Garten solche trägt.
JOHANN WOLFGANG VON GOETHE

Goethes *Faust* ist kein prüdes Werk. In den Klassikerausgaben waren bis in die jüngste Zeit einige obszöne Stellen im Hexensabbat der Walpurgisnacht durch ein paar Punkte abgedeutet, obwohl sich jeder des Deutschen Kundige buchstäblich seinen Reim darauf machen kann. Peter Stein, der beide Teile vom ersten bis zum letzten Vers buchstabengetreu auf die Bühne stellte, hat sie hingegen nicht ausgelassen. Aber das war ja auch schon zu Beginn des 21. Jahrhunderts, als man seit gut drei Jahrzehnten

Peymann nahm Goethe wörtlich: Erstmals in der Theatergeschichte zog sich Gretchen aus – Therese Affolter tat dies 1977 in Stuttgart ohne eine Spur von Striptease.

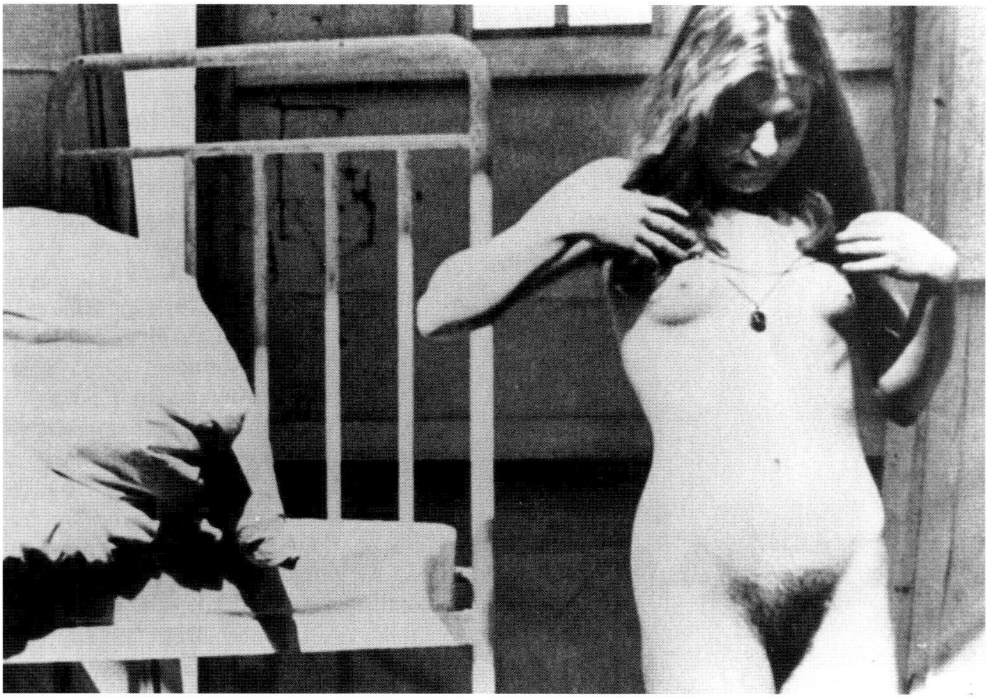

von den deutschen Bühnen in Sprache und Darstellung längst schon ganz anderes gewohnt war.

In der Zeit davor freilich waren gewisse Wörter ebenso wie Nacktheit der Schauspieler, die im lange geübten Verbotskanon der Theaterpolizei sofortige Strafen und Verbote zur Folge gehabt hätten, kaum denkbar, und selbst noch so zahme Übertretungen hatten handfeste Skandale zur Folge. Da musste sich die Vorstellungskraft des Weimarer Klassikers, der zumindest in geschriebener Erotik keineswegs abstinent war, in der Bühnenrealität mit Andeutungen begnügen.

So war in der Hexenküche, in der der alte Professor Faust verjüngt wird, das Phantombild der schönen Helena im Zauberspiegel – „Mit diesem Trank im Leibe / siehst Helenen du bald in jedem Weibe", spöttelt Mephisto – für die Regisseure eine Gelegenheit, mit der Darbietung eines entblößten Frauenzimmers so weit zu gehen, wie es das Anstandsgefühl des Abonnementpublikums oder der Theaterzensur zuließ. In der Walpurgisnacht wurde Mephistos Dialog mit der alten Hexe dann nur, ohne die Worte auszusprechen, rhythmisch skandiert. Aber welcher Art dieser Hexensabbat in der Vorstellung Goethes war, lässt sich ohnedies an der Reaktion Mephistos auf die so genannte klassische Walpurgisnacht des zweiten Teils erkennen: „Das Heidenvolk ist mir zu nackt." Gemeint ist nicht die arkadische Selbstverständlichkeit des Nackten, wie sie ein erträumtes Griechenland bot, sondern des Blocksbergs hurenhafte Halbverhülltheit zur Aufreizung sexueller Lüsternheit.

Dieser gegenüber steht seit jeher die in ihrer Selbstverleugnung alles Maß überschreitende Liebe Gretchens. Keuschheit und Sinnlichkeit sind da kein Gegensatz, sie bedingen einander geradezu.

Dennoch hat es 1977 ein Neuerer der Regiekunst gewagt, das Gretchen, diesen Inbegriff deutscher Innerlichkeit, nackt auf die Bühne zu bringen. Eine Sünde am *Faust*, eine billige Spekulation?

Wer Claus Peymanns Stuttgarter Inszenierung beider Teile erlebt hat, weiß, dass das ein vorschnelles Urteil wäre. Kulturhistoriker könnten sich auf die nicht näher ausgeführte Regieanweisung Goethes berufen, der in der Szene, ehe Margarete die in ihrer Kammer versteckte Schmuckkassette findet, nur anmerkt: „Sie fängt an zu singen, indem sie sich auszieht"; oder sie könnten auf die mittelalterlichen Schlafsitten verweisen, die ein Nachthemd noch nicht kannten. Aber ein solches Wörtlichnehmen Goethes bliebe auch dann noch immer eine bloße Äußerlichkeit und in einem Regiekonzept, das sonst gar nichts von Kostümrealismus hielt, eher heuchlerisch.

Wenn das „sie zieht sich aus" bis zur letzten Konsequenz dargestellt wird, bedarf es großer schauspielerischer Begabung, das Anlegen des Schmucks aus Mephistos Kästchen so zu gestalten, dass der Blick auf das nackte Mädchen auch wahrnimmt, was in diesem vorgeht. Wer Therese Affolter als Gretchen gesehen hat, weiß, was eine Schauspielerin können muss, die dem Geist dieses Regiekonzepts folgt. Kein Striptease zum *König von Thule*, sondern Nacktheit, ihrer selbst nicht bewusst –

Unschuld, im Begriff, in Liebe aufzugehen. Der Naivität, dem Frühlingserwachen dieser Gretchengestalt, tut Nacktheit keinen Abbruch; sie gewinnt vielmehr hier eine dritte Dimension, die sich neben die hexische Entblößungslust des Blocksbergs und die „Freikörperkultur" der Klassik stellt: die der Liebenswürdigkeit und zugleich der Verletzbarkeit des Menschlichen.

Inzwischen ist Peymanns Wagnis schon in das Repertoire etlicher *Faust*-Inszenierungen übergegangen. Als Erster folgte ihm Boy Gobert 1980 in Hamburg, mit Maria Hartmann als Darstellerin. In jüngster Vergangenheit inszenierte Peter Stein seinen vielstündigen Jahrhundert-*Faust*. In seinem Bemühen, erstmals einen textlich kompletten und originalgetreuen *Faust* auf die Bühne zu stellen, ließ er Dorothee Hartinger als Margarete in der Kästchen-Szene sich entkleiden, allerdings zog sie, ehe sie Mephistos Geschmeide entdeckte, ein Nachthemd an. Das lag aber nicht daran, dass die wohl gestaltete junge Schauspielerin Probleme mit der Nacktheit hatte. Sie zeigte sich dann in der Walpurgisnacht nackt als „blasses, schönes Kind", in welchem der von schlimmen Ahnungen geplagte Faust erkennt: „Fürwahr, es sind die Augen einer Toten, / die eine liebende Hand nicht schloss. / Das ist die Brust, die Gretchen mir geboten, / das ist der süße Leib, den ich genoss"; doch Mephisto lenkt ihn ab, zieht in fort: ein Zauberbild, ein Gespenst – nichts weiter.

In der Tragödie zweitem Teil darf Dorothee Hartinger, nun Abbild der Schönheit und Jugend, noch ein-

In der Leipziger Inszenierung von 1999 ließ sich Faust, Johann von Buelow, in der Walpurgisnacht von der hexischen „Schönen", Lisa Martinek, verführen.

mal erscheinen: in den Felsbuchten, in denen sich die Meergötter tummeln, um sich mit der ewig neuen Natur zu vereinen. Sie ist da die schöne Galatee, die, eine zweite Schaumgeborene und in einer Muschel stehend, das „Ewig-Weibliche“ naturhaft-anders verkörpert als dann „una Poenitentum, sonst Gretchen genannt“ im Schlussakt. Die Jungfrau-Mutter aus dem Meer segnet das Aufgehen des künstlichen Menschleins im fortwährend Leben zeugenden Wasser als Weg zur natürlichen Wiedergeburt.

Dieses Fest der Meergötter am Ende des zweiten Akts kann auf einer Theaterbühne, und sei sie auch mit neuesten technischen Finessen ausgerüstet, niemals adäquat wiedergegeben werden. In der Malerei des 19. Jahrhunderts kämen wohl einige Bilder vorn Arnold Böcklin, vor allem aber Hans Makarts *Triumph der Ariadne* den Vorstellungen des Dichterfürsten am nächsten. Eine vollendete szenisch-bewegte Gestaltung in dieser Art ließe sich nur mit den Mitteln des Films durchführen – aber wer will schon *Faust II* verfilmen?

In Jan Fabres Stück *Das Glas im Kopf wird vom Glas* bildete 1989 in Frankfurt die schöne Nackte einen zentralen Blickpunkt.

Salomes siebter Schleier

Operndiven proben den Striptease

> Und dann, als würde ihr das Feuer knapp
> nimmt sie es ganz zusamm und wirft es ab
> sehr herrisch, mit hochmütiger Gebärde
> und schaut: da liegt es rasend auf der Erde
> und flammt noch immer und ergibt sich nicht.
> Doch sieghaft, sicher und mit einem süßen
> grüßenden Lächeln hebt sie ihr Gesicht
> und stampft es aus mit kleinen festen Füßen.
> Rainer Maria Rilke

„Dös krieg i schon", sagte der knapp 40-jährige Richard Strauss, der Freunden 1904 in Straßburg seine Oper *Salome* vorspielte und vorsang, als man ihn aufmerksam machte, dass noch die Musik zum Tanz der Salome fehlte.

„Salomes Tanz ist nachträglich komponiert. Und das ist wirklich jederzeit spürbar – mitten in einem genialischen Musikdrama ist hier eine routinierte symphonische Dichtung eingefügt, die auch in einem Nachtlokal erklingen könnte. Deshalb hat man früher auch nichts dabei gefunden, dass die Sängerin der Salome sich durch eine Tänzerin vertreten ließ", belehrt uns der Wiener Musikkritiker Franz Endler.

Davon ist man heute längst abgekommen. Herbert von Karajan war einer der Letzten, der es – in einer *Salome*-Aufführung in Salzburg – noch so handhabte. Heute wird den Sängerinnen der Titelpartie auch die tänzerische Darstellung abverlangt. Man mutet ihnen dabei die Anstrengung des Tanzens in einer Rolle zu, in der sie davor und danach eine der schwierigsten Partien der Opernliteratur zu bewältigen haben. Andererseits aber wird das volle Aufgehen in die Rolle der Kindfrau, deren jäh erwachtes – und zurückgewiesenes – Begehren in der ertanzten Tötung des Objekts ihrer Begierde sich dieses aneignet, wohl nur durch die durchgehende Einheit in der Darstellung möglich.

Das Stück Oscar Wildes erregte die Empörung der viktorianischen Bürger. Seine Aufführung wurde in England wie in Frankreich verboten. Strauss, von der – auch in der deutschen Übersetzung Hedwig Lachmanns bewahrten – Künstlichkeit der Sprache fasziniert, kümmerten die Skandale nicht. Gustav Mahler, damals Direktor der Wiener Hofoper und begeistert von den unerhörten Klangvisionen des Meisters, wollte *Salome* in Wien zur Uraufführung bringen. Die Intendanz untersagte das „anstößige" Stück, Dresden durfte sich 1905 des szenischen Erstgeburtsrechtes rühmen. Cosima Wagner wetterte: „Das ist Wahnsinn, nichtiger Unfug, vermählt mit

Maria Ewing als stolze und schöne Salome tanzte 1988 in London den „Tanz der sieben Schleier“ so, wie ihn Oscar Wilde und Richard Strauss wohl erträumt haben.

Unzucht.“ Und Kaiser Wilhelm II. orakelte, mit dieser Arbeit werde sich der Komponist „janz furchtbar schaden“. „Von diesem Schaden konnte ich mir die Garmischer Villa bauen“, merkte Strauss dazu später an.

Dabei war die Zeit noch lange nicht reif dafür, dass der Tanz der Salome, das auslösende Moment der Tragödie, der erotischen Phantasie Wildes und der sich zu einem rasenden Finale steigernden Musik von Strauss gerecht werden durfte. Wilde hatte in seinem Drama an die Szene, in der die Prinzessin ihrem begehrlichen Stiefvater als Belohnung für den Tanz, um den er sie anfleht, einen Eid herauslockt, ihr einen beliebigen Wunsch zu erfüllen, lapidar angemerkt: „Salome tanzt den Tanz der sieben Schleier.“ Wie immer sich der Dichter diesen erotischen Tanz vorstellen mochte – bemerkenswert ist, dass in einer der ältesten Dichtungen der Menschheit, dem Epos über die Unterweltsfahrt der sumerisch-babylonischen Liebesgöttin Inanna-Ischtar, die Siebenzahl die Abfolge des Ablegens der Kleidung der Göttin als Voraussetzung für den Einlass in das Totenreich bestimmt. Schon aus dieser Ahnenreihe würde sich der Schleiertanz sehr gut in das Salome-Drama um Eros und Tod einfügen.

Wie könnte der Tanz der Salome im Orient der Zeit um Jesus Christus ausgesehen haben? Dass Tänzerinnen bei Festen und auf Gelagen nackt auftraten, war schon im alten Ägypten Brauch und noch in der Spätantike nichts Ungewöhnliches. Es ist daher schwer vorstellbar, dass allein die Nacktheit einer Tänzerin bei Antipas Herodes rasendes Entzücken ausgelöst hätte. Doch waren es in der Regel Sklavinnen oder Prostituierte, die diese Tänze aufführten. Wenn also Salome

Die St. Gallener Inszenierung von 1976 suchte den Unterschied zwischen den Nuditäten des sittenlosen Herodes-Hofes und der keuschen Nacktheit der tanzenden Salome deutlich zu machen.

vor Herodes und seiner Hofgesellschaft die sieben Schleier fallen ließ, so war eben nicht die Nacktheit der Tänzerin das Ungewöhnliche, sondern die Tänzerin: Die Prinzessin, die Königstochter selbst tanzte. Und es war wohl nicht nur die Erwartung des Kunstgenusses, der ihren Stiefvater zu seinem verhängnisvollen Versprechen schwach werden ließ, das Johannes den Täufer, wie das Markus-Evangelium berichtet, den Kopf kostete.

Nicht in der Strauss-Oper, sondern in einem Ballett gab 1978 in Kopenhagen die dänische Primaballerina Vivi Flindt-Gelker dem Nackttanz der Salome eine ausdrucksstarke Note.

Jahrzehntelang erlegte die der gesellschaftlichen Prüderie und den zeitgeistigen Vorstellungen von Anstand und Moral verpflichtete Zensur der Inszenierung und Darstellung der Salome Schranken auf. Ohne sie zu verletzten, waren Generationen von Regisseuren bemüht, jene Vereinigung von Sinnlichkeit und Schönheit, wie sie den Schöpfern des Dramas und der Oper vorgeschwebt sein mag, zu erreichen – zumal in Zeiten, in denen bei vielen Opernsängerinnen das leibliche dem Stimmvolumen entsprach und manche Diva die Salome aus falschem Ehrgeiz tanzte.

Jedenfalls waren dem Tanz Anstandsgrenzen auferlegt, die das Fallen der Schleier nur andeuten oder darauf ganz verzichten ließen; auch ließen sich Regisseure mitunter vom orientalischen Klang der Komposition verleiten, die Prinzessin von Judäa einen Bauchtanz absolvieren zu lassen. Im Übrigen aber zeigte sich, dass Salome nicht unbedingt des Schleier-Strips bedurfte: Man sah Darstellerinnen, die keinen Zentimeter mehr Fleisch zeigen mussten, um das ganze Opernhaus vor Sinnlichkeit knistern zu lassen, und man sah solche im Glitzerbikini, die dennoch kalt ließen. Was die Ersteren anlangt: Hier brillierte lange Anja Silja – beim Tanz in Zweiteiler und Netzstrümpfen – in Wieland Wagners auch für Wien, Berlin und Paris archetypischer Stuttgarter Inszenierung von 1962.

Die größere Liberalität, mit der man seit den 70er Jahren der Nacktheit auf der Bühne Raum gab, ließ dann so manche Sängerin die Freizügigkeit, die einem entsprechenden Regiekonzept entsprach, nicht mehr als Zumutung erscheinen. Das erlaubte Inszenierungen, die dem Geist des Stücks gerecht wurden.

Ausgerechnet in der konservativen Schweiz, im ambitionierten Stadttheater von St. Gallen, riskierte es 1976 der Intendant und Regisseur Wolfgang Zörner, die bis dahin gelittene Grenze im Schleierfall zu überschreiten. Er merkte dazu an: „Der Perversität der Herodias und des Herodes wollte ich ein dieser Welt gegenüber abgestumpftes und nach wirklicher Liebe suchendes Wesen auf die Bühne bringen … Den Grund für die ungeheuren Versprechungen des Herodes gegenüber Salome und seine schließlich grenzenlose Begeisterung wollten wir dadurch darstellen, dass die im Gegensatz zu den übrigen Personen der Herodeswelt züchtig bekleidete Salome sich vor ihrem pervertierten Stiefvater gänzlich entkleidet." Dieses Regiekonzept war eine der Voraussetzungen für die Besetzung der Rolle mit Williams LaVerne. Während der Arbeit musste Zörner jedoch feststellen, „dass die gänzliche Nacktheit für sie als Sängerin mehr Probleme mit sich brachte, als wir gemeinsam vorher geahnt hatten". Aber nicht einmal aus Publikumskreisen gab es

Opposition gegen diese Interpretation, die Geist und Text des Operndramas sehr wörtlich nahm.

Götz Friedrich hatte Anfang der 70er Jahre Millionen Fernsehern eine aufregende und farbenprächtige *Salome* ins Haus geliefert. Beim Tanz bestand er darauf, dass Teresa Stratas als Salome beim Schleiertanz die letzte Hülle fallen ließ, auf dem Bildschirm aber wurde diese Stelle in Sekundenbruchteilsschnelle überspielt. 1977 wagte sich Friedrich in der Stuttgarter Oper an eine konsequente Interpretation des Tanzes. In der damals noch unbekannten jungen Amerikanerin Karan Armstrong fand er eine schlank-agile, mädchenhafte Hauptdarstellerin, deren Sopran nicht nur durch lyrische Leuchtkraft frappierte, sondern die auch als eine in der Nacktheit unbekümmerte Tänzerin einen Glücksfall darstellte. „Ohne jeden Anflug pornographischer Laszivität wird der Schleiertanz realisiert, bei dem die Choreographie zielstrebig auf die Endphase hinzielt: In konvulsivischen Zuckungen windet sich die nackte Salome auf dem Zisternengitter“, begeisterte sich der Kritiker der *Frankfurter Allgemeinen Zeitung*.

Dass nicht jeder Sängerin ein solches Talent gegeben ist, zeigte sich 1987 an der Salome von Hildegard Behrens unter der Regie August Everdings in München. Für die berühmte Sängerin war Salome die Schicksalspartie gewesen, in der ihr Entdecker Karajan, wie erwähnt, ihren Tanz in Salzburg durch eine Ballerina ausführen ließ. In München aber begann sie ihren Tanz als Schattenriss hinter dem beleuchteten Vorhang von Herodes' Zelt, um am Ende in Ekstase auf dem Gitterrost des Kerkers die Hüllen fallen zu lassen. „Bei Salomes Tanz riskierte sie alles und gewann nicht viel. Derartige Direktheiten müssen im Kunstbezirk wahrlich anders umgesetzt werden“, ärgerte sich der Kritiker der *Süddeutschen Zeitung*.

Demgegenüber hatte 1988 Peter Hall in seiner *Salome*-Inszenierung im Londoner Covent Garden mit Maria Ewing eine Besetzung, in deren Darstellung dramatischer und musikalischer Ausdruck verschmolzen. Nach dem Tanz der sieben Schleier, an dessen Ende sich Salome in fast wütender Verzweiflung ihrer letzten Hüllen entledigt, steht sie weit mehr als einen Atemzug lang splitternackt vor dem König, ohne dass dies auch nur einen Augenblick im Publikum den Gedanken an eine billige Obszönität aufkommen lässt – allein: ebenso der realistischen Darstellung wie der Schönheit verpflichtet.

Die nackten Rheintöchter

Ein Schwimmbassin in Bayreuths Festspielhaus

> Um ein Riff in der Mitte der Szene, welches mit seiner Spitze bis in die dichtere Wasserflut ragt, kreist in anmutig schwimmender Bewegung eine der Rheintöchter; sie singt (ohne Worte) eine wohlige Wellenweise dazu.
> RICHARD WAGNER

Pierre Louÿs aus dem Pariser Dichterkreis der Parnassiens, um die Wende vom 19. zum 20. Jahrhundert, war ein Ästhet, der von der Befreiung der Nacktheit aus den einengenden Moralvorstellungen seiner Zeit schwärmte. In seinen Romanen und Gedichten – sein berühmtester Lyrikband war *Die Lieder der Bilitis* – versuchte er, das Liebesleben der Spätantike nachzuempfinden. Er sah in der durch den Kult des Schönen sublimierten Fähigkeit zum sinnlichen Genuss die Bedingung für die Entwicklung der schöpferischen Intelligenz. Diesen Kult des Schönen, zu dem er auch Nacktheit propagierte, wollte er auf der öffentlichen Theaterbühne vorbildhaft verwirklicht sehen – in seiner Zeit noch nahezu

Richard Wagner hätte es 1983 in Bayreuth gefallen: Die Rheintöchter schwimmend und natürlich nackt, wie es sich für Nixen eben gehört.

unvorstellbar. So musste er sich begnügen, ein Zeitalter nur anzukündigen, in dem die Rheintöchter in Richard Wagners *Der Ring des Nibelungen* nackt singen würden.

Es dauerte ein Jahrhundert, bis Louÿs' Wunschtraum 1983 in Bayreuth in Erfüllung ging. Sir Peter Hall, der für die Inszenierung des *Rings* engagiert worden war, wollte Wagners Regieanweisungen wörtlich nehmen. Das war sowohl eine Absage an das so genannte Regietheater, das vor Wagner nicht Halt gemacht hatte, als auch der Versuch einer Rückkehr vor die Zeit der nach 1950 vollzogenen Abkehr vom

traditionellem Aufführungsstil durch den Wagner-Enkel Wieland. Hatte doch Wieland Wagner die Bühnenbilder durch Lichteffekte ersetzt und mit abstrakten Requisiten gearbeitet. Nach dessen Tod war sein Bruder Wolfgang von der konsequenten Strenge dieses modernen Bühnenstils zwar abgegangen, hatte aber weiter dem Experiment die Tore geöffnet. Mit der Inszenierung des *Rings* durch den Franzosen Patrice Chéreau fand dies seinen umkämpften Höhepunkt, der bei den alten Wagnerianern wütende Proteststürme auslöste, etwa als schon im *Rheingold* die drei Rheintöchter als unter einem Kraftwerksstaudamm agierende Nutten auftraten. Die Kritik erkannte hingegen früh, dass Chéreau nicht nur in der Personenführung bis dahin Unerreichtes geleistet, sondern auch seinem bald so genannten „Jahrhundert-Ring" eine weltanschauliche Deutung gegeben hatte, die in sich schlüssig, wenn auch diskutierenswert war – ein Fortschritt: bezeichnete doch ein Kritiker nach der Münchener Uraufführung 1869 die erste Szene als „Hurenaquarium".

Die ersten Nackten sah man 1973 in der Wiener Staatsoper: Beim Tanz ums goldene Kalb in Schönbergs *Moses und Aron* lieh man sich freilich noch Stripperinnen.

Hall gab zu verstehen, dass er von der solcherart versuchten Einbringung von Ideologie nichts hielt, sondern zeigen wollte, was sich aus der von Richard Wagner erzählten mythischen Geschichte und der Musik ablauschen und auf der Bühne veranschaulichen ließ. Er fand darin entschiedene Unterstützung bei dem damals 65-jährigen Georg Solti, der als Dirigent für die Neuinszenierung gewonnen wurde. „Mir war klar, dass ich *Rheingold* ohne Wasser und *Walküre* ohne Feuer und *Siegfried* ohne Wald nicht machen will und machen kann", hatte Solti angekündigt. Und er traf sich damit völlig mit dem Projekt Peter Halls. Der wollte Wagners Regieanweisungen schon im *Rheingold* eine Gestalt geben, wie sie der Komponist nur hatte erträumen können. Die Rheintöchter sollten in wirklichem Wasser schwimmen – und das nach Nixenart: nackt.

Um schwimmende nackte Sängerinnen auf die Bühne des Festspielhauses zu bringen, ohne den mythischen Raum der Rheintiefen zu einem lächerlichen Plantschbecken zu degradieren, bedurfte es eines gewaltigen technischen Aufwands. Die Auseinandersetzungen mit Wolfgang Wagner, die die Arbeiten an Halls Inszenierung von Anfang bis Ende begleiteten, waren vorprogrammiert, und das nicht nur aus Kostengründen, sondern weil unter Halls Aufgehen in den Problemen der Theatertechnik die Personenführung litt. Dabei stritten in der Brust des Wagner-Enkels zwei Seelen. Er sah in dem Bühneneffekt der schwimmenden Rheintöchter eine großartige Idee, aber er musste auch die Gefahren einkalkulieren, die sich aus dem dafür notwendigen Aufwand für das immerhin schon gut hundert Jahre alte Festspielhaus ergaben.

Solti, Hall und der junge Bühnenbildner William Dudley waren sich einig, bereits in der ersten Szene der Tetralogie „die Karten auf den Tisch zu legen". Es sollte eine Rheintöchter-Szene werden, wie sie bis dahin noch auf keiner Opernbühne zu sehen gewesen war. Dudley entsann sich eines an englischen Theatern verwendeten Bühnentricks, mit dem Darsteller durch einen Spiegel in Positionen gebracht wurden, die sie gar nicht wirklich einnahmen. Diese relativ einfache Technik entwickelte Dudley weiter. Auf die Bühne sollte ein aus einem Riesentank gebauter Swimmingpool gestellt werden, dahinter ein großer, um 45 Grad geneigter Spiegel. Durch diesen würde der Eindruck vermittelt werden, dass die Rheintöchter in den Tiefen des Rheins hinauf und hinunter schwammen und dabei dem aus einer Geröll-Kulisse nach ihnen haschenden Alberich immer wieder entwischen konnten.

In Händels Oper *Orlando* sangen 2003 in der Londoner Royal Opera Suzanne McNaughton die Venus und David Lucas den Eros.

Die Idee erwies sich in einem Modellversuch auf einer britischen Theaterbühne als realisierbar, allerdings war es für Bayreuth keineswegs mit dem kleinen Wasserbecken getan, das in England verwendet wurde. Die Übertragung auf den Festspielhügel drohte schon daran zu scheitern, dass Wagners Musik nur 45 Sekunden duldet, um die Rheinszene in den Göttertreff „auf Bergeshöhen" umzuwandeln; Zeit, die großen Mengen des Wassers aus dem fast den ganzen Bühneraum erfassenden Pool abzulassen, gab es also nicht. Nach langen Diskussionen stimmte Wolfgang Wagner der Einrichtung einer äußerst kostspieligen Hydraulik zu, die den technischen Vorgang ermöglichte. Für den rund 50 Tonnen schweren Wassertank von 12 Metern Breite und 6,5 Metern Tiefe, in den das in einem 560 Kilowatt leistenden Gas-Durchlauferhitzer angewärmte Wasser für die Sängerinnen eingeleitet wurde, musste der gesamte Bühnenboden verstärkt werden.

Als sich für das neue *Rheingold* 1983 erstmals der Vorhang öffnete, ahnten wohl die wenigsten Zuschauer, welch mühevollen und teuren Aufwand diese Inszenierung, die den phantasievollen Szenenanweisungen des Meisters folgte, erfordert hatte. Die drei jungen Rheintöchter – Birgitta Svendén, Agnes Habereder und Jane Turner – erlaubten tatsächlich die Illusion, dass sie ihr neckisches Spiel mit dem Schwarzalben, dem es bei aller Lüsternheit letztlich doch nur um das Gold geht, am Grunde des Rheinstroms trieben. Und in der Tat: Sie schwammen hüllenlos in echtem Wasser, ohne dass ihre souverän beherrschten Gesangspartien darunter litten.

Von Publikum und Kritik gefeiert: Sibylle Ehlert als splitternackte Göttin Venus in Ligetis *Le Grand Macabre* bei den Salzburger Festspielen 1997.

Das Konzept wurde dann auch im dritten Akt der *Götterdämmerung* konsequent durchgezogen, wobei allerdings nicht mehr der komplizierte Spiegeltrick angewendet werden konnte. Die Begegnung Siegfrieds mit den drei Rheintöchtern im „wilden Wald- und Felsental“ konnte nicht exakt nach den Vorstellungen des Komponisten, aber wohl durchaus in seinem Geiste auf der Bühne umgesetzt werden. So wurde ein Schwimmbecken gebaut, an dessen Rand die drei Sängerinnen zunächst auftauchten, um den auf der Jagd verirrten Helden den Nibelungenring zu entlocken. Als dies sich als vergeblich erweist, werden die neckischen Nixen „ernst und feierlich“. Hall hat diese Szene im Waldesdämmer in unwiederholbarer Schönheit gelöst: Die aus dem Wasser ans Ufer getretenen Mädchen standen – eine Dreiergruppe ähnlich den nackten klassischen Grazien – Siegfried gegenüber, um diesem ihre Todesbotschaft zu singen.

Schon ein gutes Jahrzehnt vor den hüllenlosen Rheintöchtern war in den Opernhäusern die Nacktheit eingezogen, allerdings meist mit mehr Sinn und

Skandal bei den Salzburger Festspielen 2003, weil Mozarts *Entführung aus dem Serail* verstümmelt wurde: Diana Damrau als Blonde und Peter Rose als Osmin.

Geschmack, als dies auf so mancher Sprechbühne der Fall war. Bereits 1969 in der Stuttgarter Inszenierung von Krzysztof Pendereckis *Die Teufel von Loudon* rissen sich Darstellerinnen im orgiastischen Rausch die Kleider vom Leib und wälzten sich in lesbischer Umschlingung, ein heuchlerischer Priester saß nackt mit einer barbusigen Witwe im Badezuber. In Sergej Prokofjews *Der feurige Engel* – eine Oper mit verwandter Thematik: Hexenverfolgung und Massenhysterie – gab es 1969 in der Frankfurter Staatsoper ähnliche Szenen. Die ersten Nackten in der Wiener Staatsoper waren 1973 in Arnold Schönbergs *Moses und Aron* beim Tanz ums goldene Kalb zu sehen, allerdings heuerte die Direktion dafür Stripperinnen an. In späteren Inszenierungen – so in Palermo – trat bei dieser Gelegenheit gleich fast das gesamte Ensemble ohne Hüllen auf. Bei den Salzburger Festspielen, wo noch etliche Jahre zuvor eine Inszenierung George Taboris nach kirchlichen Protesten gegen nackte Darsteller abgesetzt werden musste, betrat 1997 die renommierte Sängerin Sibylle Ehlert in Györgi Ligetis Oper *Le Grand Macabre* als splitternackte Venus die Bühne – und wurde von Publikum und Kritik gefeiert. Und als 2003 in Salzburg Irida Martinez als Konstanze und Jonas Kaufmann als Belmonte zu Beginn der *Entführung aus dem Serail* nackt an die Rampe traten, empörte dies das Festspielpublikum keineswegs, wohl aber, dass der Regisseur die Mozart-Oper beschnitten und vom Gang der Handlung nichts übrig gelassen hatte.

Kostüm Haut

Nacktheit im Ballett – selten, aber geduldet

> Nacktheit bringt dem Tanz eine gewisse Freiheit.
> Und die Kunst ist doch immer auf der Suche nach Freiheit.
> ALWIN NIKOLAIS

Es wurde zu einem Riesenskandal, als der legendäre russische Tänzer Waclaw Nijinski 1911 im Ballett *Giselle* nach der Musik von Adolphe Adam in einem auf der Bühne bis dahin nicht üblichen Kostüm auftrat. Nijinski stellte in dem eine Erzählung Heinrich Heines verarbeitenden Tanzstück den Prinzen Albrecht dar; er wird wegen seiner Untreue von den geisterhaften Wilis zu Tode getanzt. Nijinski trug dabei nicht die über die Oberschenkel reichende Pluderhose, sondern nur einen kurzen Wamsrock, der, wie seine Frau in ihren Erinnerungen anmerkt, „seine Formen auf eine allzu markante Weise unter der eng anliegenden Kostümhose enthüllte". Sein Mentor und Choreograph Sergej Diaghilew wollte offenbar für die Balletttänzer nachvollziehen, was sich bei den Tänzerinnen schon anbahnte: die Befreiung des männlichen Körpers von kaschierender Kleidung. Es ist wohl kein Zufall, dass der homosexuelle Diaghilew und sein bisexueller Schüler diesen ersten Reformversuch hin zum Trikot unternahmen – dort, wo später angeblich zur Verstärkung der Männlichkeit die legendäre Hasenpfote verwendet wurde. Doch für die Penis-Angst in einer Zeit, in der die Gesellschaft

Ein nacktes Menschenpaar symbolisierte 1970 in Den Haag in *Mutations* die Wiederkehr der Freiheit nach der Nazityrannei.

sich nicht eingestehen wollte, dass auch der Mann ein Objekt sexueller Begierde sein kann, war dies von der Zarin abwärts bis zu den bürgerlichen Opernbesuchern eine empörende Zumutung.

Auch als in den 20er Jahren Tänzerinnen oft nur noch mit einem Hauch von Kleidung oder überhaupt nackt auftraten, blieb männliche Nacktheit aus der darstellenden Kunst ausgespart. Als der amerikanische Solotänzer Ted Shawn 1923 nur mit Perücke und einem Weinblatt in seinem *Tod des Adonis* auftrat, wurde dies sofort als obszön verboten. Die später von ihm gegründete Männertanzgruppe musste sich – und auch das blieb damals nicht unbeanstandet – mit der Nacktheit des Oberkörpers begnügen. Der georgische Choreograph George Balanchine erlaubte sich nur in einer Studioaufführung von *Orpheus*, seine Tänzer nach Strawinskys Musik nackt auftreten zu lassen.

Aber im Ballett blieb für Frauen, auch wenn sie sich vom Korsett verabschiedet hatten, das Ganzkörpertrikot die einzig erlaubte Andeutung von Nacktheit. Erst die 68er-Bewegung bescherte dem Ballett eine Kostümreform. Die Oberschenkel wurden enttabuisiert, Slips und Strings mit der Zeit alltäglich. Die integrale Nacktheit jedoch blieb die Ausnahme.

Der Tanzhistoriker Jean-Pierre Pastori führt dafür Gründe an, die außerhalb von Schamhaftigkeit und Moral liegen: Das Kostüm, wie spärlich immer es sein mag, hilft Unzulänglichkeiten des Körpers zu verschleiern, und Kunst will Abstraktion – das Trikot abstrahiert, löscht die Individualität des Tänzers aus. Der Blick auf bloße Brüste oder Genitalien hingegen muss, zumal in einer Gesellschaft, in der Nacktheit nicht Alltag ist, individualisieren.

Trotzdem versuchten in den letzten drei Jahrzehnten des 20. Jahrhunderts Tänzer und Choreographen immer wieder, diese Grenzen zu überwinden und den nackten Körper als Stilmittel einzusetzen. Das Signal der Jugendrevolution auf der Bühne gab 1968 das Musical *Hair*, in dem sich das gesamte Ensemble einen

Maguy Marens Tanztheater *Babel Babel* von 1982 beginnt mit einer nackten Urhorde.

Ehrenrettung der Salome 1978 in Kopenhagen: In seinem Ballett übernahm Flemming Flindt im Pas de Deux mit Vivi Flindt die Rolle des Übeltäters an seiner opferbereiten Stieftochter.

Nacktheit als Stilelement im modernen Tanz: Liz Kings *Unvollendete*, 1982, und Manfred Aichingers *How to kick silence*, 1996.

Augenblick hüllenlos präsentierte. Doch als 1970 James Cunningham, der in der Tanzschöpfung *Laurens Traum* mit seiner Partnerin nackt auftrat, von der Polizei von Connecticut zum Tragen eines Slips aufgefordert wurde, strich er die Nummer vom Programm: Nacktheit war für ihn integrierender Bestandteil der künstlerischen Idee.

Den ersten hüllenlosen Pas de deux der Ballettgeschichte auf offener Bühne choreographierte 1969 Margo Sappington für die freche Revue *Oh! Calcutta!*, sie war auch dessen erste Interpretin. Zum Unterschied von der frivolen Komik der übrigen Szenen dieses Stücks war der Paartanz *One on one* ernste Tanzkunst ohne augenzwinkernden Zynismus. „Ich habe nicht versucht, einen erotischen Tanz zu inszenieren", berichtet sie. „Was mich interessierte, war, die ‚feelings' zu erkunden, die zwei nackte Körper in Bewegung hervorrufen."

Zu einem Markstein in der Geschichte des klassischen Balletts wurde die Aufführung der *Mutations* von Glen Tetley und Hans van Manen. Das Nederlands Dans Theater hatte für 1970 eine Auftragsarbeit zur 25-jährigen Wiederkehr des Tages der Befreiung der Niederlande von der Nazi-Okkupation übernommen. Van Manen und Tetley entwarfen ein Konzept, in dem einander filmische und reale Tanzszenen ergänzen sollten. *Mutations*, in Den Haag uraufgeführt, wurde zum größeren Teil mit bekleideten Tänzern dargestellt, an einem entscheidenden Wendepunkt aber, und das erregte großes Aufsehen, wurden zwei Nackttanzszenen eingeschoben.

„Der primitive Krieg geht in eine friedliche Beschwörung der Erholung des Menschenwesens über“, markiert Tetley den Grundgedanken für diese Auftritte – zuerst eines Männer-Trios, dann eines gemischten Pas de deux. „Zuerst sind die Menschen wie in einem Panzer gewesen, nun waren sie plötzlich frei“. Wenn Anja Licher und Gérard Lemaitre im Trikot getanzt hätten, wären sie Tetley in diesem ideellen Zusammenhang „geradezu maskiert“ erschienen. Und er hält es für ein Missverständnis, wenn das internationale Echo auf die Aufführung war, nun sei der Nackttanz im Ballett institutionalisiert worden.

Wenn auch nicht zur Regel geworden, so war Nacktheit aus dem Ballett nun nicht mehr völlig verbannt. Es wäre zu einfach, das mit den bekannten homoerotischen Neigungen vieler Choreographen zu begründen. Maurice Béjart gab 1973 seiner *Traviata*-Inszenierung einen Tänzer, Jörg Lanner, als „Seele“ der Titelheldin bei, dessen Nacktheit in einer Szene deren Verlorenheit in einer Umgebung, in der nur Geld zählt, ausdrückte. Auch in *Heliogabale* erschien 1976 die Titelfigur, Yann Le Gac, seines Königreichs und seiner Krone beraubt: nackt. Und in *Wien, Wien, nur du allein* tanzte 1982 Etienne Frey als nackter Adam die Vertreibung aus dem Paradies, während Eva durch ihre langen Haare statuarisch verhüllt blieb.

Ganz anders Flemming Flindt, der als Choreograph des Dänischen Balletts im *Triumph des Todes* mit der Nacktheit der Tänzerinnen nicht die Verletzlichkeit und das Ausgeliefertsein des Weiblichen ausdrücken – wie etwa Pina Bausch oder Reinhild Hoffmann –, sondern dem Tod die sinnliche

Johann Kresnik, Choreograph und Regisseur, gab 2003 in Salzburg in seiner Produktion *Peer Gynt* tänzerischer Freizügigkeit breiten Raum.

Lebensfreude entgegensetzen wollte. Diese Idee des Tänzer-Choreographen triumphierte 1978 in einem minutenlangen Nackttanz der Salome, ohne sieben Schleier und musikalisch fern von Richard Strauss, ausgeführt von seiner Frau Vivi Flindt-Gelker.

Wie sehr eine Tänzerin selbst die „Stimmigkeit" der Nacktheit für eine Darstellung empfinden kann, zeigte 1972 Béatrice Cordua in John Neumeiers Frankfurter *Sacre du Printemps*-Inszenierung. Während der Proben schlug sie selbst dem Choreographen vor, die Schlussszene des Mädchen-Opfers nackt zu tanzen. In den Proben überzeugt, bekam Neumeier dann doch Angst vor einem möglichen Schock des Publikums und wollte die Szene bei der Premiere im Trikot haben, überlegte es sich noch in der Pause anders und ließ Béatrice Cordua so auftreten, wie sie es als dem Stück adäquate Notwendigkeit empfunden hatte. Es wurde ein rauschender Erfolg. Strawinskys *Sacre* ist freilich ein Ballett, in dem die alten Kategorien von „apollinisch" und „dionysisch" verschwimmen. Im Allgemeinen wird getanzte Nacktheit im Ballett eher nur im zweiten Bereich nicht deplatziert wirken: Was hier rauschhafte Körperlichkeit sein kann, die auch schwingende Brüste und Penisse einschließt, könnte dort lächerlich oder abstoßend wirken.

Wie kommt der Nackte in *La Traviata*? Maurice Béjart gab der Titelheldin den Tänzer Jörg Lanner als „Seele" bei.

„Ich habe das Bewusstsein einer anderen Art, sich zu bewegen, bekommen, als wenn ich mein Übungstrikot trage", schildert Noemi Lapzeson, die frühere Solistin von Martha Graham, ihre Erfahrung mit tänzerischer Nacktheit. „Man bewegt sich nicht um sich zu zeigen, um irgendwelche ‚Schönheit' auszustellen. Der Körper unterliegt einer fast religiösen Stimmung."

Eine Erfahrung, die sicherlich nicht zu verallgemeinern ist, die aber die Richtigkeit von Neumeiers Einsicht bestätigt, als er eine Zweitbesetzung im *Sacre* von der Interpretin im Trikot tanzen ließ: Wenn die innere Überzeugung nicht da ist, tritt an die Stelle der reinen Empfindung, die auf die Zuseher überzuspringen vermag, die genierte Pose, die nur dem Voyeurtum Vorschub leistet.

Körperkunst als Provokation

Aktionismus – Happening – Performance

> Indem sich die Kunst gegen jede Einschränkung der Kognitivität wendet, wendet sie sich gegen den Staat.
> OSWALD WIENER

In Österreich erhielt die 68er-Revolte durch den Wiener Aktionismus die eigenständige Ausprägung der internationalen Happening-Bewegung. Junge Avantgardisten hatten schon in den Jahren zuvor durch provozierende Aktionen, in denen früh der nackte Körper eine bedeutende Rolle spielte, die Zielrichtung angegeben: Über den Bruch mit traditionellen Kunstformen hinaus sollte ein Bewusstseinswandel in der Gesellschaft herbeigeführt werden. In diesem Sinn trat der später berühmt gewordene „Maler der Spirale", Friedensreich Hundertwasser, bei offiziellen Anlässen, so auch zum Entsetzen der Wiener Kulturstadträtin Gertrude Fröhlich-Sandner, zu Nacktreden an.

Die eigentliche Geburtsstunde des Wiener Aktionismus schlug unter dem Motto „Kunst und Revolution" am 7. Juni 1968 im Hörsaal 1 des Neuen Institutsgebäudes der Universität. Das Happening bestand in teils obszönen, sadomasochistischen oder schlicht unappetitlichen Vorführungen der entkleideten Künstler und hatte nicht nur die fast einhellige Verurteilung durch die Presse, sondern auch einen Prozess zur Folge, der mit Gefängnisstrafen für Günther Brus und Otto Muehl endete.

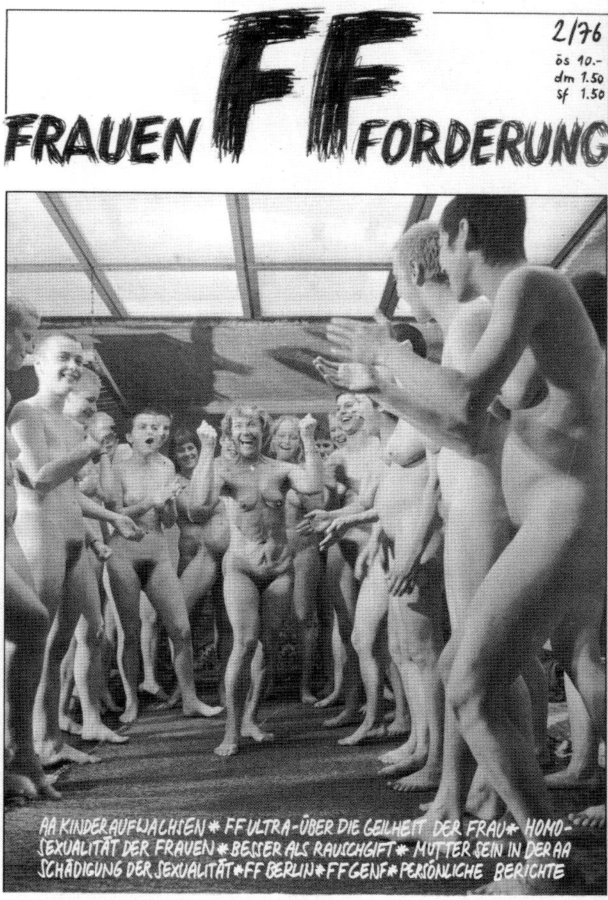

Bei Muehls so genannter Aktionsanalyse entblößte der Adept vor der nackten Gruppe nicht nur den Körper, sondern auch die Seele.

In der Berliner *Kommune 1* war Nacktheit ein wesentlicher Bestandteil des Zusammenlebens und der Aktionen.

Im Rückblick erscheint der längst in die Kunstgeschichte eingegangene Aktionismus als eine Richtung, die, so Siegfried Mattl, „den gesellschaftlichen Kulturbegriff aus der Verengung auf die Repräsentationskultur herausgelöst“ hat. Neben bis dahin in der Kunst ungebräuchlichen Materialien blieb der zumeist nackte Körper ein hervorragendes Ausdrucksfeld des Aktionismus. Durch den gezielten Einsatz der Photographie wurden die in der Öffentlichkeit veranstalteten Aktionen und Happenings nicht nur den unmittelbar beteiligten Zuschauern und einschlägigen Kunstkreisen bekannt. Günther Brus, nach seiner Verurteilung 1968 nach Berlin geflüchtet, schockierte durch an den Rand der Selbstzerstörung gehenden Umgang mit seinem Körper, so in der *Zerreißprobe*. Hermann Nitsch hatte schon 1954 die Idee des *Orgien-Mysterien-Theaters* als Gesamtkunstwerk entwickelt. Durch die Vermengung von Tiereingeweiden mit den Körpern nackter Jünglinge entstanden daraus kultähnliche Aktionen.

Otto Muehl führte in seinen *Materialaktionen* den eigenen Körper und den seiner Modelle in Grenzbereiche der Sexualität. 1972 ging er mit der Gründung der *Aktionsanalytischen Organisation (AAO)* von der künstlerischen zur gesellschaftlichen Aktion über. Die *AAO*-Ziele waren mit Abschaffung des Privateigentums, Ende der Zweierbeziehungen und der „verbrecherischen Kleinfamilie“, freier Sexualität sowie gemeinsamer Kindererziehung vorgegeben. Muehl und seine Jünger zogen in ein abseits gelegenes Gehöft im Burgenland, den Friedrichshof. Die Kommune, deren Mitglieder im Alltagsleben durch die Uniform der kahl geschorenen Köpfe und Latzhosen auffielen, war wirtschaftlich bald erfolgreich. Ihr pseudoreligiöser Kern war die in völliger Nacktheit durchgeführte Aktionsanalyse: eine Selbstdarstellung einzelner Mitglieder, die, durch einen von Muehl entwickelten ritualisierten Exorzismus angestachelt, vor der versammelten Gemeinschaft sämtliche Tabu-Schranken von Angst, Scham und Ekel durchbrachen und so zum ekstatischen „Urschrei“ als Höhepunkt fanden. Entgegen den verkündeten Zielen eines freien Kollektivs entwickelten sich in der Kommune hierarchische und feudalistische Strukturen mit Muehl als unumschränktem Anführer. Schließlich wurde er 1991 verhaftet und wegen Drogendelikten, Unzucht mit Minderjährigen und Missbrauch eines Autoritätsverhältnisses zu einer mehrjährigen Haftstrafe verurteilt. Die Kommune löste sich auf.

Bei den Frauen, die mit ihren Körpern die Wege von Aktion und Performance einschlugen, kam als zusätzlicher Beweggrund das Ringen um echte Emanzipation hinzu. Valie Export bekannte sich zu ihrem Körper als „medium sui generis" und wichtigstes Werkzeug im Kampf gegen das Establishment, wobei es ihr darum ging, den Frauenkörper vom Erotizismus zu separieren. „Ich wusste, wenn ich das nackt tue, würde ich verändern, wie die – meist männlichen – Zuschauer auf mich schauen." 1968 trat sie mit ihrem *Tastkino* in der Wiener Innenstadt auf. Sie trug einen Kasten über dem Oberkörper, an dem zwei kreisrunde Löcher den Zugriff auf ihre nackten Brüste ermöglichten: „Die Box als Kino, mein Körper als Leinwand, nicht zum Ansehen, sondern zum Fühlen." In einer anderen Aktion lag sie nackt und gefesselt auf dem Boden, drei Schäferhunden ausgeliefert, die sie von Bildschirmen anbellten – ein Bild der Situation der Frau in der Gesellschaft. In *Eros/ion* wälzte sie sich nackt auf Glassplittern: Der Mensch, der an dem ihn umgebendem System nicht verblutet, überwindet seinen Körper und findet so zu seinem inneren Selbst. Als sie auf der Biennale in Venedig ausstellte, sagte sie zu ihren Aktionen: „Je mehr wir die Architektur zertrümmern, unsere Kleidung aufschneiden, desto näher kommen wir dem menschlichen Körper als Ort des Geistes … Es ist ein Eintritt in die Befreiung der Person, ein Austritt aus den sozialen Ritualen, eine Absage an Zeichen, ihre Bedeutung und ihr Abbild." In ihren späteren avantgardistischen Filmen richtete sich Valie Export „gegen jede Macht und Gewalt, auch die, die im Unterbewussten schlummert".

Valie Export versuchte, mit ihrem *Tastkino*, das den Griff auf ihre nackten Brüste erlaubte, Männerblicke durch Verlegenheit zu verändern.

Unter den zahlreichen Künstlerinnen, die in anderen Ländern im Geiste des Feminismus die unterdrückte und leidende Situation der Frau aufzeigen wollten, erregten jene besonderen Anstoß, die dabei gegen religiöse Tabus verstießen. So präsentierte sich die deutsche Malerin Hannah Wilke in den 80er Jahren als weiblicher Christus in verschiedenen Haltungen, und die Amerikanerin Diamanda Galas versuchte als nackte Gekreuzigte den Paradigmenwechsel vom Schöpfergott zur gepeinigten Weiblichkeit auszudrücken.

Das neue Wiener Museumsquartier wurde 2001 mit Vanessa Beecrofts dreistündiger Live-Performance von 45 nackten jungen Frauen eröffnet.

Allerdings nicht mit dem Leiden zum Tod, sondern mit erhobenem Blick in die Zukunft, was bei den Frauen des späten 20. Jahrhunderts als Bewusstseinswandel zu interpretieren ist.

Die Wiener „Universal-Künstlerin" Friederike Pezold unternahm es, mittels Aufnahmen durch Teilung ihres eigenen nackten weiblichen Körpers in Einzelpartien dessen Indivdualität auszusparen, aber gleichzeitig seine Verletzlichkeit bewusst zu machen. So entstanden 1973–1974 die aneinander gereihten Bilder des Geschlechts als *Schamwerk*, das *Augenwerk* oder die *Brustbilder*.

Als Vertreterin einer neuen Generation im Gefolge des Wiener Aktionismus tritt seit Mitte der 90er Jahre Elke Krystufek an die Öffentlichkeit. Ihre Arbeiten – Malereien, Photographien, Collagen, Performances – zielen offenbar darauf ab, männliche Besucher in Verlegenheit zu bringen. Sie hinterfragt die Bedeutungsebenen von Nacktheit in unserer Gesellschaft, macht ihren

Mit ihrem Körper holte Elke Krystufek Männerphantasien aus der Gucklochsphäre der Peepshow an die Öffentlichkeit.

Körper zu einer Projektionsfläche für Pornographie, weibliche Sexualität und Männerphantasien. In einer ihrer ersten Ausstellungen lag sie nackt in einer Art Glassarg und masturbierte: Die Peepshow, aus der Gucklochatmosphäre an die Öffentlichkeit geholt, machte Reaktionen der Betrachter öffentlich. In ihrer 2003 gezeigten Ausstellung *Nackt und mobil* sah man eine Großaufnahme ihres Geschlechts, so als wollte sie jenen Feministinnen folgen, die in den 70er Jahren für die Erkenntnis der Ästhetik auch dieses Körperteils plädierten; oder vielleicht jenen altbabylonischen Hymnen, in denen die Liebesgöttin Inanna-Ischtar die Schönheit ihrer Vulva preist. Wobei sich ja in der Tat die Frage erhebt, inwieweit die Scham-Tabuisierung die Genitalien – bei Frau wie Mann – einer Beurteilung nach ästhetischen Kriterien entzogen hat.

Wie weitgehend Nacktheit im Kulturleben anerkannt ist, bewies im Jahre 2001 die Eröffnung der Kunsthalle Wien, einer der Neubauten des großzügig projektierten Museumsquartiers in der Innenstadt. Höhepunkt war dabei eine Live-Performance der New Yorker Künstlerin Vanessa Beecroft: 45 bis auf die Stiefeln nackte Models wurden zu einem präzise choreographierten Gruppenbild arrangiert, das sich während der dreistündigen Performance allmählich veränderte. Beecroft will mit dieser auch in anderen Städten durchgeführten und stets neu arrangierten Massen-Nacktheit nach eigener Aussage den Gegensatz zwischen normierten Schönheitsidealen und individueller körperlicher Disziplin demonstrieren.

Das Subjekt und das Objektiv

Modelle ohne Honorar

> Sich seines Körpers schämen, der man doch selber ist,
> hieße ja nichts anderes, als sich seiner selbst schämen.
> Gerhart Hauptmann

Eigentlich war es eine hundsgemeine Photoreportage, die sich zwei Wiener Journalisten für die Reihe *Mit versteckter Kamera* im österreichischen Fernsehen 1969 ausdachten. In fingierten Zeitungsanzeigen suchten sie „Attraktiven Nachwuchs für ein internationales Filmprojekt". Es meldeten sich binnen kurzem mehr als 60 Bewerberinnen, 30 davon wurden ausgesucht und in ein Appartement des Park-Hotels in Schönbrunn zum Casting bestellt. Dort mimte der Burgschauspieler Wolfgang Gasser einen Filmproduzenten. Nach einem kurzen Einführungsgespräch kam er zur Sache und forderte die Damen auf, die Kleider abzulegen. Einem etwaigen Zögern half der „Produzent" nach, etwa mit der Aufforderung: „Und jetzt noch das Hoserl", so dass die Entblätterung komplett wurde. Allfällige Entschuldigungen der Bewerberinnen für Mängel an körperlicher Vollkommenheit überging Gasser mit nonchalanten Bemerkungen. Der ganze Vorgang wurde insgeheim gefilmt. Danach wurden die Frauen über die Mystifikation aufgeklärt und gefragt, ob sie mit der Ausstrahlung der Szene einverstanden wären. Von den 30 unterzeichneten 27 einen zustimmenden Revers.

Als dann eine ausgewählte Szene, die bezüglich der Naivität der Bewerberin nichts zu wünschen übrig ließ, über den Bildschirm lief, wunderten sich viele Zuseher vor allem über die Bereitwilligkeit der Bewerberinnen, für die Aussicht auf eine Filmkarriere sofort abzulegen – und noch mehr darüber, dass sie ihrem allfälligen TV-Auftritt von vornherein zustimmten. Die ganze Sache wäre zweifellos ein Fall für einen feministischen Protest gewesen, aber die Zeit dafür war noch nicht reif.

Inzwischen ist die Tabuisierung der Nacktheit schon längst so weit durchlöchert, dass heute offenbar viele Menschen nichts dabei finden, ja sich oft geradezu darum reißen, bar aller Bedeckung im Bild festgehalten und der Öffentlichkeit präsentiert zu werden. Früher mussten sich die Aktphotographen mit ausgewählten, nicht selten berufsmäßigen Modellen behelfen; wenn sie auch andere Personen vor die Linse bekamen, wollten diese jedenfalls ihre Anonymität gewahrt wissen. In den 20er Jahren war in gewissen Kreisen das vom Photographen erstellte Abbild für den diskreten Privatgebrauch eine Zeit lang gesellschaftsfähig. Seitdem aber die Prominenz aus Kunst und Kultur keine Scheu mehr zeigt, für den *Playboy* und andere Magazine zu posieren, seitdem Nackedeis allwöchentlich von den Titelblät-

Freiwillige aus Thomas Karstens Bekanntenkreis stellten sich für Fotos ohne Hochglanz-Flair vor seine Kamera.

tern der Illustrierten lächeln und selbst renommierte Bühnenkünstler fallweise sich so wie Gott sie geschaffen dem Publikum präsentieren, ist auch die Scheu bei jenen geschwunden, die früher die Kleidung allenfalls noch für das intime Familienalbum oder aber – wenn ohnedies aufs Nacktbaden eingeschworen – für die Publikation in FKK-Zeitschriften ablegten.

Experimente verschiedener Photographen in den 80er Jahren haben gezeigt, dass es für viele Frauen kein Problem mehr war, sich auszuziehen, um sich für eine Veröffentlichung, und dies ohne jedes Honorar, abbilden zu lassen. So hat der junge französische Photograph André Rival hundert Frauen dazu zu überredet, sich selbst nackt zu photographieren und diese Bilder in einem Buch zu präsentieren; und kaum eine der Angesprochenen hat entrüstet abgelehnt. Rival wählte dafür keine Berufsmodelle aus, sondern Frauen unterschiedlichen Alters und unterschiedlicher Anatomie; er stellte dafür die Kamera mit Selbstauslöser und ein ausgeräumtes, weiß ausgelegtes Wohnzimmer zur Verfügung. Es lag völlig im Belieben der Frauen, wie sie sich photographieren wollten, die einzige Bedingung war: nackt sollten sie sein. Die Liste der beruflichen Herkunft der hundert Frauen ist lang, sie kamen aus allen Schichten. Was sie verband, war – Selbstbewusstsein.

Die Photos zeigen ein reichhaltiges Spektrum an Posen, deren Wahl ja den Frauen völlig überlassen blieb. Sie brauchten zu ihrer Selbstaufnahme unterschiedlich Zeit: von zehn Minuten bis zu sieben Stunden! Dennoch wirken die meisten dieser Selbstansichten erfrischend spontan, zeigen mitunter auch Ironie für den männlichen Kamerablick. Eine von ihnen, Kristin, hält ihre Empfindungen fest: „... dort im Bild vor mir sehe ich das Lusterleben an mir selbst. Der Körper, den mein Blick betrachtet, ist gerade nicht meine Vollkommenheit. Er stellt das betörende Gebrechen meiner Angst mich hinzugeben dar. Wenn ich meine intimste Nacktheit zeige, bin ich außer mir. Nur so kann ich mich dann wiederum in ihr verlieren ... Ich drücke ab. Fixiert im Bild, gehör ich dem Betrachter. Er kann nun sehen, was verführerisch da lauert ..."

Auch der Basler Photograph Christian Vogt stieß auf großes Entgegenkommen, als er Frauen, vor allem aus seinem Bekanntenkreis, fragte, ob sie nicht Lust hätten, für ein erotisches Photo zu posieren. Nur eine der Angesprochenen lehnte ab, weil es kein Geld dafür gab, jedoch 52 Frauen waren dazu bereit. Vogt stellte ihnen die Wahl von Motiv, Kleidung und Requisiten, einzige Bedingung war, dass auf dem Bild auch eine rechteckige Kiste zu sehen sein musste, die der Photograph zur Verfügung stellte – im Grund ein denkbar unerotisches Objekt, das offenbar einen Gegensatz zu den erwarteten weiblichen Körperformen der Modelle bilden sollte.

War es überraschend, dass die meisten der Frauen ihr erotisches Abbild mit Nacktheit in Verbindung brachten? In deren Darstellung waren ihrer Phantasie allerdings keine Grenzen gesetzt. Und so entstand eine Vielfalt von Posen – vom klassischem Bemühen, die Schönheit eines schlanken Körpers festzuhalten, bis zu auf Ästhetik völlig verzichtendem drastischem Humor: Die Sekretärin stellte sich wie eine griechische Göttin auf das Podest, Nacktheit war ihr offenbar Erotik genug; die Studentin zog, halb entblößt, eine verführerische Entkleidungsszene vor; die Malerin hüllte sich nackt in eine durchsichtige Plastikpackung; die Lehrerin stülpte sich die Kiste über den Kopf, so die Anonymität ihres Venushügels wahrend; die Tänzerin

Bei Karstens männlichen Modellen zeigte sich die Tendenz, die Ganzkörpershow an einem gewissen Punkt auszusparen.

lagerte sich in Erwartungshaltung auf der unbequemen hölzernen Unterlage; die Stewardess schloff mit ihrem bloßen Leib kopfüber in die Kiste; die technische Zeichnerin reckte der Kamera provokant das Hinterteil entgegen ...

Einen ähnlichen Weg, Aktporträts von aus dem Alltag gegriffenen Frauen und Männern in natürlicher Nacktheit zu erstellen – abseits der geglätteten Schönheit der Pin-ups und der klassischen Aktphotographie –, ging der deutsche Lichtbildner Thomas Karsten. Das Ergebnis dieser Aktphotos von Freunden, Bekannten und für diesen Zweck Angesprochenen liegt seit 1988 im Bildband *Thomas – mach ein Bild von uns!* vor.

Schon der Titel besagt, dass die Initiative dafür nicht immer vom Photographen ausging. Der Unterschied zu vielen anderen Aktphotobänden ist eklatant. „Ich gestehe, dass ich, als Betrachter der Photos, immer noch, vielleicht auch: erst wieder, mit einem leichten Schreck reagiere", vermerkt Michael Rutschky in seinem begleitenden Essay *Ach! Lauter wirkliche Menschen! Und ganz nackt!* Dass die Modelle sich nackt seinem Kamera-Auge darbieten würden, meint Karsten, sei in der Tat etwas Persönliches, ein verantwortlicher Akt der Enthüllung, vor dem es kein Ausweichen gäbe.

Die österreichische Zeitschrift *Wiener* gewann 30 MitbürgerInnen für ein Aktphoto und notierte die von den Modellen dazu geäußerten Kurzkommentare. „Sich auszuziehen, ohne sich dabei nackt vorzukommen, ist eine Sache, die gar nicht so leicht ist", resümierte die Redaktion diese Stellungnahmen. Kein Problem damit hatten zwei Abgebildete: der 160-Kilo-Mann Ferdinand, der sagte: „Dass ich fett bin, weiß ich selber. Wenn die Leute darüber lachen, ist das okay. Die finden mich halt lustig." Und der 7-jährige Michael meinte: „Photographieren ist fad und die Lampen sind viel zu hell. Aber sonst macht's mir nix aus, nackert zu sein."

Als die „nackte Welle" – zunächst von Privatsendern ins Rollen gebracht – über den Bildschirm in die Wohnzimmer brandete, schlug auch dort die Stunde der Amateure. Bei RTL wurde *Tutti Frutti* zu einem Publikumsrenner. Paare – eine Frau, ein Mann – traten zum Ausziehwettbewerb mit einer professionellen Stripperin an. Der Sender konnte sich der Freiwilligen, die sich vor der Nation entblößen wollten, kaum erwehren, es ging nicht ohne Peinlichkeiten und Pannen ab, war aber ein Zeugnis für den Zeitenwandel.

Männer sind übrigens nicht so leicht für ein Aktphoto zu gewinnen, und schon gar nicht dafür, den männlichsten Körperteil nicht zu verbergen. Dem weiblichen Exhibitionismus steht seit jeher eine viel breitere Variante der Darstellung körperlicher Reize zur Verfügung. In der jüdisch-christlichen patriarchalischen Gesellschaft mit ihrer Zurückdrängung der Nacktheit waren zeitweise schon das Zeigen des Beins, noch mehr die variationsreichen Dekolletés, schließlich der Minirock gesellschaftlich mehr oder weniger akzeptierter Exhibitionismus. Die neue sexuelle Freiheit erweitert, wie von diesen experimentierenden Photographen gezeigt, den gesellschaftlich geduldeten Raum für die körperliche Entblößung – und nimmt gerade auf diese Weise einen Abbau der erwünschten erotischen Verführung in Kauf.

Der doch nicht so kleine Unterschied

Das Zögern des Mannes vor der eigenen Nacktheit

> Es ist also gerade jener Teil, welcher den Körper
> des Mannes recht eigentlich verunziert,
> welcher allein den Mann hässlich macht.
> OTTO WEININGER

„Die Zeit der sexuellen Unterdrückung der Frau muss endgültig vorbei sein“, frohlockte 1975 die Chefredakteurin des US-Magazins *Playgirl*, das mit nackten Männern so reich gespickt war wie umgekehrt der *Playboy* mit Mädchen. „Ja, ich glaube, dank *Playgirl* ist sie bereits Vergangenheit. Das Vorrecht der Männer, sich eine nackte Frau anzusehen, ist gefallen. Das Glied des Mannes ist nicht mehr tabu, das Feigenblatt des Mannes ist gefallen! Jetzt sind wir gleich, der Mann und die Frau. Und das ist gut so. Wir Frauen haben die gleichen sexuellen Bedürfnisse wie der Mann. Eigentlich unglaublich, dass das bisher niemand erkannt hat. So wie die Männer einen nackten Busen sehen wollen, so wollen wir eben den Penis sehen.“

In der Zeitschrift *Playgirl* versuchten engagierte Feministinnen, den Mann als Sexobjekt zu verkaufen – es wurde nicht das große Geschäft.

Eigentlich schade, dass die Lösung der Frage der Gleichberechtigung doch nicht ganz so einfach ist, wie Marin Scott Milam, die *Playgirl*-Pionierin, das vermeinte. Die Photos mit dem mitunter sogar erigierten Penis im Blickfeld haben die ihnen von *Playgirl* zugedachte Mission nicht erfüllt. Sehr bald ist auf diesem Gebiet Ernüchterung eingetreten. Jedenfalls in Europa, wo der Boom mit Bildern hüllenloser weiblicher Schönheit auf Titelblättern oder auf der gewissen täglichen Seite von *Sun*, *Bild*, *Blick* oder *Krone* keineswegs endenwollend ist, sind die nackten Männer nie zum Renner geworden. Die Boulevardpresse, die von Frauen mindestens ebenso gern wie von Männern gelesen wird, hat das erkannt: Der nackte Adam ist dort nicht gefragt, weil er vermutlich bei der Masse der Leserinnen nicht gefragt ist. Und auch in Amerika hat es sich herumgesprochen, dass der Wunsch, auf diesem Gebiet ein Playgirl zu sein, also den Standard eines Playboys zu erreichen, die Frauen nur in neue Enttäuschungen hineinstolpern lassen könnte.

Wie sich zeigt, ist diesem Herrn auf dem FKK-Gelände der Schlamm, in dem er badete, Gewand genug.

Es ist nie untersucht worden, wie viele Käufer der Magazine *Playgirl* oder *Viva* homosexuelle Männer waren, ehe es inzwischen auch für sie mit hüllenloser Männlichkeit gespickte einschlägige Zeitschriften im öffentlichen Verkauf gibt. Der Mann ist als Ware wieder vorwiegend Ware für den Mann. Aber abgesehen davon: Ist es wirklich das Ziel eines sinnvollen Feminismus, den Frauen nicht nur volle soziale, berufliche und finanzielle Gleichberechtigung zu verschaffen, sondern sie auch auf erotischem Gebiet den Männern immer ähnlicher zu machen? Das würde ja bedeuten, alle Aggressionen und allen Sadismus zu übernehmen, wie sie zumal in am Rande der Pornographie entlang streichenden Männermagazinen vorhanden sind. Vom *Playgirl* zur Alternativkultur mag vielleicht ein weiter Sprung sein. Dennoch darf auch und gerade in einer Welt des siegreichen Kapitalismus und der Ellbogen-Globalisierung an die Frage erinnert werden, die Herbert Marcuse stellte, nämlich ob sich die Frauen durch eine Gleichberechtigung, die sich der Aggressivität und dem Konkurrenzverhalten unserer Gesellschaft anpasst statt sie zu überwinden,

So frei und ohne Hemmungen mochten sich die Männer auf den Sportgefilden des alten Griechenland bewegt haben.

nicht ihrer „Widerstandsqualitäten“ berauben: „Von der Emanzipation der Frau zur Emanzipation des Mannes zur Emanzipation der Gesamtgesellschaft“ – vielleicht doch nur eine Utopie …

Die Jünglinge, die Wilhelm von Gloeden um 1900 auf Sizilien photographierte, sollten nicht nur weiblichen erotischen Wunschträumen entsprechen.

Aber zurück zum nackten Mann. Wenn man Umfragen glauben darf, so ist die Diskrepanz zwischen dem, was Männer glauben, dass Frauen an ihnen bewundern, und dem, was Frauen tatsächlich an Männern gefällt, beträchtlich. In der männlichen Selbsteinschätzung sind muskulöse Brust und Schultern (21 %), muskulöse Arme (18 %), großer Penis (15 %) und Körpergröße (13 %) das Wichtigste. Für Frauen hingegen sind schmale, stramme Gesäßbacken (39 %), Schlankheit (15 %), Waschbrettbauch (13 %) und die Augen (11 %) die stärksten männlichen Reize.

Der Penis und der Bizeps finden sich mit 2 % bzw. 1 % weit abgeschlagen. Bei den vereinzelt auftretenden männlichen Strippern – es gab sogar einen humorvollen englischen Spielfilm zu diesem Thema – hat sich das herumgesprochen: Sie präsentieren den Damen die wohl geformte Kehrseite, das angeblich beste Stück hingegen bleibt meistens ausgespart. Es bleibt offen, ob dies daran liegt, dass Frauen nicht ermutigt werden, ihre Sexualität im Blick auszudrücken, ja, dass ihre Neugier auf den männlichen Körper von Kindheit an unterdrückt wird; oder aber ist der „kleine Unterschied“ wesensbedingt doch gar nicht so klein?

Wenig amüsiert war Österreichs Innenminister, als seine starken Männer im Polizei-Kalender nackt auftraten.

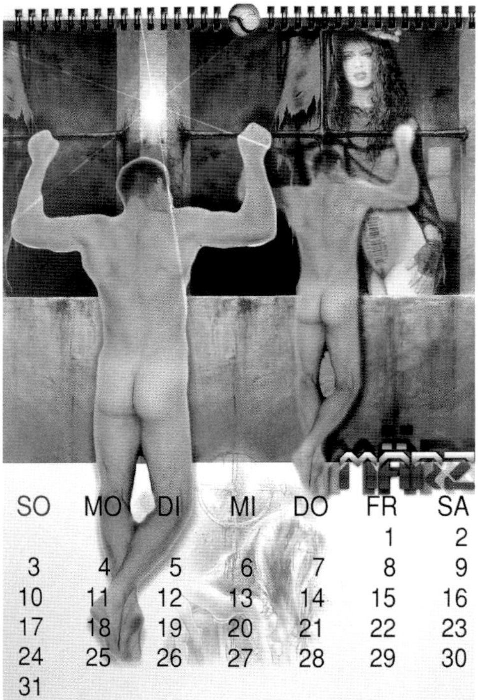

Im Übrigen hat es tiefer liegende Gründe, warum Männer nicht so leicht für ein Aktphoto zu gewinnen sind, und schon gar nicht, wenn sie den männlichsten Körperteil dabei herzeigen sollen. Auch auf den im Kapitel *Das Subjekt und das Objektiv* erwähnten Paarphotos von Karstens verwenden Männer mitunter die nackte Frau als Schutzbild vor ihrem Körper – oder bleiben lieber gleich bekleidet. Der Textautor Rutschky, der versuchte, im Schwimmbad für seinen Photographen-Freund Modelle zu werben, hatte große Scheu, Männer anzusprechen. Weniger, weil der Angesprochene dahinter ein homoerotisches Interesse hätte vermuten können, sondern: „Dies ist das geheimste Thema männlichen Beäugens von nackten Männern: die Genitalien … Was Männer durch dieses zwanghafte Begutachten

für Kenntnisse einsammeln, das unterliegt dem strengsten Stillschweigen." Denn sie wollen, wenn schon peinlicherweise sich, so doch keinesfalls einem anderen eingestehen, sich unterlegen fühlen zu müssen. Auch wenn die SexualforscherInnen beruhigend meinen, dass es darauf nicht so sehr ankommt: Die der antiken Ästhetik verpflichteten Statuen des Apoll sind jedenfalls nicht die Maße, an denen sich vergleichende Männer orientieren wollen.

Die Zurückhaltung der Männer liegt auch darin begründet, dass sich der Mann – zum Unterschied von der Frau – sexuell eigentlich nur darstellen kann, wenn er sein Geschlecht zeigt. Ein solcher Exhibitionismus könnte in die Nähe von dessen krankhafter Form gerückt werden, die nur in der Schockwirkung Lustgewinn sucht. Eine Form der Überwindung dieses Dilemmas sind die „Blitzer", die mit Vorliebe in England auftreten und eher Gelächter als Empörung auslösen. Lediglich auf dem FKK-Strand werden offenbar solche Bedenken verdrängt. Und in der Hippie-Bewegung konnten Burschen einfach nur nackt sein, ohne modisches Styling, nicht auf Schönheit erpicht und schon gar nicht auf Vermarktung.

In der Aktphotographie war der Mann, sieht man vom billigen Ersatz des Modells für Künstler ab, kaum ein bevorzugtes Thema. Um 1900 bildete der deutsche Adelige Wilhelm von Gloeden eine Ausnahme. Er lebte in Taormina und produzierte mit nackten sizilianischen Jünglingen romantische Aufnahmen. An Säulen gelehnt, mit umflortem Blick, Blumenkränze im Haar, Flöte spielend erscheinen uns die meisten dieser Photos heute kitschig, aber damals waren sie insbesondere in der homoerotischen Szene sehr begehrt.

In den letzten Jahrzehnten war vor allem Robert Mapplethorpe am männlichen Photoakt interessiert. „Jede Figur ist eine Kunstfigur, die Porträts sind so gewollt, dass man gar nicht auf die Idee kommt, die Person könne sich bewegen, eine andere Haltung einnehmen", schreibt eine Kunstkritikerin. Männliche Prominenz stellt sich kaum völlig nackt in Vorderansicht vor die Kamera, selbst Filmschauspieler scheuen meist zurück. Im flüchtigen Augenblick des Films oder auf der Bühne riskiert Mann mehr. Neuerdings haben Photographinnen versucht, dem nackten Mann näher zu kommen. Dabei spielte feministische Ideologie mit eine Rolle, indem man das Modell in eine zum Gewohnten spiegelverkehrte Rolle versetzte: der nackte Mann mit der bekleideten Frau – bereits in der Werbung präsent –, oder in Posen, die man von bekannten weiblichen Darstellungen aus der Kunstgeschichte kennt.

Der Traummann ist, zumindest bislang, offenbar nicht dergestalt, dass er auf direkte Reizmittel angewiesen ist, wie sie die Männermagazine in Bezug auf Frauen darstellen. So meint die kluge Feministin Silvia Bovenschen: „Daraus könnte man auf eine unterschiedliche Bedürfnisstruktur schließen, darauf, dass die Frauen vielleicht ein weniger verdinglichtes Verhältnis zur Sexualität haben als die Männer." Anpassung wäre hier möglicherweise ein Verlust.

Das fünfbändige Feigenblatt

Hans Peter Duerr – der Retter der Schamhaftigkeit

> Wie herrlich ist das Wunder Gottes, das sich in unseren Leibern offenbart ... Wir wissen nicht, was eigentlich der Zweck der Schöpfung war: die Zweckmäßigkeit oder die Schönheit unseres Körpers. Auf keinen Fall können wir etwas an ihm erblicken, was nicht als Schmuckstück angesehen werden könnte.
> AUGUSTINUS

„Die Genitalscham ist keine historische Zufälligkeit, sondern gehört zum Wesen des Menschen" – mit dieser These, die er in einem inzwischen zu fünf Bänden angeschwollenen Werk zu belegen sucht, hat der 1943 geborene Hans Peter Duerr, Professor für Ethnologie und Kulturgeschichte, eine breite und oft aufgeregte Diskussion weit über Fachkreise hinaus ausgelöst. Für Duerr ist die Befassung mit der Körperscham, für deren Auftreten er sowohl aus Stammesgesellschaften als auch aus der Sittengeschichte zahllose Belege anführt, der Ausgangspunkt für seine Auseinandersetzung mit dem 1897 geborenen Soziologen Norbert Elias, dessen bisher weithin anerkannte Zivilisationstheorie behauptet, dass die erst durch die im Lauf der Geschichte zunehmende Arbeitsteilung notwendig gewordenen gesellschaftlichen Zwänge auf Triebe und Affekte allmählich verinnerlicht wurden. Unter anderem glaubte Elias, dies am Beispiel größerer Toleranz gegenüber Nacktheit in der Antike, im

Eva, Gemälde von Lucas Cranach d. Ä., 1520.

Der Sündenfall und *Die Vertreibung aus dem Paradies*, Buchmalerei aus Westfalen, um 1360.

Mittelalter und bei Naturvölkern beweisen zu können.

Demgegenüber meint Duerr, dass bei allen historisch oder ethnologisch belegbaren Gesellschaften eine – wenn auch mit veränderbaren Schranken – Form der Genitalscham bestanden hat. Und er versucht, auf dieser Grundlage Elias' Theorie zu kippen, und nannte sein fünfbändiges Opus magnum *Der Mythos vom Zivilisationsprozess.* Zu Unrecht, meint er, belächeln dessen Vertreter den biblischen Mythos von der Vertreibung aus dem Paradies.

Die *Genesis* berichtet bekanntlich von Adam und Eva: „Nackt waren die beiden, der Mann und die Frau, und schämten sich nicht." Gott, der ihnen offenbar keine Bekleidungsvorschriften machte, hat ihnen erlaubt, die Früchte von allen Bäumen des Garten Edens zu essen, bis auf die des einen, der in der Mitte des Gartens stand; sie müssten sonst sterben. Die Schlange aber sagt zu Eva: „Gott hat es verboten, weil er weiß, dass euch die Augen geöffnet werden, sobald ihr davon esst, dass ihr sein werdet wie Gott und Gut und Böse unterscheiden könnt." Darauf bricht die Frau die Frucht, isst davon und reicht sie dem Mann. „Da gingen den beiden die Augen auf und sie wurden gewahr, dass sie nackt waren. Sie flochten Feigenblätter zusammen und machten sich Schurze." Gott erkennt daran, dass sie sein Verbot missachtet haben – die Vertreibung aus dem Paradies ist die Strafe für diese Erbsünde. Duerr schließt daraus, dass der biblische Mythos insofern eine Allgemeinerscheinung menschlichen Zusammenlebens ausdrückt, als „aller Wahrscheinlichkeit nach zumindest innerhalb der letzten vierzigtausend Jahre" die

Sündenfall und Vertreibung aus dem Paradies, Fresko von Michelangelo, um 1509.

Nacktscham, wenn auch nicht angeboren, so doch zum Wesen des Menschen gehört.

Duerrs Bemühungen, in seinen mit unermüdlichem Fleiß zusammengetragenen Belegen aus den Bekleidungssitten der verschiedensten Völker und Epochen die innere Wahrheit der *Heiligen Schrift* zu belegen, erinnern an ähnliche Versuche der von Patres getragenen katholischen Wiener Schule der Völkerkunde in der ersten Hälfte des 20. Jahrhunderts: Man suchte nach einem „Urmonotheismus" und einer „Urmonogamie", um Eingottglauben und Einehe als dem Menschen wesensgemäß und alle anderen Glaubens- bzw. Partnerschaftsformen als „Abirrungen vom Normalen und Naturgemäßen" zu definieren. Duerr besteht darauf, dass das „Feigenblatt", und sei es in der Form der Diskretion des Blicks, immer da war und sieht so die Aussage der *Genesis* bestätigt, dass der Mensch sich seiner Nacktheit zu schämen habe.

Wer mit der Bibel argumentiert, dem könnte freilich eine andere Deutung entgegengehalten werden. Heißt es doch im biblischen Schöpfungsbericht: „Und Gott schuf den Menschen nach seinem Bilde, nach Gottes Bild schuf er ihn; und er schuf sie als Mann und Weib." Wie war Gott gekleidet? Im Psalm 104 heißt es dazu: „Herr mein Gott … du hast angetan das Licht wie ein Kleid" (nach Allioli) und „Licht ist dein Kleid" (nach Luther) – eine Darstellung, mit der sich die alten FKK-Ideologen identifizieren könnten, die gern von ihrer Nacktheit als „Lichtkleid" sprachen: Adam und Eva sind nach seinem Ebenbild nackt gewesen. Und ebenso wenig wie er brauchten sie sich dessen zu schämen. Die verführerische Schlange hingegen ist, wenigstens in christlicher Vorstellung, eine Verkleidung Satans, des Prinzips des Bösen. Wäre es so abwegig, daraus zu folgern, dass sich der Mensch seiner Nackt-

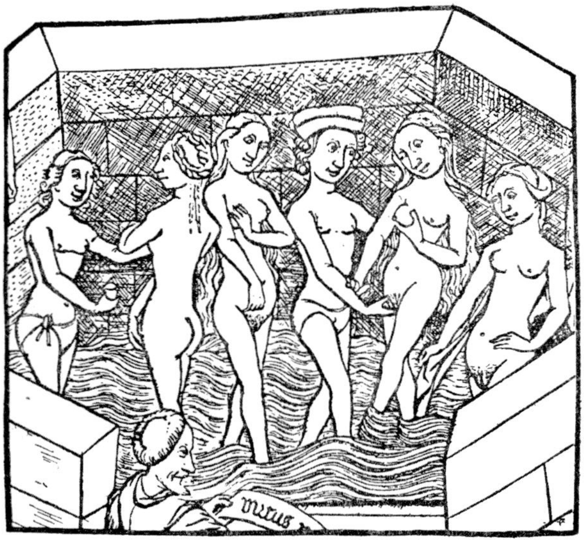

Anonymer mittelalterlicher Holzschnitt.

heit zu schämen hat, sei im Grunde Teufelswerk? Zumal Gott ja bei seinem Strafgericht keineswegs die Nacktheit als solche verurteilt, sondern an den Blätterschürzen nur erkennt, dass Adam und Eva sein Verbot missachtet haben und er sie deshalb aus dem Paradies verjagt.

Aus dem Mythos wird der Zusammenhang zwischen Schuld und Scham offenkundig. Neugierde lässt die Stammeltern das Gebot Gottes übertreten und damit schuldig werden. Und sich der Schuld zu schämen, ist allerdings eine spezifisch menschliche Emotion; insofern ist Scham allgegenwärtig in den zwischenmenschlichen Beziehungen. Man ist beschämt in dem Gefühl, etwas falsch gemacht, gegen Regeln verstoßen zu haben – die Folgen sind bekannt. Zum Unterschied von diesem Sich-Schämen konnte das Vorhandensein von Genitalien für den von Gott so geschaffenen Menschen doch keine Schuld sein; die „Ur-Scham" des „Sündenfalls" liegt in der Übertretung des Verbots, nicht in der Nacktheit!

Duerr aber hat sich nun einmal auf die Nacktscham konzentriert, und er wird nicht müde, anhand zahlreicher Beispiele deren „Wesensmäßigkeit" zu belegen. Auch dort, wo Nacktheit ganz offenkundig schamfrei gewesen zu sein scheint. So wird angeführt, dass die griechischen Athleten, die zu den Wettkämpfen in Olympia und anderen Sportspielen nackt teilnahmen, schamvoll die Eichel ihres Gliedes verbargen und jüdische Kämpfer, die in der römischen Kaiserzeit antraten, wegen ihrer Beschnittenheit Probleme hatten. Das in Handschriften bezeugte fröhliche gemischtgeschlechtliche Badeleben des Mittelalters glaubt Duerr durchwegs in die Kategorie des Dirnenwesens einordnen zu können.

Viele Berichte der europäischen Entdecker der Neuen Welt über die Hüllenlosigkeit und erotische Freizügigkeit der Eingeborenen zweifelt Duerr an, und dort wo Nacktheit noch in der Kolonialzeit oder bis in die Gegenwart hinein belegbar ist, will er das Schamgefühl etwa schon durch eine um den Leib geschlungene Bastschnur, die die Genitalien frei lässt, oder durch die Peniskapsel der Papua gewahrt wissen, die andere Ethnologen als Schmuck oder Schutz betrachten. Auch genügt ihm für den Beweis von Schamhaftigkeit, dass zwar ledige melanesische Mädchen nackt gehen dürfen, dies aber den Ehefrauen nicht gestattet ist. Photographien, die unbekümmerte Nacktheit von Menschen, die noch nicht vom Kattun der

Die Badestube, kolorierter Kupferstich nach Virgil Solis, 1550.

Missionare beglückt wurden, misstraut er als gestellt. Oder Duerr meint von den Bewunderern der Prachtgestalten der nackten sudanesischen Nubas, sie seien „einem Mythos aufgesessen", an dem die Photographin Leni Riefenstahl – getrieben „von der tiefen Sehnsucht des deutschen Menschen nach Nacktheit" – fast ihr ganzes Leben lang gearbeitet habe.

So unbestritten es ist, dass der Mensch nackt das Licht der Welt erblickt, so unterschiedlich sind die Theorien darüber, wann und warum er dazu gelangte, seinen bloßen Körper zu bekleiden. Dass „Lucy", ein 1974 gefundenes und 3,5 Millionen Jahre altes Skelett, einen Lendenschurz trug, nimmt wohl niemand an, auch wenn es vielleicht gerade der aufrechte Gang war, der insbesondere den Mann früh nach Schutz und / oder Schmuck für die nun offen liegenden heikelsten Körperpartien suchen ließ. Dem logischen Denken dürfte jedenfalls eher plausibel sein, dass die Kleidung die Körperscham erzeugte, und nicht umgekehrt.

Die brasilianische Xingú-Frau, die ihr Babys stillt, beweist, dass es selbst 1989 noch nackt lebende Völker gab.

Aber das ist nicht das Thema dieses Buches, und auch Duerrs versuchte Widerlegung von Elias' Zivilisationstheorie wäre es nicht, wenn der Autor seine Betrachtungen der Vergangenheit nicht zur Gesellschaftskritik an der veränderten Haltung zur Nacktheit in der Gegenwart erweiterte.

„In unserer Zeit schämt man sich oft mehr über die Scham als über die Nacktheit", behauptet Duerr mit dem Blick auf die seit dem späten 20. Jahrhundert um sich greifenden Badesitten und in der Öffentlichkeit anzutreffenden Nuditäten in Europa, teilweise auch in den USA und in Brasilien. Im Gefolge der 68er-Revolte scheinen in der Tat die noch vorhandenen Reste der viktorianischen Sexualtabus über Bord geworfen worden zu sein. Elias ist der Ansicht, dass dies keinesfalls als Lockerung der indivi-

Leni Riefenstahl mit einem der nackten Nuba im Sudan, die Duerrs These von der Allgegenwart des Feigenblatts widerlegen.

duellen Selbstzucht anzusehen sei, sondern gerade erst durch eine intensiver gewordene Selbstkontrolle möglich geworden ist. Das werden wohl die meisten bestätigen können, die mit der neuen Toleranz gegenüber der Nacktheit an den Stränden, in Bädern und Saunen vertraut sind. Dass da vor allem die Jüngeren sich nicht mehr an die alten FKK-Beteuerungen gebunden fühlen, wonach im Nacktsein alles Erotische ausgeschaltet sei, ist verständlich und entspricht dem Drang zur Wahrheit, der die 68er bewegte. Das wurde in den Zeiten der Hatz auf das Nacktbaden vielleicht von manchen ehrlich geglaubt und praktiziert, war aber doch eher eine Schutzbehauptung gegenüber Verleumdung und Verfolgung. Doch von einer ausufernden Sexualisierung des Badelebens, wie Duerr das mit Hinweis auf Einzelfälle verallgemeinern will, kann sicher nicht die Rede sein. Der Verzicht auf das Feigenblatt bringt weder den allgemeinen Sittenverfall noch die Läuterung der Menschheit.

Kampf der Kleiderkulturen

Die einen ziehen sich aus – die anderen ziehen sich an

Nackte Menschen sind ein hässlicher Fleck
auf dem Bild vom Afrikaner des 20. Jahrhunderts.
JULIUS NYERERE

„Was sind die Europäer doch für seltsame Leute", klagte in den 70er Jahren Ogamo Bagnah, Innenminister der Republik Togo. „Erst kamen sie her, um uns das Kleidertragen beizubringen, und nun sind sie schon wieder da, um es uns abzugewöhnen."

Der Grund für seine Irritation: Deutsche Reisebüros, die Gruppenreisen nach Togo vermittelten, bestanden auf einem FKK-Badestrand für ihre Kunden. Und die Aussicht auf die touristischen Einnahmen ließen den togolesischen obersten Sicherheitschef den weißhäutigen Abkömmlingen der einstigen Kolonialmacht, die nahtlos braun heim kommen wollen, das rasch zugestehen, was die katholischen Oberhirten des Landes im Verein mit der Regierung, für die Nacktheit gleichbedeutend mit Rückständigkeit ist, den Einheimischen strikt verwehren. Obwohl bei diesen bloße Haut noch vor einem Jahrhundert die meistgetragene Mode war.

Als der Senegal 1960 unabhängig wurde, waren seine Tänzerinnen im Zeichen ihrer „négritude" noch stolz auf ihre althergebrachten Kleidersitten.

Togos Nachbarland Ghana hatte 1960 allen Frauen des Landes, die in vielen ländlichen Gebieten seit jeher „oben ohne" unterwegs waren, das Tragen von Büstenhaltern verordnet. Den Anstoß zu dem Gesetz gab ein Gastspiel des Ensembles *Les Ballets Africains* in den Vereinigten Staaten im Jahr 1959. Einige der Tänzerinnen waren in Philadelphia und Boston in Landestracht, also mit bloßem Oberkörper, auf der Bühne. Die Mädchen stammten aus Ghana. Als in New York ein Auftritt der Gruppe angekündigt wurde, drohte die dortige Behörde, das Theater zu schließen, falls die Tänzerinnen keine Büstenhalter tragen würden. Nach der Ensembleleitung beugte sich auch der Staat Ghana dem amerikanischen Gesetz, dem sich dort gleich die gesamte Weiblichkeit unterwerfen musste. Offenkundig schien Präsident Nkrumah, der beanspruchte, an der Spitze der „afrikanischen Revolution" zu stehen, dies ein Preis für den Eintritt des Kontinents in die Zivilisation.

In den französisch dominierten Staaten Guinea und Senegal war man länger bereit, die landeseigenen Sitten und Bräuche nicht einfach über Bord zu werfen. Die Tanzensembles, die von dort nach Europa kamen, scheuten sich jedenfalls nicht, traditionelle Tänze im gewohnten Kostüm aufzuführen. Das mag von dem Bestreben des senegalesischen Präsidenten und Dichters Léopold Sédar Senghor ausgegangen sein, der Rückbesinnung auf die afrikanischen Kulturtraditionen und Stolz auf die „Négritude"

Vor dem Unterdrückungskrieg des islamischen Nordens gegen den schwarzen Süden Sudans war dort 1952 die Tradition von Kleidung und Tanz noch lebendig.

anstrebte. Wahrscheinlich ist diese Ideologie in der Übernahme „weißer“ Haltungen ebenso untergegangen, wie das Wort Neger, das im Französischen wie im Deutschen ursprünglich wertneutral war, aber durch seine Abwertung im amerikanischen Rassismus heute als nicht mehr politisch korrekt gilt.

Die Nacktangst der drei monotheistischen Religionen – Christentum, Islam, Judentum –, die Nacktheit durch Jahrhunderte mit Schamlosigkeit und sexueller Zügellosigkeit gleichsetzten, hat den Menschen in jenen Regionen der Erde, in denen ein lockeres Verhältnis zur Kleidung den klimatischen Bedingungen bestens entspricht, das Gewand aufgezwungen. Und vor allem war es – das entspringt der patriarchalischen Struktur dieser von den drei Religionen geprägten Kulturen – die Nacktheit der Frau, die es zu bedecken galt. Wenn auch nicht zu übersehen ist, dass die Geschlechtsteile bei vielen so genannten Naturvölkern bedeckt – oder geschmückt? – waren bzw. noch sind, so ist doch das Verbergen der weiblichen Brust eine christliche Spezialität, vergleichbar mit dem islamischen Zwang, das Haupthaar, wenn nicht überhaupt das ganze Gesicht der Frau in der Öffentlichkeit zu verdecken. Und erst aus diesem Verstecken-Müssen entspringt die Attraktion, die das verbotene Entblößen auf das andere Geschlecht ausübt.

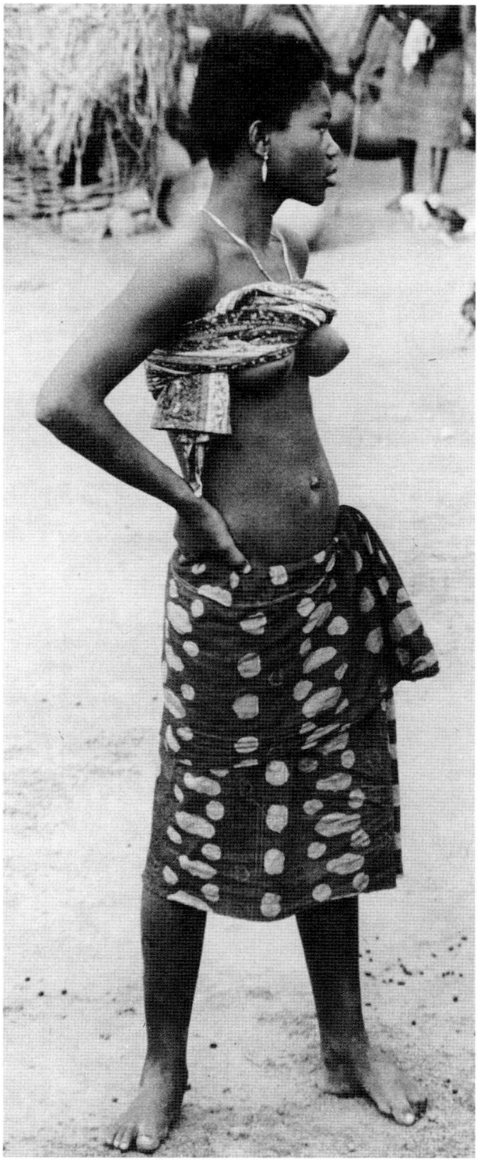

Eine westafrikanische Frau hat offenbar ihre eigene Auslegung der europäischen Kleidersitten gefunden.

Eben dies hinterließ bei Völkern mit alten Kulturen oft den Eindruck, dass das Beäugen der anderen Kleidersitten einheimischer Frauen durch die Kolonisatoren und die ihnen folgenden Touristen zu einer erniedrigenden Schaustellung machten. Das war wohl der Hauptgrund dafür, dass einer der ersten Akte der indonesischen Regierung nach dem siegreichen Befreiungskampf gegen die Niederländer die Anordnung war, dass die Frauen auf Bali – zum Unterschied von den übrigen, zumeist islamischen Bewohnern Indonesiens Hindu – fortan mit ihrem Sarong oder mit der vom Frauenbund dekretierten javanischen Bluse die bis dahin bloß gelassenen Brüste zu bedecken hatten. Auch in Japan führte der Zusammenstoß mit der westlichen Zivilisation im 19. Jahrhundert, und mit einem neuen Schub durch die amerikanische Besetzung nach 1945, zum oft behördlich angeordneten Verbot der Unbefangenheit, mit denen Männer und Frauen gemeinsam dem Gesundbrunnen einer hoch entwickelten und in natürlicher Nacktheit gepflogenen Badekultur huldigten. Dass solche Maßnahmen, sei es in Japan, auf Bali oder in Thailand, keineswegs dazu beitrugen, die Sittlichkeit zu heben, sondern im Gegenteil der Prostitution und ihren Begleiterscheinungen neue Märkte erschloss, steht auf einem anderen Blatt.

Kenia ist, jedenfalls auf dieser Ansichtskarte, nicht so prüde wie der frühere Präsident des benachbarten Tansania.

Wo die europäischen christlichen Missionare hinkamen, war ihre erste Sorge zumeist, die sie schockierenden Blößen der „armen Heiden" zu bedecken. Dass christlicher Bekehrungseifer sich nicht seit jeher so verstanden hat, lässt sich beim Vergleich von mittelalterlichen Bildern über die Taufe germanischer oder slawischer Fürsten ermessen: Sie standen nackt im Taufbecken, von ihren Gefolgsleuten umringt, die dann ebenfalls nackt im nahen Flusswasser in Christen verwandelt wurden. Heute, ob im noch unerschlossenen Hochland Neuguineas oder bei der Erwachsenentaufe der Mormonen, dürfen die Täuflinge ihrem neuen Gott nicht so begegnen, wie er sie erschaffen hat.

Das Ergebnis des Auftrags „die Nackten zu kleiden" – der allerdings anders gemeint ist –, war in vielen derart beglückten Teilen der Welt, dass mit den aus Europa importierten Second-Hand-Kleidern Krankheiten eingeschleppt wurden, denen die Eingeborenen wenig Widerstand leisten konnten. Die ungewohnten und dem Klima keineswegs angemessenen Gewänder, in denen nun auch gebadet wurde, verursachten tödliche Erkältungen. Und bis auf unsere Zeit hat der Kleiderzwang, den die auf zivilisatorische Äußerlichkeiten bedachten und meist europäisch erzogenen Eliten ausüben, zur Folge, dass viele Menschen, deren Vorfahren nackt, aber keineswegs schamlos waren, heute oft in abgetragene Lumpen gehüllt sind. Die Erwartungen, dass die Verhüllung der Körper eine grundsätzlich andere Sexualmoral zur Folge haben würde, blieben meist unerfüllt.

Kein Photomotiv mehr für Touristen: Die Regierung in Djakarta hat den Balinesinnen verboten, den Sarong so zu tragen, wie es bis zur Unabhängigkeit seit jeher Sitte war.

Zusammenprall der Kulturen: Der Ärger mit den Hippies am Strand von Goa wurde schließlich durch ein Nacktbadeverbot beendet.

Allerdings wurde der Gewissenszwang zu „keuscher" Kleidung, den die Missionare den Bekehrten aufzwangen, häufig durch den eigenen Wunsch, es den mächtigen weißen Herren nachzumachen, gefördert. Kleidung wurde zum sozialen Statussymbol und war oft für jene, die sich zur Arbeit auf den Plantagen der kolonialen Pflanzer verdingten, ein willkommener Teil ihrer Entlohnung. Konnten sie doch damit bei den daheim Gebliebenen Eindruck machen und zu verstehen geben, dass Nacktheit Rückständigkeit und Armut bedeuteten. So wurde „keusche" Kleidung als moralische Verpflichtung und mehr noch als Zivilisationsgut verinnerlicht.

Freilich, die Gegenwelle rollt: Auf Tahiti werden sich die jungen Polynesierinnen sehr rasch den Französinnen anschließen und „oben ohne" baden, so wie Paul Gauguin einst „l'or de leurs corps", das „Gold der Körper" ihrer Großmütter, gemalt hat.

Grenzen der Entblößung

Das Ende des Nackttabus – unwiderrufbar?

Nackt darf ich nicht für Gott
und muss doch unbekleidt
ins Himmelreich eingehn,
weil es nichts Fremdes leidt.
Angelus Silesius

Es war im Jahr der XV. Olympischen Spiele, 720 vor Christus: Im Stadionlauf, der ältesten Disziplin der Spiele, war Orrhippos aus Megara allen voran. Er lief barfuß, wie alle anderen Läufer, und um die Hüften trug er den damals üblichen Lendenschurz. Aber der war offenbar nicht richtig gebunden. Plötzlich löste er sich und fiel zu Boden. Orrhippos ließ sich dadurch nicht beirren. Nackt lief er weiter. Und unter der begeisterten Zustimmung der Zuschauer lief er als Erster ins Ziel. Fortan verzichteten zuerst die Spartaner, die daheim schon längst ohne Schurz übten, bei allen Wettkämpfen auf Kleidung, und bald folgten die anderen Griechen. Die Schamlappen wurden aus dem Sportbetrieb verbannt, die „gymnische Idee“ setzte sich durch. Für die Griechen kein „zurück zur Natur“, sondern eine Kulturtat – auch dadurch wollten sie sich von den „Barbaren“ unterscheiden.

Der Bruch mit dem Tabu Nacktheit im 20. Jahrhundert hat zwei Wurzeln: ein neues Körperbewusstsein und die Befreiung der Sexualität. Sie stehen einander insofern im Wege, als die Identifi-

Wohl auch in Zukunft nur in FKK-Urlaubszentren – in Kroatien und Frankreich – möglich: Miss- und Mister-Wahl nach Prüfung der gesamten Schönheit.

Letzte Konsequenz der Entblößung: *Die virtuelle Braut*, präsentiert von der Photographin Freyda Miller.

zierung von Sex und Nacktheit die Unbefangenheit gegenüber der Letzteren beeinträchtigt. Schon deshalb ist ein Wandel wie damals im antiken Olympia bei heutigen Leichtathletikkämpfen nicht zu erwarten. Ganz abgesehen davon, dass sich eine Sportdress nicht so leicht verlieren lässt wie ein Lendenschurz, haben die Olympischen Spiele von heute ihre strengen Regulative. Zudem muss man berücksichtigen, dass Olympia im alten Hellas reine Männersache und Bisexualität weit verbreitet war. Frauen waren als Zuschauerinnen ausgeschlossen. Lediglich in Sparta trainierten Mädchen in kurzen, eine Brust freilassenden Kitteln gemeinsam mit Jünglingen. Die Internationalität des heutigen Sports, zum Unterschied vom kulturell homogenen Griechenland, verlangt von allen Teilnehmern akzeptierte Regeln der Kleidermoral.

Noch näher liegend wäre es ja, Schwimmwettkämpfe ohne Bekleidung auszuüben, weil sich so nachgewiesener Maßen neue Rekorde erzielen ließen. Das hat nicht nur die Australierin Dawn „Aurore" Fraser, die zwölf Jahre lang Olympiasiegerin war, im Privatbecken bewiesen. Doch war das damals eine unerhörte Provokation, und die Meisterschwimmerin wäre deshalb beinahe für die Olympischen Spiele in Tokio gesperrt worden. Solche Rekorde werden offiziell nicht anerkannt. Sportliche Wettkämpfe im Kostüm „à la Alt-Hellas" bleiben demnach – mit dem Unterschied, dass daran nun Frauen teilnehmen – auf das Vereinsleben der FKK beschränkt und tragen so, zumal in Deutschland, nicht unwesentlich zu dessen Fortbestand bei.

Transparenz als Modetrend: ein sommerliches Abendkleid bei Isabelle Varants Fashion-Show 2000.

Ende des Tabus Nacktheit? In Teilbereichen lässt sich daran durchaus zweifeln. So übte man Gymnastik in den 20er Jahren vielerorts nackt aus, was sich heute kaum mehr, nicht einmal in den Gymnastikbüchern, vorfinden lässt. Wie denn auch, ist doch aus dem Bedürfnis nach Fitness eine ganze Freizeitindustrie geworden, deren ausgetüftelten Produkte mit nackten Körpern nicht vereinbar sind. Das Geschäftsinteresse lässt Fragen verstummen, ob mit durchdachter Gymnastik nicht ein ähnliches Ergebnis zu erzielen wäre – wenn auch nicht das der muskelbepackten Bodybuilder.

Am Strand und im Sommerbad hingegen ist die Entwicklung anders gelau-

Auf Kabuls Straßen dürfen sich Frauen auch nach der Vertreibung der Taliban nur mit Burka zeigen.

fen, und das hat seinen Grund unter anderem darin, dass hier, anders als bei Sportereignissen, die Zweiteilung in Ausübende und Zuschauer weitgehend ausgeschaltet ist. Daher hat hier der Wunsch nach einer dem Wasser und dem Licht bestangepassten naturgemäßen Bekleidungsform zu wachsender Toleranz und Akzeptanz der Nacktheit geführt. Es erscheint durchaus denkbar, dass in diesem Bereich die gesellschaftlichen Grenzen ihr gegenüber allmählich überhaupt verschwinden werden. Im fröhlichen Urlaubsbetrieb mag dann manches möglich sein, was die FKK-Moralisten nie erlaubt hätten: zum Beispiel nackte Miss- und Mister-Wahlen.

Die Bilderflut der Medien, ebenso von Bildschirm und Kinoleinwand, hat Nacktheit über den Weg des käuflichen Produkts zum Alltagserlebnis gemacht. Inwieweit dadurch der sexuelle Reiz des Nackten abgebaut wird, bleibt umstritten. „Nur wer sich an Nacktheit an sich stößt, wird sich auch an einer unverblümten Zurschaustellung von Nacktheit stoßen, die reizlos geworden ist, weil sie nichts mehr verbirgt“, schreibt der österreichische Philosoph Konrad Paul Liessmann. Um aber an anderer Stelle der Nacktheit als einer „Urform des Erotischen“ der „Schönheit des Körpers als Ausdruck des Willens zum Ästhetischen“ Platz einzuräumen: „Es ist die Form selbst, die am nackten Körper, der nichts zu verbergen hat, doch etwas verbirgt, die ein Versprechen andeutet, obwohl schon alles gesagt zu sein scheint.“

Als der wegen seiner erotischen Romane lange von Zensoren schikanierte Henry Miller in den 60er Jahren meinte, die „Modeschöpfer beginnen zu entdecken, dass das schönste Kostüm die Haut ist“, nahm er eine Entwicklung vorweg, die sich seit der Jahrtausendwende auf den Laufstegen der Haute Couture vollzieht. Weder vor noch nach der kurzlebigen französischen „Nacktmode“ zur Zeit des postrevolutionären Directoires hatte es solch modische Offenherzigkeit je gegeben. Die Couturiers sind zu Schneidern himmlischer Blößen geworden. Freilich, jenseits des Catwalk werden die nichts mehr verbergenden Hüllen – vorerst? – allenfalls von Filmstars bzw. -sternchen und exzentrischen Damen der Gesellschaft in exklusivem Ambiente getragen. Empörung haben sie jedoch nirgendwo ausgelöst, ein Zeichen dafür, wie tolerant die Gesellschaft gegenüber dem Nackten geworden ist. Und Robert Altman zog 1994 in seinem Film *Prêt-à-porter* die drastische Konsequenz dieser Entwicklung: Im Finale ließ er seine Models völlig nackt über den Laufsteg wandern.

Auf der Bühne, im Theater oder in der Oper, wurden nach dem ersten überbordenden Ge- bzw. Missbrauch der neuen Freiheit die Nacktauftritte der Aussage des jeweiligen Stücks und seiner Handlung untergeordnet. Und im Publikum ist die Erkenntnis gereift, dass die bloße Haut, dem Sinn des Dargestellten entsprechend angewandt, letztlich ein Kostüm wie jedes andere auch ist.

In der Erziehung der Jugend wird die Haltung zur Nacktheit vom Elternhaus bestimmt, und das ist gut so. Allerdings sind dabei die Einflüsse der Umwelt, die der Nacktheit ihre Brisanz genommen haben, mitentscheidend.

Zum alljährlichen Fest der Lebensfreude beim Karneval von Rio gehört die selbstverständliche Freizügigkeit der Körper.

Für eine tolerante Gesellschaft wären Eingriffe des Staats in der einen oder anderen Richtung inakzeptabel; er hat dafür zu sorgen, das Individuum nach seiner Fasson selig werden zu lassen, wobei sich, wie die Entwicklung des vergangenen Jahrhunderts zeigt, die Gewichtung in der Einstellung zur Nacktheit beträchtlich verschoben hat. Allerdings zeigt sich, dass dies keine lineare Entwicklung ist, wobei gerade die Pornographie eine natürliche, aufgeklärte und humanistische Haltung zum nackten Menschenkörper sabotiert. Vor allem die unter schrecklichem Missbrauch von Kindern und Jugendlichen geübte Bedienung perverser Lüstlinge im Internet erzeugt eine neue Prüderie, die nicht mehr Nacktheit an sich, wohl aber die Nacktheit Minderjähriger tabuisieren möchte. Die unschuldige Nacktheit des Kindes, die selbst in den Deckengemälden der katholischen Barockkirchen ihren unangefochtenen Platz hatte, wird durch dieses verbrecherische Verhalten in den Schmutz gezogen.

Trotz aller Globalisierung leben wir in einer Welt, die nach wie vor in der Beurteilung der Nacktheit höchst unterschiedliche Normen kennt. Gibt es etwa einen größeren Gegensatz als jenen zwischen den von überschäumender Lebensfreude zeugenden Tänzerinnen des Karnevals in Rio und den Frauen, die im pakistanischen Peschawar oder im angeblich befreiten Afghanistan sogar ihr Gesicht hinter dem Stoffgitter der Burka verbergen müssen? Und schließlich ist in den Ländern Europas, bei aller Liberalität für die virtuelle Nacktheit in den Medien, die Einstellung zur realen Nacktheit unterschiedlich.

Zwar ist der Wandel, der im Laufe des 20. Jahrhunderts eingetreten ist, unübersehbar. Aber bei aller Toleranz bestehen weiterhin die durch Jahrhunderte religiös untermauerten Vorurteile. Gerade dazu könnte jedoch ins Treffen geführt werden, was Paulus im Römerbrief sagte: „Ich weiß und bin's gewiss in dem Herrn Jesus, dass nichts unrein ist an sich selbst; nur dem, der es für unrein hält, dem ist's unrein." Im Geiste der Nächstenliebe sollte es immer schwerer fallen, die „Erbsünde" in Adams und Evas Genuss der verbotenen Frucht der Erkenntnis zu orten; sie liegt vielmehr in dem aus Intoleranz, Neid, Gier und Hass entspringenden Brudermord, der der Menschheit bis zum heutigen Tag ihr Kainsmal aufgedrückt hat.

In den liberalen 20er Jahren wurde auf Wiens Döblinger Friedhof das Aktporträt der jungen Verstorbenen aufs Grab gesetzt: „Und muss doch unbekleid't ins Himmelreich eingehn, weil es nichts Fremdes leid't ..."

Statt eines Nachworts

Gedanken zu einigen Bedenken

Die Götter sind Spatzen – ich bin ein Falke.
Die Götter trudeln dahin,
Ich bin eine prächtige wilde Kuh.
LIED DER SUMERISCHEN MUTTERGÖTTIN INANNA

Der Leserin und dem Leser dieser Beiträge zu einer Kulturgeschichte der Nacktheit im 20. Jahrhundert wird nicht verborgen geblieben sein, dass der Autor die Entwicklung im Grunde positiv beurteilt. Vielleicht besteht gerade darin, dass in unserem Zeitalter der nackte Mensch aus der bildenden Kunst weitgehend verschwunden ist, ein Zusammenhang mit der Befreiung der Nacktheit im realen Leben. Bei den Griechen der Antike verlief die Entwicklung umgekehrt: „Noch bevor sich die Nacktheit in der Kunst manifestiert, drückt sie sich als ethisch-ästhetisches Ideal der Kalokagathia („Schöngutheit“) in der Feier der panhellenischen Spiele aus. Hier zeigt sich die menschliche Gestalt in ihrer idealen Dimension als wesentlich nackt: Durch diese Feier glaubten die Griechen, sich von allen anderen Völkern zu unterscheiden. Für sie ist die Nacktheit nicht mehr beschämend, lächerlich oder entehrend …“, konstatiert Mario Perniola.

In unseren Tagen ist diese Lösung von der Nacktscham, wenn schon nicht mit Malerei und Plastik, die sich ja seit der Renaissance nicht mehr an dieses Gebot hielt, so doch mit den modernen Kommunikationsmitteln, der Photographie, dem Film und dann auf der Bühne, Hand in Hand gegangen. Und da dieser Wandel im Denken in eine Epoche fiel, die auch die Emanzipation der Frau auf ihre Fahnen geschrieben hat, blieb die neue Freiheit der Nacktheit, ganz anders als bei den Griechen, keine männerbündisch beschränkte, sondern schloss das andere Geschlecht von Anfang an mit ein. Das war zugleich ein Affront gegen den männlichen Besitzanspruch, gegen die Unterstellung des Körpers der Frau unter die Verfügungsgewalt des bürgerlichen Gesetzbuches.

Eine der Einwendungen, die gegen Nacktheit, dort wo sie sinnvoll und naturgemäß ist, vorgebracht werden, ist die, dass sie eine Tyrannei der Schönen hervorbringe. Für den, der die Verhältnisse auf Nacktbadestränden oder in der Sauna kennt, ist das nackter Unsinn. Es gibt kaum Orte, an denen mehr Toleranz gepflegt wird. Abgesehen davon ist es wohl eine Illusion zu glauben, dass eine etwas zu üppig oder gar nicht geratene Brust oder eine allzu barocke Hüfte weniger bemerkt würden, wenn sie notdürftig mit ein bisschen Stoff bedeckt wären. Der auf seinen natürlichen Körper reduzierte Mensch, bar schmückender Statussymbole, wird in der Tat ein Gleicher unter Gleichen. Das schließt bewundernde Blicke für so genannte schöne Frauen und Männer keineswegs aus – aber von einer Tyrannei der Schönen, aus denen diese Kapital schlagen und sich über Andere erheben könnten, ist nichts zu spüren.

Viel eher gibt es eine solche Tyrannei der Schönheit durch Leitbilder, die über Fernsehen und Film den Männern Idealfiguren vorgaukeln und Frauen über sinnvolle sportliche Betätigung hinaus Wunschträumen nachjagen lassen, die unter den Messern der Chirurgen Gestalt annehmen sollen – und junge Mädchen in eine für so manche sogar tödlich endende Magersucht treiben.

Man hört auch den Einwand, die Nackten – und insbesondere nackte Frauen – gäben für Voyeure unfreiwillige Lustobjekte ab. Das Manuskript für das vorliegende Buch lag bereits im Verlagslektorat, als mir ein Roman, *Die Schule der Nackten*, zur Rezension anvertraut wurde. Der Autor Ernst Augustin, Neurologe und Psychiater, lässt seinen schon in die Jahre gekommenen Helden eine Grenze überschreiten: Der Ich-Erzähler betritt in einem Münchener Sommerbad erstmals die durch Planken abgezäunte Liegewiese der FKK-Anhänger. Er geht dann an jedem Sonnentag dort hin. Zunächst ist er genauer Beobachter, beschreibt die Vielfalt jener Körperzonen bei Frau und Mann, die im täglichen Leben verborgen bleiben, verliert sich in philosophischen Betrachtungen, wird zum Anbeter einer üppigen Schönheit und kommt schließlich zu dem Schluss: „Erotik auf dem Nacktbadegelände ist eine paradoxe Sache. Einerseits besteht das Überangebot blanken Fleisches, andererseits aber fehlt jegliches Gefälle. Es gibt keine Erwartung, keine Steigerung, eine wahnwitzige Hoffnung auf etwaige Enthüllung, weil sie bereits stattgefunden hat: Die nackten Tatsachen sind, wenn man es genau nimmt, zu nackt."

Schließlich wird beklagt, dass Nacktheit außerhalb der geschlechtlichen Partnerschaft deren Intimität gefährde. Ich halte dies letztlich für einen Ausfluss des seit Jahrtausenden gepflegten patriarchalischen Besitzdenkens, das auch den Körper der Frau einschließt. Zugegeben, anderswo hat diese Männerherrschaft noch ganz andere Auswirkungen – von der Verschleierung und der Burka, die Frauen nur noch durch einen vergitterten Sehschlitz die Welt erblicken lässt, bis zu den Gräueln der Klitorisbeschneidung, die dem anderen Geschlecht jede sexuelle Lust austreiben und Untreue verhindern soll.

In der westlichen Welt aber befindet sich der männliche Anspruch auf den weiblichen Körper und dessen Privatisierung, wenn auch von gelegentlichen Wechselfällen begleitet und länderweise in unterschiedlichem Tempo verlaufend, im permanenten Rückzug. Das ist zweifellos eine Begleiterscheinung der Emanzipation der Frau und ihres Anspruchs auf Selbstbestimmung, selbst wenn das von Männern eingeleitete Enthüllungsszenario der Entwicklung mit seiner Spekulation auf Lust- wie Geldgewinn mitunter einen fragwürdigen Stempel aufdrückt. In weiter Perspektive gesehen ist gerade dies vielleicht doch nur eine List der „Göttin", die auf dem Vehikel männlicher Lüsternheit den Weg findet zur Befreiung des Weiblichen aus seiner Jahrtausende währenden Unterdrückung.

Der Autor

Manfred Scheuch, geboren 1929 in Wien, verheiratet, drei Kinder, wurde nach dem Studium der Geschichte Journalist, 1970–1989 Chefredakteur der legendären *Arbeiter-Zeitung*, danach freier Mitarbeiter des *Standard*.

Im Christian Brandstätter Verlag sind von ihm bisher folgende Werke erschienen: *Atlas zur Zeitgeschichte – Europa im 20. Jahrhundert* (1992); *Atlas zur Zeitgeschichte – Asien, Afrika und Amerika im 20. Jahrhundert* (1993); *Historischer Atlas Österreich* (1994); *Atlas zur Zeitgeschichte – Bedrohte Völker* (1995); *Historischer Atlas Deutschland* (1997); *Österreich im 20. Jahrhundert* (2000); *Das größere Europa – Polen, Ungarn, Tschechien, Slowakei, Slowenien und die Baltischen Staaten in Geschichte und Gegenwart* (2002).

1997 wurde Manfred Scheuch mit dem Preis der Stadt Wien für Volksbildung ausgezeichnet, 2002 erhielt sein Buch *Das größere Europa* den Bruno-Kreisky-Anerkennungspreis.

Manfred Scheuch an der Côte d'Azur, 1950.

Literatur

Auswahl

Amort, Andrea / Wunderer-Gosch, Mimi (Hg.): *Österreich tanzt. Geschichte und Gegenwart.* Wien 2001.

Andritzky, Michael / Rautenberg, Thomas (Hg.): *„Wir sind nackt und nennen uns Du". Von Lichtfreunden und Sonnenkämpfern. Eine Geschichte der Freikörperkultur.* Gießen 1989.

Aulnoyes, François des: *Strip-Tease. Kritische Dokumentation zu einem weltweiten Phänomen.* Bonn 1964.

Bayreuth, Festspielleitung (Hg.): *Rückblick und Vorschau.* Bayreuth 1984.

Bloch, Alice: *Der Körper deines Kindes.* Stuttgart 1924.

Boehn, Max von: *Der Tanz.* Berlin 1925.

Bologne, Jean-Claude: *Nacktheit und Prüderie. Eine Geschichte des Schamgefühls.* Weimar 2001.

Burkhardt, Hellmuth: *Aktfotografie.* Halle an der Saale 1958.

Byer, Doris (Hg.): *Fremde Frauen. Photographien des Ethnographen Hugo A. Bernatzik 1925–1938.* Wien 1985.

Byer, Doris: *Die Große Insel. Südpazifische Lebensgeschichten.* Wien 1996.

Byer, Doris: *Der Fall Hugo A. Bernatzik. Ein Leben zwischen Ethnologie und Öffentlichkeit.* Wien 1999.

Becker, Jürgen / Vostell, Wolf (Hg.): *Happenings, Fluxus, Pop Art, Noveau Réalisme. Eine Dokumentation.* Reinbek bei Hamburg 1965.

Cordon, Paul de: *Girls of the World Famous Crazy Horse Saloon.* Zürich 1971.

Duerr, Hans Peter: *Der Mythos vom Zivilisationsprozeß.* 5 Bände, Frankfurt am Main 1988–2003.

Durgnat, Raymond: *Sexus, Eros, Kino. Der Film als Sittengeschichte.* Bremen 1964.

Eder, Ernst Gerhard: *Bade- und Schwimmkultur in Wien.* Wien 1995.

Edgren, Gretchen: *Das Playboy Buch.* Köln 1998.

Endres, Stefanie: *Rhythmus der kindlichen Bewegung in Spiel, Tanz.* Wien 1926.

Ewing, William A.: *Faszination Körper. Meisterfotografien der menschlichen Gestalt.* Leipzig 1994.

Faber, Monika: *Madame d'Ora. Portaits aus Kunst und Gesellschaft 1907–1957.* Wien 1983.

Faber, Monika (Hg.): *Rudolf Koppitz 1884–1936.* Wien 1995.

Faber, Monika: *Die Frau, wie du sie willst. Glamour, Kult und korrigierte Körper. Atelier Manassé 1922–1938.* Wien 1998.

Felderer, Brigitte (Hg.): *Rudi Gernreich.* Köln 2000.

Fischer, Lothar: *Tanz zwischen Rausch und Tod. Anita Berber 1918–1928.* Berlin 1984.

Gernig, Kerstin (Hg.): *Nacktheit. Ästhetische Inszenierungen im Kulturvergleich.* Köln 2002.

Geyer, Hans F.: *Dialektik der Nacktheit.* Freiburg 1973.

Giese, Fritz / Hagemann, Hedwig: *Weibliche Körperbildung und Bewegungskunst. Auf Grundlage des Systems Mensendieck.* München ²1922.

Giese, Fritz: *Girlkultur. Vergleiche zwischen amerikanischem und europäischem Rhythmus und Lebensgefühl.* München 1925.

Giese, Fritz: *Körperseele. Gedanken über persönliche Gestaltung.* Stuttgart ²1927.

Gombrowicz, Witold: *Operette.* Frankfurt am Main 1970.

Gorsen, Peter: *Sexualästhetik. Zur bürgerlichen Rezeption von Obszönität und Pornographie.* Reinbek bei Hamburg 1972.

Guggenberger, Bernd: *Einfach schön. Schönheit als soziale Macht.* Berlin 1995.
Hagemann, Hedwig: *Über Körper und Seele der Frau.* Leipzig 1927.
Hanke, Franz Günter: *Aufbruch ins Paradies. Jetzt beginnt die Herrschaft der Vernunft.* Wien 1973.
Helwig, Werner: *Die Blaue Blume des Wandervogels. Vom Aufstieg, Glanz und Sinn einer Jugendbewegung.* Gütersloh 1960.
Henscheid, Eckhard / Henschel, Gerhard: *Jahrhundert der Obszönität. Eine Bilanz.* Berlin 2000.
Hoffmann, Hilmar: *Mythos Olmpia. Autonomie und Unterwerfung von Sport und Kultur.* Berlin 1993.
Isenfels, Paul: *Gymnastik als Lebensfreude.* Stuttgart [5]1926.
Jansen, Wolfgang: *Glanzrevuen der zwanziger Jahre.* Berlin 1987.
Jarrett, Lucinda: *Striptease. Die Geschichte der erotischen Entkleidung.* Berlin 1999.
Johanson, Donald / Edey, Maitland: *Lucy. Die Anfänge der Menschheit.* München 1982.
Karsten, Thomas: *Thomas – mach ein Bild von uns!* München 1988.
Keller, Fritz (Hg.): *Lobau. Die Nackerten von Wien.* Wien 1985.
Klein, Gabriele: *FrauenKörperTanz. Eine Zivilisationsgeschichte des Tanzes.* Weinheim 1992.
Koch, Adolf: *Nacktheit, Körperkultur und Erziehung.* Leipzig 1929.
Koch, Adolf: *Körperkultur und Erziehung.* Berlin 1950.
Koch, Adolf: *Der natürlich bewegte Leib.* 2 Bände, Lauf 1959 / 1962.
Köhler, Michael / Barche, Gisela (Hg.): *Das Aktfoto. Ästhetik, Geschichte, Ideologie.* München 1985.
Kothes, Franz-Peter: *Die theatralische Revue in Berlin und Wien 1900–1938.* Wilhelmshaven 1977.
Laban, Rudolf von: *Des Kindes Gymnastik und Tanz.* Oldenburg 1926.
Laban, Rudolf von: *Gymnastik und Tanz.* Oldenburg 1926.
Lämmel, Rudolf: *Der moderne Tanz.* Berlin 1928.
Lewis, Michael: *Scham. Annäherung an ein Tabu.* Hamburg 1993.
Liessmann, Konrad Paul: *Andeutung eines Versprechens.* In: *Der Standard,* 11. 8. 2001.
Lunzer, Heinz / Lunzer-Talos, Victoria: *Peter Altenberg. Extracte des Lebens.* Wien 2003.
Luz, Wilhelm August: *Das Büchlein vom Bad.* Berlin 1958.
Mensendieck, Bess M.: *Körperkultur der Frau. Praktisch hygienische und praktisch ästhetische Winke.* München [9]1925.
Menzler, Dora: *Schönheit deines Körpers.* Stuttgart [9]1924.
Menzler, Dora: *Gestaltete Bewegung.* Stuttgart 1926.
National Geographic Magazine: *Swimsuits. 100 Years of Pictures.* 2003.
Nittnaus, Paul / Zink, Michael: *Sport ist unser Leben. 100 Jahre Arbeitersport in Österreich.* Wien 1992.
Norden, Gilbert: *Saunakultur in Österreich.* Wien 1987.
Pacher, Maurus: *Sehn Sie, das war Berlin. Weltstadt nach Noten.* Berlin 1987.
Pallat, Ludwig / Hilker, Franz (Hg.): *Künstlerische Körperschulung.* Berlin 1923.
Parker, Derek / Parker, Julia: *The Natural History of the Chorus Girl.* Indianapolis 1975.
Pastori, Jean-Pierre: *A corps perdu. La danse nue au XXe siècle.* Lausanne 1983.
Penz, Otto: *Metamorphosen der Schönheit. Eine Kulturgeschichte moderner Körperlichkeit.* Wien 2001.
Perniola, Mario: *Erotik des Schleiers und Erotik der Bekleidung.* In: Kamper, Dietmar / Wulf, Christoph (Hg.): *Der Schein des Schönen.* Göttingen 1989.
Pini, Udo: *Leibeskult und Liebeskitsch. Erotik im Dritten Reich.* München 1992.
Pohlmann, Ulrich: *Wilhelm von Gloeden. Sehnsucht nach Arkadien.* Berlin 1987.
Rabenalt, Arthur Maria: *Theater ohne Tabu.* Emsdetten 1970.
Rival, André: *100 Frauen-Ansichten.* Kilchberg 1995.
Röhl, Klaus Rainer: *Lustobjekt. Ein kleiner Irrtum und seine fatalen Folgen.* Wien 1980.
Röhl, Klaus Rainer: *Die verteufelte Lust. Die Geschichte der Prüderie und der Unterdrückung der Frau.* Hamburg 1983.

Schicchi, Ricardo: *Cicciolina.* Köln 1992.
Schmerl, Christiane: *Frauenfeindliche Werbung. Sexismus als heimlicher Lehrplan.* Berlin 1981.
Schrader, Bärbel / Schebera, Jürgen: *Die „Goldenen" Zwanziger Jahre.* Wien 1987.
Schreiber, Hermann / Mangold, Guido: *Werkstatt Bayreuth.* München 1986.
Schulte, Robert Werner: *Körper-Kultur.* München 1928.
Schultze-Naumburg, Paul: *Die Kultur des weiblichen Körpers als Grundlage der Frauenbekleidung.* Leipzig 1902.
Sombart, Nicolaus: *Die „schöne Frau".* In: Kamper, Dietmar / Wulf, Christoph (Hg.): *Der Schein des Schönen.* Göttingen 1989.
Steinaecker, Karoline von: *Luftsprünge. Anfänge moderner Körpertherapien.* München 2000.
Suhr, Werner: *Der nackte Tanz.* Egestorf 1927.
Suhr, Werner: *Die stärksten Appelle. Sex contra Facts.* Düsseldorf 1963.
Surén, Hans: *Der Mensch und die Sonne.* Stuttgart 1924.
Theye, Thomas (Hg.): *Der geraubte Schatten. Die Photographie als ethnographisches Dokument.* München 1989.
Thiess, Frank: *Der Tanz als Kunstwerk.* München 1920.
Ungewitter, Richard: *Die Nacktheit in entwicklungsgeschichtlicher, gesundheitlicher, moralischer und künstlerischer Beleuchtung.* Stuttgart 1920.
Ungewitter, Richard: *Nacktheit und Aufstieg. Ziele zur Erneuerung des deutschen Volkes.* Stuttgart 1920.
Vogt, Christian: *In Camera. Zweiundachtzig Fotografien mit zweiundfünfzig Frauen.* Schaffhausen 1982.
Vogt, Paul: *Was sie liebten … Salonmalerei im XIX. Jahrhundert.* Köln 1969.
Vostell, Wolf (Hg.): *Aktionen. Happenings und Demonstrationen seit 1965.* Reinbek bei Hamburg 1970.
Walters, Margaret: *Der männliche Akt. Ideal und Verdrängung in der europäischen Kunstgeschichte.* Berlin 1979.
Weidemann, Magnus: *Körper und Tanz.* Rudolstadt 1925.
Whitmont, Edward C.: *Die Rückkehr der Göttin. Von der Kraft des Weiblichen in Individuum und Gesellschaft.* München 1989.
Wiener Sommer-Symposion mit der Hochschule für Angewandte Kunst: *Das Nackte. Interaktion 1.* Wien 1987.
Wiener Sommer-Symposion mit der Hochschule für Angewandte Kunst: *Das Nackte. Interaktion 2.* Wien 1988.
Wildt, Dieter: *Sonnenkult. Von der vornehmen Blässe zum nahtlosen Braun.* Düsseldorf 1987.
Wilke, Hermann: *Dein Ja zum Leibe. Sinn und Gestaltung deutscher Leibeszucht.* Berlin 1939.
Winther, Fritz / Winther, Hanna: *Körperbildung als Kunst und Pflicht.* München ^{4}1920.
Yalom, Marilyn: *Eine Geschichte der Brust.* Hamburg 1998.
Ziegler, Ulf Erdmann: *Nackt unter Nackten. Utopien der Nacktkultur 1906–1942.* Berlin 1990.
Zimmermann, Werner: *Wahrhafte Erziehung. Wesen und Tat der Freikörperkultur.* Lauf bei Nürnberg 1955.

Personenregister

Seitenzahlen, die sich auf Abbildungen beziehen, sind kursiv gesetzt; Literaturverzeichnis und Bildnachweis wurden nicht berücksichtigt.

Bildnachweis

© akg-images: S. 86 (Erich Lessing), 92, 225, 226, 229 • © Emanuel Ammon / AURA: S. 238 • © AP Photo: S. 26 (Jockel Finck), 85, 121, 127, 201 (Rudi Blaha), 219, 222 (Helge O. Sommer) • © APA: S. 131 (EPA / HO), 180 (Doris Wild), 181 (Picture Alliance / DPA / Rolf Rick), 189 (Picture Alliance / DPA / Wolfgang Kluge), 202 (Hans Klaus Techt), 207 (Hans Klaus Techt), 212 (Armin Linke / © Vanessa Beecroft • © Heinz-Peter Bader: S. 161 • © Ossi Baumeister: S. 152 • Bildarchiv der Arbeiter-Zeitung, Wien: S. 135 (Pressedienst Brüder Basch, Wien), 178, (Palffy), 179, 183, 184 (Günther Englert, Frankfurt), 186 (Walter Henisch, Wien), 187 (Wiener Festwochen), 193 (Stadttheater St. Gallen), 195 (Politikens Presse Foto / Erik Gleie, Kopenhagen), 197 (Festspiele Bayreuth), 203, 204, 205 (Politikens Presse Foto / Erik Gleie, Kopenhagen), 208 (Wiener Festwochen), 236 (Interphot, Baden-Baden) • Christian Brandstätter Verlag: S. 44 (d'Ora), 45 (Trude Fleischmann), 46 (Rudolf Koppitz), 47 (Anton Trčka), 51 u., 52, 54–56 (Atelier Willinger), 71, 173, 211, 243 (Helmut Teissl) • Sammlung Erwin Brodträger, Wien: S. 20, 25, 175 o. (Neues Filmprogramm Nr. 5248, 1969, Titelseite, © Verlag Neues Filmprogramm, Leminger-Spalding-Weiss, Wien), 175 u. (Neues Filmprogramm Nr. 6685, 1974, Titelseite, © Verlag Neues Filmprogramm, Leminger-Maly-Weiss, Wien), 176 (Cinema, Nr. 7, 1984, Heft 74, Titelseite, © Kino-Verlag GmbH, Hamburg), 237 • Bundestheaterverbands Wien / Bildarchiv: S. 177 • © Cinetext: S. 84, 113, 174 • © Contrast: S. 132 • © CORBIS: © Lynsey Addario / CORBIS: S. 242; © Ricardo Azoury / CORBIS: S. 230; © James L. Amos / CORBIS: S. 159; © Bettmann / CORBIS: S. 29, 50, 116, 156; © Jonathan Blair / CORBIS: S. 137; © Condé Nast Archive / CORBIS: S. 43; © Howard Jaqueline/ Corbis: S. 231; © Hulton-Deutsch Collection / CORBIS: S. 28 u., 32, 103, 234; © Historical Picture Archive / CORBIS: S. 51 o.; © Robbie Jack / CORBIS: S. 200; © Johansson - Lodge / CORBIS: S. 118; © Wolfgang Kaehler/CORBIS: S. 101, 104, 105; © Stephanie Maze / CORBIS: S. 155; © Freyda Miller / CORBIS: S. 240; © Alain Nogues / CORBIS Sygma: S. 136; © Thierry Orban / CORBIS: S. 241; © Mark Peterson / CORBIS: S. 119; © Leonard de Selva / CORBIS: S. 15; © Moshe Shai / CORBIS: S. 117; © Stapleton Collection / CORBIS: S. 34; © Underwood & Underwood / CORBIS: S. 41; © Nik Wheeler / CORBIS: S. 147 • © Demner, Merlicek und Bergmann, Wien: S. 166 • © Deutsches Historisches Museum, Berlin / Bayerische Staatsgemäldesammlung, München: S. 87 • © Deutsches Tanzarchiv Köln / SK Stiftung Kultur: S. 49, 53 • © DIZ, München: S. 16 • © Hanel / Thomas / CARP: S. 145 • © Imagno Brandstätter Images / Austrian Archives: S. 8, 12, 14 o., 18/19, 21, 23, 30, 31, 33, 76, 78/79, 80, 90/91, 114/115, 128, 128/129, 135 u., 228 • © Imagno Brandstätter Images / Bildarchiv der Österreichischen Nationalbibliothek: S. 140 • © Imagno Brandstätter Images / Erich Lessing Wien: S. 17 • © Imagno Brandstätter Images / Christian Skrein Collection: S. 22, 75, 94, 98, 141, 168 • © Imagno Brandstätter Images / Ullstein Bild: S. 10/11 • © Interfoto Pressebild Agentur, München: S. 134 • © Thomas Karsten, Vierkirchen: S. 216, 217 • Friedl Kubelka, Wien: Einband vorne • © Gino Molin-Pradel, Wien: S. 198/199 • © Palmers, Wien: S. 162/163 • © Didi Sattmann, Wien: S. 68, 93, 95, 99, 100, 139, 142 o., 142 u., 142/143, 144, 213, 220, 221 • © Archiv Manfred Scheuch, Wien: S. 100, 164, 165, 247 • © Juri Tscharyiski, Wien: S. 2 • © Ullstein Bild: S. 70, 73 r., 235 • Wien Museum: S. 69

S. 14 u.: aus: Wilhelm M. Spohr, Fidus, 1902 • S. 28 o.: Der geraubte Schatten, Bucher: München 1989, S. 79 • S. 35: aus: Wilhelm M. Spohr, Fidus, 1902 • S. 36: Die Nacktheit, hg. v. Richard Ungewitter, Stuttgart 1907, S. 30 • S. 37: Die Schönheit, 21 (1925), H. 8, Titelblatt • S. 39: Die Schönheit, Bd. 9, hg. v. Karl Vanselow, Verlag der Schönheit: Berlin, Leipzig 1912, S. 303 • S. 57: Alice Bloch, Harmonische Schulung des Frauenkörpers, Dieck & Co.: Stuttgart 1926, S. 143 • S. 59: Bess M. Mensendieck, Körperkultur der Frau, F. Bruckmann: München 1906, Fig. 39–41 • S. 60: Hans Surén, Mensch und Sonne, August Scherl: Berlin 1936, S. 101 • S. 61: Hans Surén, Mensch und Sonne, a. a. O., S. 223 • S. 63: Rudolf von Laban, Des Kindes Gymnastik und Tanz, Stalling: Oldenburg i. O. 1926, bei S. 80 • S. 64: Adolf Koch, Gymnastik, © Rudolf Zitzmann: Lauf bei Nürnberg 1959, S. 30 (Hans Zeidler) • S. 65: Peter Koch, FKK in Österreich, © Richard Danehl: Hamburg 1962, S. 9 (Böhler) • S. 67: Sachen Suchen 3, Sexualkundlicher Bereich, hg. v. Friederike Lanzelsdorfer u. Ernst Pacolt, S. 6, 8, © Jugend und Volk: Wien 1975 • S. 72 o.: Fritz Giese, Girlkultur, Delphin: München 1925, Abb. 46 • S. 73 l.: Wilhelm August Lutz, Das Büchlein vom Bad, Herbig: Berlin 1958, S. 62 • S. 77: Hans Surén, Gymnastik am Endball, Wilhelm Limpert: Dresden 1932, S. 159 • S. 81 o.: Hans Surén, Der Mensch und die Sonne, Dieck & Co.: Stuttgart 1925, S. 95 • S. 81 u.: Der Sonnenmensch, Helios, 10 (1959), H. 9, S. 36, Verlag „Der Sonnenmensch": Linz 1959 • S. 82: Zelte Lieder Lagerfeuer, Rudolf Hofmann: Frankfurt am Main 1961, S. 21 • S. 83: Hans Surén, Mensch und Sonne, a. a. O., S. 151 • S. 88: Die Pause, 6 (1941), H. 10, S. 22 • S. 89: Die Pause, 6 (1941), H. 10, S. 25 • S. 96: Der Kuckuck, 1931, Nr. 28 • S. 97: Nahtlos Braun, Informationsblatt für FKK-Freunde, 1985, Nr. 2, Titelblatt, © Österreichischer Nudistenverband, Wien • S. 108: Sonnensport, 6 (1951), H. 6, S. 19, © Anny Pitrovsky, Linz • S. 111: Kurier Illustrierte, Beilage zum Kurier v. 18. Juli 1964, Wien, S. 3 • S. 122: Playboy, Deutsche Ausgabe, Nr. 10, Oktober 1974, Titelseite • S. 123: Penthouse, Nr. 9, September 1986, Titelseite, © Penthouse, Walter Greminger Presse AG, Zürich • S. 125: Playboy, Deutschland, Nr. 12, 2003, Titelseite, © Playboy Publishing GmbH, München • S. 138: Stern, Nr. 49, Dezember 1983, Titelseite, © Das deutsche Magazin Stern, Verlag Gruner + Jahr AG & Co, Hamburg • S. 148: FKK-Reisen '98, S. 26, © Panorama-Reisen, Wien • S. 149 o.: Oböna, FKK '93, Titelseite, © Oböna-Reisen FKK Touristik GmbH & Co. KG, Bad Nauheim • S. 149 u.: Freikörperkultur Jugoslavja, Titelseite, © Turistički Savez Hrvatske, Zagreb • S. 153: Wiener, Zeitschrift für Zeitgeist, Juli 1986, Nr. 75, S. 33, Fotos: Paul Schirnhofer, Johannes Ifkovits, © Metro Zeitschriften, Wien • S. 157: FKK und die Sauna, Rudolf Hofmann: Frankfurt am Main 1959/60, S. 7 • S. 167: Konkret, Nr. 19, 3. Mai 1973, Titelblatt, © Konkret-Verlag, Hamburg • S. 169: Neue Freie Presse, Nr. 1, Mai 1973, S. 4, © Schriften zur Zeit Publikationsgesellschaft mbH., Wien • S. 171: Cinema, Sonderband Nr. 12, 1986, Titelseite, © Kino Verlag GmbH, Hamburg • S. 176: Cinema, Nr. 7, 1984, Titelseite, © Kino Verlag GmbH, Hamburg • S. 190: Theater Heute, H. 8, August 1989, Titelseite, © Orell Füssli + Friedrich Verlag AG, Zürich • S. 192: The Royal Opera, Salome by Richard Strauss, Videokasettenhülle, © 1992 Covent Garden Pioneer FSP Limited, London • S. 206 l.: Programmheft des Tanztheaters Wien, Donaufestival 1997, Titelblatt, © NÖ Donaufestival GesmbH, Wien • S. 206 r.: Programmheft des Tanztheaters Homunculus, How to Kick Silence, 1996, Titelblatt, © Tanztheater Homunculus, Wien • S. 209: Frauenforderung Nr. 2/1976, Titelseite, © 1976 by aktions-analytische kultuvereinigung Wien • S. 210: Aktionen, hg. v. Rolf Vostell, Rowohlt: Hamburg 1970, Cover, © Rowohlt Verlag GmbH, Reinbek bei Hamburg • S. 233: Afrikanisches Ballett, Nationalensemble aus Senegal, © Deutsch-Französischer Künstlerdienst Mainz • S. 239: Der Sonnenmensch, 12 (1971), Nr. 178, Titelblatt, © Rudolf Pitrovsky, Linz